Volker Beeck

Grundlagen der Steuerlehre

Prof. Dr. Volker Beeck
unter Mitarbeit von Prof. Dr. Bardo Kämmerer

Grundlagen der Steuerlehre

Prüfungsrelevantes Wissen
zum Steuerrecht
verständlich und praxisgerecht

Mit ergänzendem Übungsteil
kostenlos im Internet

4., überarbeitete Auflage

Bibliografische Information Der Deutschen Nationalbibliothek
Die Deutsche Nationalbibliothek verzeichnet diese Publikation in der
Deutschen Nationalbibliografie; detaillierte bibliografische Daten sind im Internet über
<http://dnb.d-nb.de> abrufbar.

1. Auflage 1999
2., überarbeitete Auflage Oktober 2001
3., überarbeitete und erweiterte Auflage März 2004
4., überarbeitete Auflage 2007

Alle Rechte vorbehalten
© Betriebswirtschaftlicher Verlag Dr. Th. Gabler | GWV Fachverlage GmbH, Wiesbaden 2007

Lektorat: Dr. Riccardo G. Mosena

Der Gabler Verlag ist ein Unternehmen von Springer Science+Business Media.
www.gabler.de

Das Werk einschließlich aller seiner Teile ist urheberrechtlich geschützt. Jede Verwertung außerhalb der engen Grenzen des Urheberrechtsgesetzes ist ohne Zustimmung des Verlags unzulässig und strafbar. Das gilt insbesondere für Vervielfältigungen, Übersetzungen, Mikroverfilmungen und die Einspeicherung und Verarbeitung in elektronischen Systemen.

Die Wiedergabe von Gebrauchsnamen, Handelsnamen, Warenbezeichnungen usw. in diesem Werk berechtigt auch ohne besondere Kennzeichnung nicht zu der Annahme, dass solche Namen im Sinne der Warenzeichen- und Markenschutz-Gesetzgebung als frei zu betrachten wären und daher von jedermann benutzt werden dürften.

Umschlaggestaltung: Ulrike Weigel, www.CorporateDesignGroup.de
Druck und buchbinderische Verarbeitung: Wilhelm & Adam, Heusenstamm
Gedruckt auf säurefreiem und chlorfrei gebleichtem Papier
Printed in Germany

ISBN 978-3-8349-0035-7

Vorwort

Dieses Buch ist für Studierende der Wirtschaftswissenschaften an Fachhochschulen, Universitäten und Berufsakademien konzipiert, die sich in die Steuerlehre einarbeiten wollen. Ihre Interessenlage bestimmt Umfang und Inhalt der Schrift. Erforderlich erscheint zunächst die Begrenzung im Umfang auf nur einen Band. Sie ergibt sich aus dem Zeitaufwand, der für das Fach Steuern vom Studierenden aufgebracht wird. Im Rahmen eines Bachelorstudiums liegt die Zeit für die Lehre bei etwa 90 Stunden. Ein etwa gleicher Ansatz ist für die Eigenarbeit der Studierenden zu veranschlagen. Damit erscheint es verfehlt, für die einzelnen Steuerarten jeweils auf eine spezielle Monographie zurückzugreifen. Es ist vielmehr notwendig, das Grundwissen in einem einheitlichen Band komprimiert darzustellen. Vorrangig zu vermitteln ist die Systematik der jeweiligen Steuerart. Das geschieht auf einem umfassend angelegten Fundament, das es dem Leser ermöglicht, sein Wissen in späteren Lehrveranstaltungen oder im Selbststudium strukturiert auszubauen. Durchgerechnete Beispiele verdeutlichen den Stoff mit seinen Einzelproblemen und ergänzend dazu in einer Gesamtschau.

Die Darstellungen beruhen auf der Rechtslage des Jahres 2007. Auf die Veränderungen, die sich durch die Unternehmensteuerreform 2008 ab den Veranlagungszeiträumen 2008 bzw. 2009 ergeben, wird in den einzelnen Kapiteln bereits eingegangen. Die anstehenden Reformen von Erbschaftsteuer und Bedarfsbewertung bei Grundstücken und Unternehmen zeichnen sich z.Zt. kaum in ihren Umrissen ab. Nach Abschluss der Reformprozesse werden überarbeitete und auf den aktuellen Rechtsstand gebrachte Fassungen der betreffenden Kapitel dieses Buchs auf der Internetseite des Verfassers publiziert.

Eine allgemeine Einführung setzt sich zunächst mit Grundfragen der Besteuerung in Deutschland auseinander. Daran anschließend werden die aus unternehmensbezogener Sicht wichtigsten Steuerarten abgehandelt (Einkommen-, Körperschaft-, Gewerbe- und Umsatzsteuer). Als unverzichtbar erwies sich wegen ihrer steigenden Bedeutung für unternehmerische Entscheidungen eine Einführung in die Erbschaft- und Schenkungsteuer. Sie ist ergänzt um die zur Bearbeitung praktischer Fälle notwendigen Grundlagen des Bewertungsrechts.

Grundzüge des Verfahrensrechts vervollständigen den steuerrechtlichen Teil.

Ausführungen zur betriebswirtschaftlichen Steuerlehre runden die eher rechtlich orientierten Inhalte ab. Hier wird der Einfluss der Besteuerung auf die unternehmerischen Funktionen dargestellt und analysiert. Im Rahmen der „Einführung in die Steuerlehre" werden die grundlegenden Fragestellungen dieser betriebswirtschaftlichen Teildisziplin aufgezeigt. Anhand einiger ausgewählter Probleme werden Gegenstand und Methodik steuerlicher Analysen in der Betriebswirtschaftslehre näher erläutert. Daraus kann der Leser sich eine Meinung bilden, ob das Fach für ihn von weitergehendem Interesse ist und eine Spezialisierung in Studium und Beruf darauf in Betracht kommt.

Tieferes Verständnis und hinlängliche Sicherheit in der Bearbeitung steuerlicher Fragestellungen sind nur durch die Beschäftigung mit einer Vielzahl von Übungsfällen zu erlangen. Dazu geht das Buch einen neuen Weg. Im Internet werden dem Leser ergänzende Übungsfälle mit Lösungshinweisen zur Verfügung gestellt. Damit gelingt es, stets höchsten Zeitbezug zu wahren. Auf Basis der Rechtsentwicklung werden neue Probleme aufgegriffen und Lösungen entwickelt. (Der Aktualisierungsservice ist auf der Homepage des Verlags im OnlinePlus-Angebot zum Werk zu finden. Geben Sie auf der Startseite des Gabler Verlags im Suchfeld nur "Beeck" ein und wählen Sie dann unter den erscheinenden Werken die 4. Auflage meines Buches, bzw. gehen Sie direkt auf den OnlinePlus-Button, dann wird Ihnen das zusätzliche Übungsangebot zum Buch sofort eröffnet.)

Zu jedem Kapitel finden sich weiterhin ausführliche Literaturhinweise. Sie verweisen zur jeweiligen Thematik auf aktuelle und allgemein zugängliche Veröffentlichungen und werden ebenfalls über das Internet aktualisiert.

Seinen größten Nutzen erreicht das Buch aus der Kombination mit dem Besuch von Lehrveranstaltungen. In der Nachbereitung des Unterrichts lassen sich Einzelfragen klären, Zusammenhänge herstellen und anhand der Übungsfälle mit den zugehörigen Hinweisen zur Bearbeitung von Klausuren eine gut ausgeprägte Anwendungssicherheit erreichen.

Den Lesern wünsche ich mit Hilfe dieses Buchs einen erfolgreichen Einstieg in die Steuerlehre. Es würde mich freuen, wenn sie neben Fachwissen auch Spaß an der Materie gewinnen. Für Kritik und Verbesserungsvorschläge bin ich dankbar.

Die Kapitel zur Erbschaftsteuer und zum Besteuerungsverfahren wurden von meinem Kollegen Prof. Dr. Bardo Kämmerer verfasst. Er stand mir auch für Diskussionen über die anderen Themen zur Verfügung.

Meinen Studentinnen und Studenten an der Fachhochschule Mainz und der Provadis School of International Management & Technology, Frankfurt am Main, verdanke ich zahlreiche Anregungen zur inhaltlichen Ausgestaltung, graphischen Aufbereitung und didaktischen Umsetzung des Stoffs.

Meine Frau Ute und unsere Tochter Felicitas sorgten während der Erstellung des Manuskripts für die nötige Abwechslung und Ermunterung.

Mainz, im Juli 2007 — Volker Beeck

Inhaltsverzeichnis

1.	**Grundlagen**	1
1.1	Öffentliche Einnahmen	1
1.1.1	System der öffentlichen Einnahmen	1
1.1.2	Steuerhoheit	3
1.1.3	System des Steuerrechts	5
1.1.4	Rechtsgrundlagen des Steuerrechts	5
1.1.5	Prinzipien der Besteuerung	6
1.2	Aufgaben und Aufbau der Finanzverwaltung	7
1.3	Literaturhinweise zu Kapitel 1	10
2.	**Einkommensteuer**	11
2.1	Charakterisierung der ESt	11
2.2	Persönliche Steuerpflicht	11
2.3	Bemessungsgrundlage der ESt	12
2.4	System der Einkunftsarten	12
2.4.1	Gliederung der Einkunftsarten	12
2.4.2	Ermittlung der Einkünfte	14
2.4.2.1	Ermittlung der Gewinneinkünfte	14
2.4.2.2	Ermittlung der Überschusseinkünfte	18
2.4.3	Darstellung der Einkunftsarten	19
2.4.3.1	Einkünfte aus Land- und Forstwirtschaft	19
2.4.3.2	Einkünfte aus Gewerbebetrieb	19
2.4.3.3	Einkünfte aus selbständiger Arbeit	23
2.4.3.4	Einkünfte aus nichtselbständiger Arbeit	23
2.4.3.5	Einkünfte aus Kapitalvermögen	25
2.4.3.6	Einkünfte aus Vermietung und Verpachtung	26
2.4.3.7	Sonstige Einkünfte	27
2.5	Gesamtbetrag der Einkünfte	28
2.5.1	Summe der Einkünfte	28
2.5.2	Altersentlastungsbetrag und Gesamtbetrag der Einkünfte	28
2.6	Verlustabzug (§ 10d EStG)	29
2.7	Sonderausgaben und außergewöhnliche Belastungen	30
2.7.1	Sonderausgaben	30
2.7.2	Außergewöhnliche Belastungen	33
2.8	Vom Einkommen abziehbare Beträge	34
2.9	Einkommensteuertarif	34
2.10	Ermäßigungen und Erhöhungen der Steuer	38

2.11	Veranlagung und Erhebung der Einkommensteuer	39
2.11.1	Veranlagung zur Einkommensteuer	39
2.11.2	Erhebung der Einkommensteuer	40
2.12	Zuschlagsteuern zur Einkommensteuer	40
2.13	Hinweise zur Bearbeitung von Fällen und Klausuren zur ESt	40
2.14	Musterfälle mit Lösungshinweisen	42
2.15	Literaturhinweise zu Kapitel 2	46
3.	**Körperschaftsteuer**	**49**
3.1	Charakterisierung der Körperschaftsteuer	49
3.2	Steuerpflicht	49
3.2.1	Persönliche Steuerpflicht	49
3.2.2	Bemessungsgrundlage der Körperschaftsteuer	50
3.3	Tarif (§ 23 KStG)	52
3.4	Steuerliche Behandlung von Ausschüttungen	52
3.4.1	Halbeinkünfteverfahren	53
3.4.2	Steuerbefreiungen von Gewinnausschüttungen und Anteilsveräußerungen	54
3.4.3	Nachwirkungen des Anrechnungsverfahrens	54
3.5	Körperschaftsteuerliche Organschaft	56
3.6	Entstehung und Veranlagung der KSt	56
3.7	Änderungen im Rahmen der Unternehmensteuer-	
3.8	reform 2008	57
3.8	Hinweise zur Bearbeitung von Fällen und Klausuren zur KSt	58
3.9	Musterfall mit Lösungshinweisen	58
3.8	Literaturhinweise zu Kapitel 3	60
4.	**Gewerbesteuer**	**61**
4.1	Charakterisierung der GewSt	61
4.2	Steuergegenstand und Steuerpflicht	62
4.3	Ermittlung der Höhe der GewSt	63
4.3.1	Überblick	63
3.3.2	Gewinn aus Gewerbebetrieb	63
3.3.3	Gewerbesteuerliche Modifizierungen	64
4.3.4	Verlustabzug	66
4.3.5	Überleitung vom Gewerbeertrag zum Steuermessbetrag	66
4.3.6	Hebesatz der Gemeinde	67
4.3.7	Berücksichtigung der GewSt als Betriebsausgabe	67
4.3.8	Zerlegung	68
4.4	Besteuerungsverfahren bei der GewSt	69
4.5	Besondere steuerliche Pflichten	71
4.6	Gewerbesteuerliche Organschaft	71

4.7	Hinweise zur Bearbeitung von Fällen und Klausuren zur GewSt	71
4.8	Musterfälle mit Lösungshinweisen	72
4.9	Literaturhinweise zu Kapitel 4	76

5.	**Umsatzsteuer**	75
5.1	Charakterisierung der USt	75
5.2	Problembereiche der USt	76
5.3	Steuergegenstand	77
5.3.1	Lieferungen und sonstige Leistungen	77
5.3.2	Unentgeltliche Wertabgaben	80
5.3.3	Einfuhr	80
5.4	Steuerbefreiungen	81
5.5	Bemessungsgrundlage	82
5.6	Steuersätze	83
5.7	Erteilung einer Rechnung	83
5.8	Vorsteuerabzug	83
5.8.1	Abzugsfähigkeit der Vorsteuer	83
5.8.2	Aufteilung und Berichtigung des Vorsteuerabzugs	85
5.9	Besteuerungsverfahren	87
5.9.1	Grundzüge des Verfahrens	87
5.9.2	Kleinunternehmer	88
5.9.3	Steuerschuldnerschaft des Leistungsempfängers	89
5.10	Aufzeichnungspflichten	89
5.11	Innergemeinschaftlicher Warenverkehr	90
5.11.1	Grundlagen	90
5.11.2	Innergemeinschaftlicher Erwerb	91
5.11.3	Innergemeinschaftliche Lieferungen	92
5.11.4	Zusätzliche Dokumentationspflichten	93
5.12	Umsatzsteuerliche Organschaft	94
5.13	Hinweise zur Bearbeitung von Fällen und Klausuren zur USt	94
5.14	Musterfall mit Lösungshinweisen	97
5.15	Literaturhinweise zu Kapitel 5	102

6.	**Erbschaftsteuer**	103
6.1	Charakterisierung der Erbschaftsteuer	103
6.2	Steuerpflicht	104
6.2.1	Steuerpflichtige Vorgänge	104
6.2.2	Zugewinnausgleich des überlebenden Ehegatten	104
6.2.3	Vor- und Nacherbschaft	105
6.2.4	Wertermittlung	105
6.2.5	Berechnung der Steuer	106
6.2.6	Steuerschuldner und Steuererhebung	108
6.3	Literaturhinweise zu Kapitel 6	108

7.	**Bewertungsgesetz**	109
7.1	Bedeutung und Anwendung des Bewertungsgesetzes	109
7.2	Einheitsbewertung	110
7.3	Bewertung für Zwecke der Erbschaft- und Schenkungsteuer	111
8.	**Abgabenordnung**	113
8.1	Funktion der Abgabenordnung	113
8.2	Besteuerungsverfahren	113
8.2.1	Ermittlungsverfahren	113
8.2.1.1	Grundzüge des Verfahrens	113
8.2.1.2	Mitwirkungspflichten im Veranlagungsverfahren	115
8.2.1.3	Mitwirkungspflichten bei der Außenprüfung	116
8.2.1.4	Wirtschaftliche Betrachtungsweise	119
8.2.2	Festsetzungsverfahren	120
8.2.3	Einspruchs- und Klageverfahren	121
8.2.4	Nachträgliche Änderung bestandskräftiger Steuerbescheide	124
8.2.5	Vorbehalt der Nachprüfung und vorläufige Steuerfestsetzung	126
8.2.6	Verjährung des Steueranspruchs	127
8.2.7	Haftung für fremde Steuerschulden	130
8.3	Musterfall mit Lösungshinweisen	129
8.4	Literaturhinweise zu Kapitel 8	131
9.	**Betriebswirtschaftliche Steuerlehre**	135
9.1	Aufgaben und Konzeption der betriebswirtschaftlichen Steuerlehre	135
9.2	Einfluss der Besteuerung auf ausgewählte Entscheidungen	136
9.2.1	Besteuerung und Investitionsentscheidungen	136
9.2.1.1	Erfolgsbesteuerung im Kapitalwertkalkül	136
9.2.1.2	Erfolgsbesteuerung in finanzplanorientierten Investitionsrechnungen	138
9.2.2	Besteuerung und Wahl der Rechtsform	139
9.2.3	Besteuerung und private Vermögensanlage	142
9.3	Literaturhinweise zu Kapitel 9	144

Stichwortverzeichnis ... 145

Abkürzungen

A	Abschnitt
AfA	Absetzung für Abnutzung
AG	Aktiengesellschaft
AO	Abgabenordnung
AZ	Aktenzeichen
BBK	Buchführung, Bilanz, Kostenrechnung (Zeitschrift)
BewG	Bewertungsgesetz
BEZ	Bundesergänzungszuweisungen
BGB	Bürgerliches Gesetzbuch
BP	Betriebsprüfung
BpO	Betriebsprüfungsordnung
BStBl	Bundes Steuerblatt
BVerfG	Bundesverfassungsgericht
b.z.w.	beziehungsweise
DB	Der Betrieb (Zeitschrift)
DStR	Deutsches Steuerrecht (Zeitschrift)
EDV	elektronische Datenverarbeitung
EigZulG	Eigenheimzulagengesetz
EK	Eigenkapital
Elster	elektronische Steuererklärung
ErbSt/SchenkSt	Erbschaft-/Schenkungsteuer
ESt	Einkommensteuer
EStDV	Einkommensteuer-Durchführungsverordnung
EStG	Einkommensteuergesetz
EStR	Einkommensteuer-Richtlinien
EuGH	Europäischer Gerichtshof
f., ff.	folgend, fortfolgend
FAZ	Frankfurter Allgemeine Zeitung
GewSt	Gewerbesteuer
GewStDV	Gewerbesteuer-Durchführungsverordnung
GewStG	Gewerbesteuergesetz
GewStR	Gewerbesteuer-Richtlinien
GG	Grundgesetz
GmbH	Gesellschaft mit beschränkter Haftung
GmbHR	GmbH-Rundschau (Zeitschrift)
GNOFÄ	Grundsätze zur Neuorganisation der Finanzämter und zur Neuordnung des Besteuerungsverfahrens
GrdSt	Grundsteuer
GrESt	Grunderwerbsteuer
H	Hinweis
HGB	Handelsgesetzbuch
ig.	innergemeinschaftlich

i.V.m.	in Verbindung mit
JStG	Jahressteuergesetz
KapGes	Kapitalgesellschaft
KfzSt	Kraftfahrzeugsteuer
KG	Kommanditgesellschaft
KSt	Körperschaftsteuer
KStDV	Körperschaftsteuer-Durchführungsverordnung
KStG	Körperschaftsteuergesetz
KStR	Körperschaftsteuer-Richtlinien
LStDV	Lohnsteuer-Durchführungsverordnung
LStR	Lohnsteuer-Richtlinien
MinöSt	Mineralölsteuer
Mrd.	Milliarde
OFD	Oberfinanzdirektion
OHG	Offene Handelsgesellschaft
p.a.	per annum
S	Seite
sog.	sogenannte(r)
SolZ	Solidaritätszuschlag
SteuerStud	Steuer und Studium (Zeitschrift)
StPfl.	Steuerpflichtiger
StuW	Steuer und Wirtschaft (Zeitschrift)
u.a.	und andere, unter anderem
USt	Umsatzsteuer
UStDV	Umsatzsteuer-Durchführungsverordnung
UStG	Umsatzsteuergesetz
UStR	Umsatzsteuer-Richtlinien
u.U.	unter Umständen
VA	Verwaltungsakt
vEK	verwendbares Eigenkapital
vGA	verdeckte Gewinnausschüttung
vgl.	vergleiche
v.H.	vom Hundert
VSt	Vermögensteuer
WiSt	Wirtschaftswissenschaftliches Studium (Zeitschrift)
WISU	Das Wirtschaftsstudium (Zeitschrift)
z.B.	zum Beispiel
z.T.	zum Teil
z.v.E.	zu versteuerndes Einkommen

1 Grundlagen

1.1 Öffentliche Einnahmen

1.1.1 System der öffentlichen Einnahmen

Zur Bestreitung ihrer Ausgaben verfügen die Gebietskörperschaften (Bund, Länder und Gemeinden) über unterschiedliche monetäre Einnahmen. Neben den hoheitlichen Abgaben (Steuern und Kausalabgaben) stehen ihnen Erwerbseinkünfte, Privatisierungs- und Veräußerungserlöse sowie die Schuldenaufnahme zur Verfügung. Herausragende Bedeutung kommt dabei den Steuern zu.

Bei den Steuern handelt es sich um Zwangsabgaben zur allgemeinen Finanzierung der Staatsaufgaben. Sie stellen Geldleistungen dar, denen keine konkrete Leistung des Staats gegenübersteht. Ausschließlich von öffentlich-rechtlichen Gemeinwesen erhoben, dienen sie der Erzielung von Einnahmen. Allerdings kann die Einnahmeerzielung bloßer Nebenzweck sein, während Lenkungsaufgaben in den Vordergrund treten. So sollen z.B. die ökologisch begründeten Mineralölsteuererhöhungen und die Einführung anderer Energiesteuern auf ein umweltgerechtes Verhalten hinwirken.

Grundlegend für die Besteuerung ist das Prinzip der Tatbestandsmäßigkeit. Danach bedarf es zur Erhebung von Steuern einer gesetzlichen Grundlage, die im konkreten Einzelfall verwirklicht ist (§ 3 AO).

Das deutsche Steueraufkommen belief sich im Jahre 2005 auf 497 Mrd. EUR. Bezogen auf das Bruttoinlandsprodukt liegt die Belastungsquote bei ca. 22 %. Ergänzt um Sozialabgaben erreicht die Abgabenbelastung fast 40 %. In Deutschland existieren gegenwärtig etwa 35 verschiedene Steuern. Das Steueraufkommen ist jedoch auf nur wenige Steuerarten konzentriert.

Mit Hilfe zahlreicher Kriterien lassen sich die Steuern beschreiben und systematisieren. Hinsichtlich der Auswirkung beim Steuerschuldner unterscheiden sich direkte und indirekte Steuern. Bei den direkten Steuern (z.B. ESt, KSt) sind Steuerschuldner und mit der Steuer Belasteter identisch. Im Gegensatz dazu werden die indirekten Steuern (z.B. USt) vom Steuerschuldner auf eine andere Person abgewälzt.

Die betriebswirtschaftliche Steuerlehre systematisiert die Steuerarten nach Tatbeständen, auf die unternehmerische Entscheidungen ausgerichtet sind. Danach ist zwischen Ertragsteuern (ESt, KSt, GewSt), Verkehrsteuern, die an Vorgänge des Wirtschafts- oder Rechtsverkehrs anknüpfen (USt, GrESt) und Substanzsteuern (VSt) zu unterscheiden.

Steuerart	Steueraufkommen (Mio. EUR)	
	2005	2004
1. Lohnsteuer	153.629	123.895
2. Umsatzsteuer	139.713	137.366
3. Mineralölsteuer	40.101	41.782
4. Gewerbesteuer	32.129	25.903
5. Körperschaftsteuer	16.338	13.123
6. Tabaksteuer	14.273	13.630
7. Kapitalertragsteuer	12.075	9.919
8. Solidaritätszuschlag	10.315	10.108
9. Grundsteuer	10.247	8.844
10. veranlagte Einkommensteuer	9.776	5.394
11. Versicherungsteuer	8.750	8.751
12. Kraftfahrzeugsteuer	8.673	7.739
13. Zinsabschlag	6.990	6.773
14. Stromsteuer	6.462	6.597
15. Kirchensteuer	7.627	8.056
übrige Steuern und Zölle	19.472	19.301
Einnahmen	496.570	447.181

Volkswirtschaftlich ausgerichtet ist eine Orientierung nach Anknüpfungspunkten im marktwirtschaftlichen Prozess. Danach sind Steuern auf Vermögen und Vermögensverkehr (ErbSt/SchenkSt, VSt, GrESt), auf die Einkommensentstehung (ESt, KSt, GewSt) sowie die Einkommensverwendung (USt, spezielle Verbrauchsteuern) zu unterscheiden.

An der Ertragshoheit der Steuern richtet sich die Gliederung der Finanzstatistik in Gemeinschaft-, Gemeinde-, Länder- und Bundessteuern aus. Maßgeblich für die Bezeichnung ist die Gebietskörperschaft, der das Aufkommen aus der jeweiligen Steuer zufließt. Am Aufkommen der Gemeinschaftsteuern sind Bund, Länder und ggf. Gemeinden gemeinsam beteiligt.

Gesichtspunkten der Aufbauorganisation der Finanzverwaltung entspricht die Unterteilung nach Besitzsteuern (ESt, KSt, GrSt), Verkehrsteuern (USt, GrESt) und Zöllen.

Anders als die Steuern weisen Kausalabgaben einen rechtfertigenden Grund auf. Zu ihnen zählen vorrangig Gebühren und Beiträge. Als Entgelte für spezielle öffentliche Leistungen werden Gebühren erhoben (z.B. Müllabfuhr-, Justizgebühren). Beiträge fallen hingegen nicht für die tatsächliche Inanspruchnahme von Leistungen an, sondern bereits für die bloße Möglichkeit der Nutzung (z.B. Anliegerbeiträge für Kanalisation und Straßenbau, Kurtaxe).

1.1 Öffentliche Einnahmen

Ferner zählen zu den Kausalabgaben Sonderabgaben (z.B. Schwerbehinderten-, Fehlbelegungs- und Abwasserabgaben). Monetäre Sanktionen werden wegen der Übertretung gesetzlicher Vorschriften (z.B. steuerliche Nebenleistungen i.S. von § 3 Abs. 3 AO) verhängt.

Erwerbseinkünfte der öffentlichen Hand resultieren aus deren Beteiligung am allgemeinen Marktgeschehen, haben also keinen hoheitlichen Charakter. Sie ergeben sich aus der Nutzung von Geld-, Kapital- und Grundvermögen.

Mit der Privatisierung von Bundesunternehmen ist der Bund bestrebt, zusätzliche Einnahmen zu erwirtschaften. Abhängig von der allgemeinen Verfassung des Kapitalmarktes schwanken die Privatisierungserlöse. Sie lagen 2006 bei 15 Mrd. EUR.

Von den bisher aufgeführten öffentlichen Einnahmen unterscheidet sich die Schuldenaufnahme, da sie nur zu einer zeitlich begrenzten Verfügbarkeit von Finanzmitteln führt. Aufgrund ständig erfolgender Neuverschuldungen nimmt die Kreditfinanzierung allerdings einen langfristigen Charakter an. So liegt das Volumen der Nettokreditaufnahme des Bundes im Jahre 2006 bei 28 Mrd. EUR. Damit wird das durch den Vertrag von Maastricht festgelegte Stabilitätskriterium, das die Schuldenaufnahme auf 3 % des Bruttoinlandsprodukts begrenzt, erstmals gegenüber den vier Vorjahren nicht überschritten worden.

1.1.2 Steuerhoheit

Die Steuerhoheit ist ein Teil der staatlichen Finanzhoheit und befasst sich mit den Einnahmen in Form von Steuern. Zu unterscheiden sind Gesetzgebungs-, Ertrags- und Verwaltungshoheit. In Deutschland ist die Steuerhoheit auf Bund, Länder und Gemeinden verteilt. Gesetzgebungshoheit ist das Recht, Steuergesetze zu erlassen. Der Bund verfügt über die ausschließliche Gesetzgebungskompetenz für Zölle und das Branntweinmonopol. Für die übrigen Steuern steht ihm die konkurrierende Gesetzgebung zu, sofern er an deren Aufkommen beteiligt ist oder das Bedürfnis nach einer bundeseinheitlichen Regelung besteht. Seine Möglichkeiten hat der Bund vollständig genutzt, so dass alle wesentlichen Steuern durch Bundesgesetze geregelt sind. Sie bedürfen im Gesetzgebungsverfahren der Zustimmung des Bundesrats, sofern Länder oder Gemeinden am Aufkommen der Steuer beteiligt sind.

Den Ländern verbleibt lediglich die Gesetzgebungshoheit über örtliche Verbrauch- und Aufwandsteuern (z.B. HundeSt, VergnügungSt). Aufgrund von Landesverfassungen bzw. Kommunalabgabengesetzen haben sie dieses Recht auf die Gemeinden übertragen.

Mittels der Ertragshoheit ist festgelegt, welchen Gebietskörperschaften das Steueraufkommen zufließt (vgl. S. 4). Das Aufkommen aus bestimmten Steuern ist entweder einzelnen Ertragsberechtigten (Bund, Länder und Gemeinden) zugeordnet oder verteilt sich auf mehrere Gebietskörperschaften (Gemeinschaftsteuern).

Dem Bund stehen ca. 42 % des Steueraufkommens zur Finanzierung seines Haushalts zur Verfügung.

An der Verwaltung der Steuern sind neben Bundes- und Landesfinanzbehörden auch die Gemeinden beteiligt. Durch die Kommunalabgabengesetze der Bundesländer ist den Gemeinden die Verwaltung der örtlichen Verbrauch- und Aufwandsteuern zugewiesen. Weiterhin wirken sie an der Veranlagung von GewSt (vgl. S. 68) und GrSt mit.

Ertragshoheit		
Bund	Länder	Gemeinden
Branntweinmonopol	VermögenSt	GrundSt
Zölle	Erbschaft- u. SchenkungSt	Gewerbesteuer
VerbrauchSt	KfzSt	Örtliche Verbrauch- u. AufwandSt
VersicherungSt	Verkehrsteuern	
Solidaritätszuschlag	BierSt	
	Spielbankabgabe	
Gemeinschaftsteuern Einkommen-, Körperschaft- und Umsatzsteuer		

Aufgrund der ursprünglichen Verteilung des Steueraufkommens weisen die Bundesländer eine ganz unterschiedliche Finanzausstattung auf. Um die Einheitlichkeit der Lebensverhältnisse in Deutschland zu wahren, muss die Finanzkraft der Länder allerdings auf vergleichbarem Niveau liegen. Die dazu notwendige Angleichung erfolgt durch den Finanzausgleich. In einem zweistufigen Verfahren wird zunächst durch Transferleistungen zwischen den Bundesländern ein Ausgleich erreicht (horizontaler Ausgleich). Durch Ergänzungszuweisungen verstärkt anschließend der Bund die Finanzkraft der schwachen Länder (vertikaler Ausgleich). Die Zuweisungen an die Nehmerländer erreichten im Jahr 2006 ein Volumen von 22 Mrd. EUR, von denen 15 Mrd. EUR auf die Bundesergänzungszuweisungen entfielen. Damit wurde das Finanzniveau der Nehmerländer auf ca. 99 % des Bundesdurchschnitts aufgebessert. Kritische Einwände richten sich gegen die technische Ausgestaltung und die negativen wirtschaftlichen Konsequenzen des als überzogen angesehenen Finanzausgleichs. Die gesetzlichen Regelungen erweisen sich als intransparent und überaus kompliziert. Dazu setzt das Umverteilungssystem ökonomisch falsche Anreize. Denn das extrem hohe Ausgleichsniveau macht es für die ausgleichsberechtigten Länder weitgehend uninteressant, eine gute Wirtschafts- und Strukturpolitik zur Stärkung der eigenen Finanzkraft zu betreiben.

1.1 Öffentliche Einnahmen

Ähnliche Probleme wie beim Finanzausgleich zwischen Bund und Ländern stellen sich beim kommunalen Finanzausgleich. Hierin ist die Finanzverteilung von der Ebene eines Bundeslandes auf Kreise, Städte und Gemeinden geregelt. Die Zuweisungen des Landes an die Kommunen sind ausreichend zu bemessen, damit diese die ihnen übertragenen Aufgaben finanzieren können. Des weiteren müssen sie bedarfsgerecht ausfallen, indem sie Einwohnerzahlen und flächenmäßige Ausdehnung der Kommunen berücksichtigen.

1.1.3 System des Steuerrechts

Das Steuerrecht ist ein Teilgebiet des öffentlichen Rechts. Es ist in Allgemeines und Besonderes Steuerrecht untergliedert. Zum Allgemeinen Steuerrecht zählen seine verfassungsrechtlichen Grundlagen, Steuerschuld- und -verfahrensrecht sowie das steuerliche Rechtschutzverfahren. Ferner sind hier die Regelungen des BewG zur Bewertung einzuordnen, die in anderen Gesetzen Anwendung finden. Aus dem Allgemeinen Steuerrecht werden keine konkreten Pflichten zur Steuerzahlung begründet.

Im Besonderen Steuerrecht wird eine Vielzahl von Lebenssachverhalten der Besteuerung unterworfen. Grundlage zur steuerlichen Erfassung sind die Einzelsteuergesetze. Sie legen die persönliche und sachliche Steuerpflicht fest.

1.1.4 Rechtsgrundlagen des Steuerrechts

Grundlage der Besteuerung sind Rechtsnormen, Verwaltungsvorschriften und die Rechtsprechung.

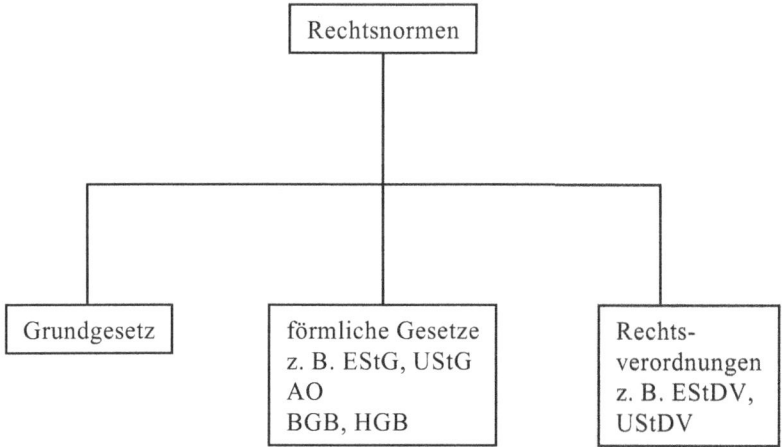

Rechtsnormen (Rechtssätze, -quellen) beinhalten Regelungen, die für alle Betroffenen verbindlich sind und deren Umsetzung durch staatliches Handeln gewährleistet wird. Den verfassungsrechtlichen Rahmen bildet das Grundgesetz. Es enthält Bestimmungen zur Finanzverfassung und -verwaltung (Art. 105 ff. GG) und formuliert gleichzeitig inhaltliche Ansprüche an die einzelnen Steuergesetze. Neben den internationalen Regelungen stehen innerstaatliche

Rechtsnormen in Form von formellen Gesetzen und Durchführungsverordnungen. Im förmlichen Gesetzgebungsverfahren sind die Steuergesetze entstanden. Als Einzelsteuergesetze regeln sie die verschiedenen Steuerarten. Weitere Steuergesetze wie das Umwandlungsteuer-, Außensteuer-, Investitionszulagen- oder Vermögensbildungsgesetz sind zu besonderen Problembereichen verabschiedet worden.

In das deutsche Steuerrecht finden verschiedene internationale Komponenten Eingang. Dazu zählen vorrangig die Abkommen zur Vermeidung der Doppelbesteuerung (= Doppelbesteuerungsabkommen). Dabei handelt es sich um völkerrechtliche Verträge, die von der Bundesrepublik Deutschland mit anderen Staaten abgeschlossen wurden. Sie haben als lex specialis Vorrang vor den Steuergesetzen (§ 2 AO). Supranationale Rechtsquellen sind die Richtlinien der Europäischen Gemeinschaften. Sie zielen auf eine Harmonisierung des Steuerrechts zwischen den Mitgliedstaaten, um Gleichheit im Wettbewerb zu erreichen und die Funktionsfähigkeit des Binnenmarktes zu stärken. Sie bedürfen der Umsetzung in innerstaatliches Recht und erlangen erst dadurch Verbindlichkeit für die einzelnen Steuerpflichtigen.

Ebenfalls mit materieller Gesetzeskraft sind Rechtsverordnungen ausgestattet. Zur Entlastung der Steuergesetze werden sie von der Bundesregierung -ggf. unter Zustimmung des Bundesrats- als Durchführungsverordnungen zu den Steuergesetzen erlassen. Über eigene Steuersatzungen legen die Gemeinden die Hebesätze zur GewSt, GrSt, GrdESt und die örtlichen Verbrauch- und Aufwandsteuern fest.

Verwaltungsvorschriften werden durch die Bundesregierung (Richtlinien zu den Steuergesetzen), die obersten Finanzbehörden (Erlasse und Schreiben) sowie die Oberfinanzdirektionen herausgegeben. Sie binden jeweils nur die nachgeordneten Behörden, nicht aber die Gerichte und die Steuerpflichtigen.

Die Steuerrichtlinien dienen vorrangig dazu, die gesetzlichen Vorschriften zu erläutern, Zweifelsfälle zu klären und eine gleichmäßige Rechtsanwendung herbeizuführen.

Durch die Rechtsprechung von Finanzgerichten und Bundesfinanzhof wird das Handeln der Finanzverwaltung im Einzelfall auf Rechtmäßigkeit überprüft. Allgemeine Bedeutung gewinnt sie durch Übertragung auf ähnlich gelagerte Fälle. Darüber hinaus ergeben sich intensive Auswirkungen der Rechtsprechung des Europäischen Gerichtshofs sowie des Bundesverfassungsgerichts auf die deutsche Steuergesetzgebung.

1.1.5 Prinzipien der Besteuerung

Die Ausgestaltung der Besteuerung hat rechtsstaatlichen Prinzipien zu entsprechen. Dazu gehört zunächst eine formale Komponente, nach der Steuern ausschließlich auf der Grundlage eines gültigen Gesetzes erhoben werden. Im Gesetz müssen der Tatbestand und die Rechtsfolgen aufgeführt sein, damit der Steuerpflichtige eine auftretende Steuerbelastung berechnen und sein Handeln darauf einstellen kann. Über die formale Gerechtigkeit hinaus muss das Steuerrecht inhaltlichen Gerechtigkeitserwägungen (materielle Komponente) genügen. Sie leiten sich aus dem GG sowie den darin getroffenen Wertungen ab. Tragendes Prinzip ist dabei der Grundsatz der Gleichmäßigkeit der Besteuerung. Er beinhaltet neben der Gleichheit aller Bürger vor dem Gesetz die Forderung nach einer gleichmäßigen Belastung mit Steuern. Nach dem gegenwärtigen gesellschaftlichen Konsens entspricht dem die Besteuerung nach der Leistungsfähigkeit am besten. Sie verkörpert sich bei der ESt z.B. durch einen progressiven Tarifverlauf. Dem gleichen Ziel dient in unserem Vielsteuersystem die steuerliche Belastung von Einkommen und Konsum, bei denen es sich um verschiedene Aspekte der persönlichen Leistungsfähigkeit handelt.

Verfassungsrechtliche Schranken begrenzen den steuerlichen Zugriff. So darf z.B. ein Einkommensbetrag in Höhe des Existenzminimums nicht der ESt unterworfen werden. Aus der Eigentums- und Erbrechtsgarantie (Art. 14 GG) leitet sich die Forderung nach einer eigentumsschonenden Besteuerung ab. Sie veranlasste das BVerfG dazu, die bis einschließlich 1996 geltende Vermögensteuer wegen ihrer in Zusammenhang mit der Einkommensbesteuerung übermäßigen Belastungswirkung als verfassungswidrig anzusehen.

Dem besonderen Schutz von Ehe und Familie hat auch das Steuerrecht zu entsprechen. Ihren Ausdruck findet diese Vorgabe z.B. in der erbschaftsteuerlichen Schonung des durchschnittlichen Gebrauchs- und Vorsorgevermögens. In die gleiche Richtung weisen die Beschlüsse des BVerfG zur steuerlichen Berücksichtigung von Mehrbelastungen durch Kinder bei Ehepaaren. Hier machte das Gericht deutlich, dass bei verheirateten Eltern ebenso wie bei Ledigen die besonderen Belastungen aus Betreuung und Erziehung der Kinder in der Bemessung ihrer steuerlichen Leistungsfähigkeit angemessen zu erfassen seien.

1.2 Aufgaben und Aufbau der Finanzverwaltung

Als Teil der öffentlichen Verwaltung ist die Finanzverwaltung vorrangig mit der Festsetzung und Erhebung der Steuern (Steuerverwaltung) sowie der Verwaltung des Vermögens der öffentlichen Hand befasst. Für ihren organisatorischen Aufbau sind der Dualismus zwischen dem Bund und den Bundesländern sowie ein hierarchischer Ansatz bestimmend. Zunächst ist eine Zweiteilung der Behördenstränge in Bundes- und Landesbehörden zu beachten (vgl. Abbildung auf S. 8).

Den Bundesbehörden obliegt die Verwaltung der Zölle, des Branntweinmonopols, der bundeseinheitlich geregelten Verbrauchsteuern (z.B. MinöSt) incl. der Einfuhrumsatzsteuer sowie der Abgaben im Rahmen der Europäischen Union. Die übrigen Steuern werden weitestgehend durch die Landesfinanzbehörden verwaltet, die dabei teilweise im Auftrag des Bundes tätig werden.

Als oberste Behörden leiten die Finanzminister des Bundes und der Länder die ihnen jeweils nachgeordneten Finanzverwaltungen. Den obersten Behörden sind zur effizienten Aufgabenerfüllung sog. Oberbehörden zugeordnet. Diese nehmen spezielle, aus dem Verantwortungskreis der Ministerien verselbständigte Aufgaben wahr. Mit dem Charakter von Stabsstellen sind die Oberbehörden gegenüber Mittelbehörden und örtlichen Behörden nicht weisungsbefugt.

Oberfinanzdirektionen (OFD) als Mittelbehörden haben in Abhängigkeit von den zu erfüllenden Aufgaben die Eigenschaft von Bundes- (Bundesabteilungen) oder Landesbehörden (Landesabteilungen). Sie gliedern sich auf der Bundesseite in eine Zoll- und Verbrauchsteuer- sowie eine Bundesvermögensabteilung. Auf Landesseite besteht eine Besitz- und Verkehrsteuerabteilung, neben die Landesvermögens- und Bauabteilungen treten können. OFDen leiten die Finanzverwaltungen des Bundes und der Länder in ihrem regionalen Bezirk. Die Landesfinanzverwaltungen sind in 24 Oberfinanzdirektionsbezirke unterteilt, von denen bei acht gleichzeitig Bundesabteilungen unterhalten.

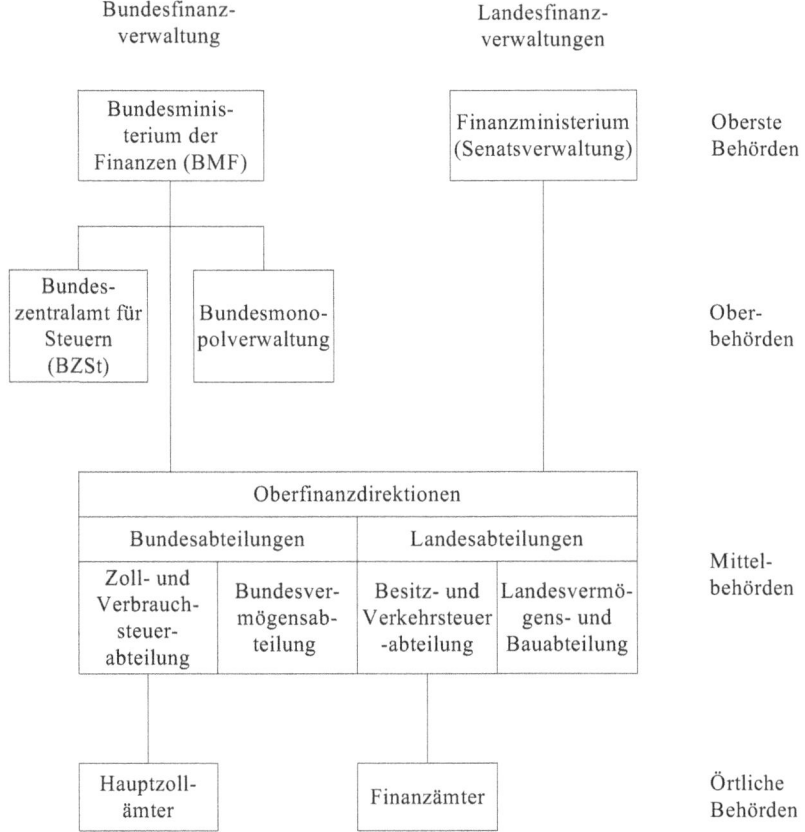

Aufbau der Finanzverwaltung (Ausschnitt)

Finanzämter führen als örtliche Behörden das Besteuerungsverfahren durch, soweit für Zölle und Verbrauchsteuern nicht die Hauptzollämter zuständig sind oder die Gemeinden bei GewSt und GrSt tätig werden.

Die Organisationsstruktur eines Finanzamts zeigt die folgende Abbildung.

1.2 Aufgaben und Aufbau der Finanzverwaltung

Vorsteher			
Geschäftsstelle			
Steuerfestsetzung	Steuererhebung	Steuerprüfung	Spezielle Funktionen
- ESt - KSt - USt - LohnSt - Kfz-Steuer - GrESt - ErbSt	- Finanzkasse - Stundungs- und Erlassstelle - Vollstreckungsstelle	- Betriebsprüfung - Steuerfahndung - Bußgeld- u. Strafsachen	- Bewertungsstelle - Rechtsbehelfsstelle

Geleitet wird ein Finanzamt durch den Vorsteher. Organisatorisch ist es in einzelne Sachgebiete gegliedert. Miteinander verbundene Aufgaben werden in einer „Stelle" zusammengefasst. Im Vordergrund stehen die für die Steuerfestsetzung zuständigen Sachgebiete für die Veranlagung der ESt, KSt, GewSt sowie für USt und Lohnsteuer. Das Steuererhebungsverfahren wird durch die Finanzkasse, Stundungs-, Erlass- und Vollstreckungsstellen betrieben. Mit Betriebsprüfungs-, Steuerfahndungs-, Bußgeld- und Strafsachenstelle werden spezielle Funktionen wahrgenommen. Sonderaufgaben übernehmen weiterhin die Bewertungsstelle für die Bewertung von Grundbesitz sowie die Rechtsbehelfsstelle im außergerichtlichen Rechtsbehelfsverfahren.

Zur Rationalisierung der Verwaltung werden einzelne Funktionen bei speziellen Finanzämtern konzentriert. So gibt es z.B. Finanzämter, die ausschließlich mit Betriebsprüfungen, Steuerstrafsachen und Steuerfahndung oder der Veranlagung zur KSt befasst sind.

1.3 Literaturhinweise zu Kapitel 1

Dickertmann, Dietrich; Gelbhaar, Siegfried „Das System der öffentlichen Einnahmen" in: SteuerStud, 1994, S. 214 ff.

dies. „Das System der öffentlichen Einnahmen" Beilage zu SteuerStud, Heft 5/1994

Dohm, Horst „Das zähe Leben einer Schnapsidee - Fünfzig Jahre Branntweinmonopol" in: FAZ, Nr. 182, vom 8.8.2001

Fleischer, Lothar „McDonald´s Steuer, Bundesstraßenmaut und Wasserpfennig" in: SteuerStud, 1997, S. 113 ff.

Göbel, Heike „gegen die Nehmerländer wird es keine Reformen geben" in: FAZ, Nr. 89, vom 17.4.2001

Göbel, Heike „Des Kaisers neuer Ausgleich" in: FAZ, vom 5.7.2001

Henke, Klaus-Dirk „Finanzbeziehungen zwischen Bund und Ländern" in: WiSt, 1993, S. 67 ff.

Herz, Wilfried „Ansporn statt Alimente - Bund Länder und Gemeinden müssen ihre Finanzen neu ordnen" in: DIE ZEIT, Nr. 36, vom 27.8.1998

Homburg, Stefan „Im Gewirr der Kompetenzen - Der Finanzausgleich ist das Ergebnis fauler Kompromisse" in: FAZ, Nr. 253, v. 31.10.1998

Horn, Karen „Der Schleier ist und bleibt zerrissen - Zum Urteil über den Länderfinanzausgleich" in: FAZ, Nr. 267, vom 16.11.1999

Kesper, Irene „Der Finanzausgleich in der Bundesrepublik Deutschland" in Niedersächsische Verwaltungsblätter, Nr. 1/2002, S. 1 ff.

Klos, Joachim; Dilk, Arno „Das Finanzamt - Organisation, Personal, Arbeitsweise - Ein Überblick" in: SteuerStud, 1991, S. 88 ff.

Mackscheid, Klaus; Thiemer, Beate „Der öffentliche Haushalt" in: WISU, 1995, S. 63 ff.

dies. „Die Systematik des öffentlichen Haushalts", WISU-Studienblatt Januar 1995

Peffekoven, Rolf „Die deutschen Länder am kollektiven Tropf" in: FAZ, Nr. 90, vom 18.4.1998

Peffekoven, Rolf „Immer schön im Kreis herum - Finanzverfassung" in: Rheinischer Merkur, Nr. 36/2003

Vasel, Anke „Grundzüge des Länderfinanzausgleichs" Beilage 4/2000 zu SteuerStud

2 Einkommensteuer

2.1 Charakterisierung der ESt

Von der ESt werden die Einkommen natürlicher Personen erfasst. Sie ist eine Personensteuer und gehört zu den direkten Steuern. Verwaltungstechnisch zählt sie zu den Besitzsteuern und wird durch Veranlagung erhoben. Die Gesetzgebungshoheit für die ESt liegt beim Bund.

Das Einkommensteuerrecht wird vorrangig durch das EStG, die zugehörige Durchführungsverordnung (EStDV) und die Einkommensteuer-Richtlinien (EStR) geregelt. Zur Klärung der in Zusammenhang mit der Lohnsteuer auftretenden Fragen dienen die Lohnsteuer-Durchführungsverordnung (LStDV) und die Lohnsteuer-Richtlinien (LStR).

Bei der Beschäftigung mit jedem materiellen Steuergesetz stellen sich verschiedene Grundfragen. Sie sind darauf gerichtet, „wer" der Steuer nach dem betreffenden Gesetz unterliegt (persönliche Steuerpflicht), „was" der Steuer unterliegt (sachliche Steuerpflicht und Bemessungsgrundlage der Steuer), „wie" die Steuer festgesetzt wird (Veranlagung), in welcher „betraglichen Höhe" sie anfällt (Steuertarif und -ermäßigungen) und „wann" die Steuer zu zahlen ist (Fälligkeit, Tilgung und Steuerabzug). Die genannten Fragenkreise spiegeln sich in der Inhaltsübersicht des EStG wider.

2.2 Persönliche Steuerpflicht

Der ESt unterliegen einzelne natürliche Personen. Lediglich bei der Zusammenveranlagung von Ehegatten kommt deren gemeinsame Besteuerung in Betracht. Das EStG unterscheidet zwischen unbeschränkter und beschränkter persönlicher Steuerpflicht (§ 1 EStG). Von der Art der Steuerpflicht hängt insbesondere der Umfang der Besteuerung ab. Unbeschränkt einkommensteuerpflichtig sind alle natürlichen Personen, die ihren Wohnsitz (§ 8 AO) oder gewöhnlichen Aufenthalt (§ 9 AO) im Inland haben. Bei ihnen werden die weltweit erzielten Einkünfte (Welteinkommens-, Universalitätsprinzip) in Deutschland besteuert (§ 2 Abs. 1 EStG).

Beschränkt steuerpflichtig sind hingegen natürliche Personen, die in Deutschland ganz bestimmte Einkünfte beziehen, hier aber über keinen Wohnsitz oder gewöhnlichen Aufenthalt verfügen. Sie unterliegen mit ihren inländischen Einkünften (§ 49 EStG) der deutschen Einkommensteuer (Territorialprinzip). So würde z.B. der kanadische Dirigent Charles Dutois, der keine persönlichen Anknüpfungsmerkmale zur Bundesrepublik Deutschland aufweist, die Honorare für seine Gastdirigate bei den Berliner Philharmonikern anlässlich von Konzerten in Deutschland der deutschen Einkommensteuer zu unterwerfen haben (§ 49 Abs. 1 Nr. 3 EStG).

2.3 Bemessungsgrundlage der ESt

Der ESt ist das von einer natürlichen Person innerhalb eines Veranlagungszeitraums (= Kalenderjahr) erwirtschaftete Einkommen unterworfen (§ 2 Abs. 7 EStG). Als Bemessungsgrundlage der ESt verwendet das EStG einen eigenen Einkommensbegriff, das sog. zu versteuernde Einkommen. Es ist nach einem besonderen Schema zu ermitteln (R 3 EStR), das auf S. 13 verkürzt dargestellt ist.

Als Einkünfte werden die Reinerträge aus den einzelnen Einkunftsarten nach Abzug der zugehörigen Aufwendungen bezeichnet (objektives Nettoprinzip). Zu unterscheiden sind sieben Einkunftsarten. Sie weisen zahlreiche Unterschiede auf, die im Sachumfang der Besteuerung, der anzuwendenden Ermittlungstechnik, Pauschbeträgen für Werbungskosten, den Möglichkeiten zur Berücksichtigung von Verlusten sowie der Verbindung zur GewSt liegen. Deshalb ist es für die estl. Fallbearbeitung unerlässlich, die eingetretenen Vermögensmehrungen zunächst der zutreffenden Einkunftsart zuzuordnen.

Nur wenn die sachliche Einordnung unter eine der Einkunftsarten gelingt, kann es zur estl. Erfassung des betrachteten Vorgangs kommen. So gehören z.B. einmalige Vermögensanfälle aus Erbschaften, Schenkungen oder Spielgewinne nicht zum Kreis der steuerbaren Zuflüsse. Gleiches gilt für die Ergebnisse aus Liebhabereien, die nicht in der Absicht, Einkünfte zu erzielen, betrieben werden.

Ergänzend dazu sind verschiedene Einnahmen aus sozial-, wirtschafts- oder kulturpolitischen Gründen ganz oder teilweise von der Einkommensteuer befreit (§§ 3, 3b EStG). Das gilt z.B. für Leistungen aus Kranken- und gesetzlicher Unfallversicherung, Arbeitslosengeld oder auch Trinkgelder sowie Zuschläge für Sonntags-, Feiertags- und Nachtarbeit.

Soweit Ausgaben in unmittelbarem wirtschaftlichem Zusammenhang mit steuerfreien Einnahmen stehen, unterliegen sie einem Abzugsverbot (§ 3c EStG).

2.4 System der Einkunftsarten

2.4.1 Gliederung der Einkunftsarten

Das EStG unterscheidet nach einem ersten Differenzierungskriterium zwischen Gewinn- und Überschusseinkunftsarten. Die Gewinneinkunftsarten umfassen die Einkünfte aus Land- und Forstwirtschaft, Gewerbebetrieb und selbständiger Arbeit (§ 2 Abs. 2 Nr. 1 EStG). Die Einkünfte aus nichtselbständiger Arbeit, Kapitalvermögen, Vermietung und Verpachtung sowie die sonstigen Einkünfte bilden die Überschusseinkünfte (§ 2 Abs. 2 Nr. 2 EStG). Die verwendeten Bezeichnungen hängen von der Benennung der Ergebnisse in den Einkunftsarten ab: Sie gelten bei den Gewinneinkünften als Gewinn (bzw. Ver-

2.4 System der Einkunftsarten

lust), bei den Überschusseinkünften als Überschuss der Einnahmen über die Werbungskosten (kurz: Überschuss) bzw. Verlust.

Grundschema zur Ermittlung des zu versteuernden Einkommens (ohne Berücksichtigung des Verlustausgleichs)

Gewinneinkünfte:

1.	Einkünfte aus Land- und Forstwirtschaft	§ 13
2.	Einkünfte aus Gewerbebetrieb	§ 15
3.	Einkünfte aus selbständiger Arbeit	§ 18

Überschusseinkünfte:

4.	Einkünfte aus nichtselbständiger Arbeit	§ 19
5.	Einkünfte aus Kapitalvermögen	§ 20
6.	Einkünfte Vermietung und Verpachtung	§ 21
7.	sonstige Einkünfte	§ 22

=	*Summe der Einkünfte*	
./.	Altersentlastungsbetrag	§ 24a

=	*Gesamtbetrag der Einkünfte*	
./.	Verlustabzug	§ 10d
./.	Sonderausgaben	§§ 10, 10a, 10b, 10c
./.	außergewöhnliche Belastungen	§§ 33, 33a, 33b

=	*Einkommen*	
./.	Freibeträge für Kinder	§§ 31, 32 Abs. 6
./.	Haushaltsfreibetrag	§ 32 Abs. 7

=	*zu versteuerndes Einkommen*

Wesentliche Unterschiede zwischen Gewinn- und Überschusseinkunftsarten liegen im Konzept der Besteuerung und der anzuwendenden Technik der Einkunftsermittlung. So wirken sich bei den Gewinneinkunftsarten Wertänderungen des zur Einkunftserzielung eingesetzten Vermögens auf die Ergebnisse aus. Veräußert z.B. ein Gewerbetreibender ein zu seinem Betriebsvermögen gehörendes Gebäude zu einem über den Anschaffungskosten liegenden Preis, so erhöht der realisierte Gewinn sein steuerliches betriebliches Ergebnis. Ein vergleichbarer Sachverhalt würde bei bei der Veräußerung einer zuvor vermieteten privaten Immobilie nicht zu Einkünften aus Vermietung und Verpachtung führen. Im Rahmen der Überschusseinkünfte bleiben derartige Gewinne und Verluste grds. unberücksichtigt. Eine Ausnahme besteht lediglich für private Veräußerungsgeschäfte (Spekulationsgeschäfte) (§§ 22 Nr. 2; 23 EStG).

Durch die Unternehmensteuerreform 2008 werden in Durchbrechung dieses Grundsatzes auch Veräußerungsgewinne aus privaten Kapitalanlagen (bis auf Immobilien) in die Einkünfte aus Kapitalvermögen einbezogen und einer Abgeltungsteuer unterworfen.

Von praktischem Nutzen für die Gesetzesanwendung ist die weitere Unterscheidung nach Haupt- und Nebeneinkunftsarten. Zu den Haupteinkunftsarten gehören die ersten vier Einkunftsarten. Nebeneinkunftsarten umfassen die Einkunftsarten fünf bis sieben. Mit der Unterteilung wird die Nachrangigkeit der Nebeneinkunftsarten verdeutlicht. Das bedeutet, dass Einkünfte vorrangig unter den Haupteinkunftsarten zu erfassen sind. Eine Einordnung unter einer bestimmten Nebeneinkunftsart kommt nur in Betracht, wenn keine Zuordnung zu einer Haupteinkunftsart oder einer vorrangigen anderen Nebeneinkunftsart möglich ist.

2.4.2 Ermittlung der Einkünfte

2.4.2.1 Ermittlung der Gewinneinkünfte

Zur Ergebnisermittlung in den ersten drei Einkunftsarten stehen unterschiedliche Gewinnermittlungsmethoden zur Verfügung. Sie umfassen vorrangig den Betriebsvermögensvergleich (Bestandsvergleich) sowie die Einnahme-Überschuss-Rechnung. Sonderfälle stellen die auf die Landwirtschaft beschränkte Gewinnermittlung nach Durchschnittssätzen (§ 13a EStG) und die Tonnagebesteuerung beim Betrieb von Handelsschiffen im internationalen Verkehr (§ 5a EStG) dar.

Der Betriebsvermögensvergleich verläuft nach dem folgenden Grundschema (§ 4 Abs. 1 EStG):

       Betriebsvermögen am Ende des Jahres

./.   Betriebsvermögen am Ende des Vorjahres

=   *Betriebsvermögensunterschied*
+   Privatentnahmen
./.   Privateinlagen

=   *Gewinn / Verlust*

Zum Betriebsvermögen gehören die dem Betrieb zuzurechnenden Wirtschaftsgüter und die betrieblichen Schulden. Hier wirkt sich die bilanzsteuerliche Unterscheidung zwischen Betriebs- und Privatvermögen aus. Üblicherweise werden die Kategorien des notwendigen Betriebs- und notwendigen Privatvermögens unterschieden. Zu ihnen tritt als dritte Vermögenssphäre das neutrale Vermögen, das sich als gewillkürtes Betriebs- bzw. Privatvermögen darstellt.

2.4 System der Einkunftsarten

Gesamtvermögen			
notwendiges Betriebsvermögen	neutrales Vermögen		notwendiges Privatvermögen
	gewillkürtes Betriebsvermögen	gewillkürtes Privatvermögen	
Betriebsvermögen		Privatvermögen	

Ausschließlich und unmittelbar für den Betrieb eingesetzte Wirtschaftsgüter sind stets notwendiges Betriebsvermögen (R 4.2 Abs. 1 Satz 1 EStR). Das sind z.B. Produktionsanlagen, Roh-, Hilfs- und Betriebsstoffe sowie Kundenforderungen. Zum notwendigen Privatvermögen gehören die Gegenstände, die keinen erkennbaren Zusammenhang mit dem Betrieb aufweisen (z.B. Kleidung, Schmuck). Das neutrale Vermögen nimmt eine Zwischenstellung ein. Sofern es dazu verwendet wird, den Betrieb zu fördern, kann es als gewillkürtes Betriebsvermögen behandelt werden (R 4.2 Abs. 1 Satz 3 EStR). Anwendungsfälle hierfür sind z.B. als Kapital- oder Liquiditätsanlage erworbene Wertpapiere. Die Behandlung als gewillkürtes Betriebsvermögen setzt zwingend die unverzügliche Aufnahme des betreffenden Gegenstands in Buchführung und Bilanz voraus. Deshalb konnte bei der Gewinnermittlung mittels Einnahme-Überschuss-Rechnung prinzipiell kein gewillkürtes Betriebsvermögen gebildet werden (R 13 Abs. 16 EStR), da es an einer Buchführung im eigentlichen Sinn fehlt. Hier änderte der BFH allerdings seine Rechtsprechung (BFH Urtl. vom 2.10.2003 - IV R 13/03, StuB 2003 S. 1137). Danach kommt es nunmehr zu einer übereinstimmenden Beurteilung bei Gewinnermittlung durch Bilanzierung und Einnahme-Überschuss-Rechnung.

Besonderheiten gelten für die Zuordnung von gemischt-genutzten Wirtschaftsgütern. Sie gehören grds. entweder vollständig zum Betriebs- oder Privatvermögen. Eine Aufteilung ist nur bei Grundstücken (R 4.2 Abs. 4 EStR) vorzunehmen. Die Einordnung geschieht nach dem Ausmaß der betrieblichen Nutzung:

betriebliche Nutzung > 50 v.H.	betriebliche Nutzung zwischen 10 und 50 v.H.	betriebliche Nutzung < 10 v.H.
Notwendiges Betriebsvermögen	Wahlrecht zwischen gewillkürtem Betriebs- oder Privatvermögen	Notwendiges Privatvermögen

Bei der Ermittlung des Betriebsvermögens sind Verbindlichkeiten zu berücksichtigen, wenn der Anlass ihrer Entstehung im betrieblichen und nicht im privaten Bereich liegt.

Das Betriebsvermögen entspricht damit prinzipiell dem Eigenkapital des Unternehmens. Es ist bei Bücher führenden Gewerbetreibenden aus einer Handelsbilanz abzuleiten, die ggf. an steuerliche Regelungen anzupassen ist. Der Betriebsvermögensunterschied ist um solche Vorgänge zu bereinigen, die nicht Resultat des betrieblichen Leistungsprozesses sind, sich aber im Eigenkapital niedergeschlagen haben. Das sind Privatentnahmen und -einlagen (§ 4 Abs. 1 EStG). Bei ihnen handelt es sich um Transaktionen zwischen betrieblicher und privater Sphäre des Steuerpflichtigen. Während Wertabgaben aus dem betrieblichen Bereich für nichtbetriebliche Zwecke als (Privat)entnahmen bezeichnet werden, gilt der umgekehrte Vorgang als (Privat)einlage. Die Zusammenhänge verdeutlicht das

Beispiel:

Während des Jahres 2007 wurden dem Betrieb für private Zwecke 90.000 EUR in bar entnommen und ein Grundstück im Wert von 150.000 EUR aus dem Privatvermögen zugeführt. Aus den Bilanzen sind folgende Größen zu entnehmen:

	31.12.2007	31.12.2006
Anlagevermögen	1.000.000 EUR	900.000 EUR
Umlaufvermögen	2.000.000 EUR	2.200.000 EUR
Aktiva	3.000.000 EUR	3.100.000 EUR
betriebliche Schulden	1.600.000 EUR	1.900.000 EUR
	1.400.000 EUR	1.200.000 EUR

Zu ermitteln ist der Gewinn des Jahres 2007 durch Betriebsvermögensvergleich!

	Betriebsvermögen 31.12.2007	1.400.000 EUR
./.	Betriebsvermögen 31.12.2006	1.200.000 EUR
	Betriebsvermögensunterschied	200.000 EUR
+	Privatentnahmen	90.000 EUR
./.	Privateinlagen	150.000 EUR
=	Gewinn 2007	140.000 EUR

Für Freiberufler und kleine Gewerbetreibende bietet sich mit der Einnahme-Überschuss-Rechnung (§ 4 Abs. 3 EStG) eine vereinfachte Gewinnermittlungsmethode an. Sie weist den betrieblichen Gewinn als Differenz der Be-

2.4 System der Einkunftsarten

triebseinnahmen und -ausgaben aus. Betriebseinnahmen sind durch den Betrieb veranlasst (erwirtschaftet) und können in Geld oder Sachwerten bestehen.

Betriebsausgaben sind Aufwendungen, die durch den Betrieb veranlasst sind (§ 4 Abs. 4 EStG). Eine betriebliche Veranlassung erfordert einen tatsächlichen oder wirtschaftlichen Zusammenhang mit dem Betrieb. Auf die Notwendigkeit oder Zweckmäßigkeit der Aufwendungen kommt es dabei grds. nicht an. Die gewinnmindernde Berücksichtigung einer Reihe von Betriebsausgaben ist durch besondere gesetzliche Regelungen eingeschränkt oder vollständig versagt (§ 4 Abs. 4a, 5, 6 und 7 EStG).

Im Gegensatz zum Bestandsvergleich erfolgt die zeitliche Zuordnung der Geschäftsvorfälle hier nicht nach kaufmännischen Gesichtspunkten, sondern im wesentlichen anhand des Zu- oder Abfließens als Erlangung oder Verlust der wirtschaftlichen Verfügungsmacht über die Betriebseinnahmen und -ausgaben (H 11 EStR). Es gilt grds. das Zufluss- und Abflussprinzip nach § 11 EStG. Es wird das allerdings durch einige spezielle Regelungen zum Umgang mit bestimmten Gegenständen des Anlage- wie auch des Umlaufvermögens durchbrochen (§ 4 Abs. 3 Sätze 3 und 4 EStG).

Einzelne Geschäftsvorfälle sind im Rahmen der Einnahme-Überschuss-Rechnung besonders zu beachten:

Die vereinnahmte Umsatzsteuer gilt als Betriebseinnahme, während die an Lieferanten gezahlte Vorsteuer oder an das Finanzamt abgeführte Umsatzsteuer zu den Betriebsausgaben gehört.

Gewährte oder erhaltene betriebliche Darlehen stellen keine Betriebsausgaben oder -einnahmen dar. Erhaltene und geleistete Anzahlungen gehören hingegen zu den betrieblichen Einnahmen und Ausgaben. Sachentnahmen oder Entnahmen von Nutzungen und Leistungen sind auch bei der Einnahme-Überschuss-Rechnung gewinnerhöhend zu berücksichtigen. Die Anschaffungskosten abnutzbarer Anlagegegenstände sind nicht im Zeitpunkt ihrer Bezahlung als Betriebsausgaben anzusetzen, sondern im Wege der Absetzung für Abnutzung (§ 7 EStG) zu verrechnen. Das gilt auch für die Bewertungsfreiheit für geringwertige Wirtschaftsgüter (§ 6 Abs. 2 EStG). Die Anschaffungskosten nicht abnutzbarer Anlagegegenstände (z.B. Grund und Boden, Beteiligungen) führen erst zu dem Zeitpunkt, zu dem sie das Betriebsvermögen verlassen, zu Betriebsausgaben.

Die vergleichsweise einfache Handhabung der Einnahme-Überschuss-Rechnung zeigt das Beispiel:

Ein Rechtsanwalt will seinen Gewinn aus selbständiger Arbeit für das Jahr 2007 anhand folgender Angaben ermitteln: Einzahlungen von Mandanten aus Honoraren 450.000 EUR (incl. Umsatzsteuer); Zahlungen für Gehälter von Mitarbeitern, Mieten und andere Betriebsausgaben von 300.000 EUR (incl. gezahlter Vorsteuer und an das Finanzamt abgeführter USt). Der Rechtsanwalt erwarb im April 2007 für seine Kanzlei vier Personalcomputer mit Anschaffungskosten von insgesamt 8.000 EUR. Ihre Nutzungsdauer beträgt 4 Jahre.

Betriebseinnahmen		450.000 EUR
./. Betriebsausgaben		
Gehälter, Mieten u.a.	300.000 EUR	
Abschreibungen		
(8.000 EUR / 4 x ¾ = 1.500 EUR)	1.500 EUR	301.500 EUR
Gewinn 2007		148.500 EUR

2.4.2.2 Ermittlung der Überschusseinkünfte

Die Ergebnisse in den Überschusseinkunftsarten werden als Überschuss der Einnahmen über die Werbungskosten ermittelt. Als Einnahmen gelten alle Wertzuflüsse innerhalb einer Überschusseinkunftsart (§ 8 Abs. 1 EStG). Ergänzend dazu ist gesetzlich im Detail festgelegt, was inhaltlich genau unter den einzelnen Überschusseinkunftsarten zu erfassen ist.

Das negative Gegenstück zu den Einnahmen sind die Werbungskosten (§ 9 EStG). Darunter sind Aufwendungen zu verstehen, die durch eine auf die Erzielung von Überschusseinkünften gerichtete Tätigkeit veranlasst sind. Notwendig ist ein objektiver Zusammenhang mit der Einnahmeerzielung.

Grundsätzlich sind die Werbungskosten einzeln nachzuweisen. Aus Vereinfachungsgründen gibt es jedoch bei verschiedenen Einkunftsarten pauschale Abzugsbeträge für Werbungskosten (Werbungskosten-Pauschbeträge nach § 9a EStG).

Für die zeitliche Zuordnung von Einnahmen und Werbungskosten gilt auch bei den Überschusseinkünften das Zufluss- und Abflussprinzip (§ 11 EStG). Die Einkunftsermittlung mittels Gegenüberstellung von Einnahmen und Werbungskosten weist damit stärkste Ähnlichkeiten mit der Gewinnermittlung durch Einnahme-Überschuss-Rechnung auf.

Beispiel:

Ein Arbeitnehmer erhält im Laufe des Kalenderjahrs 2007 Arbeitslohn in Höhe von 40.000 EUR. An Werbungskosten bei seinen Einkünften aus nichtselbständiger Arbeit fallen berücksichtigungsfähige Aufwendungen von 3.000 EUR an.

Die Einkünfte aus nichtselbständiger Arbeit (§ 19 EStG) ermitteln sich als Überschuss der Einnahmen über die Werbungskosten (§ 2 Abs. 2 Nr. 2 EStG).

Einnahmen (Arbeitslohn)		40.000 EUR
./. Werbungskosten		3.000 EUR
= Überschuss (der Einnahmen über die Werbungskosten) aus nichtselbständiger Arbeit		37.000 EUR

2.4 System der Einkunftsarten

2.4.3 Darstellung der Einkunftsarten

2.4.3.1 Einkünfte aus Land- und Forstwirtschaft (§§ 13 - 14 EStG)

Als Land- und Forstwirtschaft (LuF) gilt die planmäßige Nutzung des Bodens zur Erzeugung von Pflanzen und Tieren und die Verwertung der dadurch selbst gewonnenen Erzeugnisse (§ 13 EStG). Gegenüber den Einkünften aus Gewerbebetrieb ergeben sich verschiedene Abgrenzungsprobleme. Sie entstehen z.B., wenn nicht nur durch eigene Urproduktion gewonnene Erzeugnisse abgesetzt werden, sondern fremde land- und forstwirtschaftliche Erzeugnisse zur Weiterveräußerung zugekauft werden. Beträgt der Einkaufswert des Zukaufs nachhaltig mehr als 30 v.H. des Umsatzes, ist generell von einem selbständigen Gewerbebetrieb hinsichtlich des Handelsgeschäfts auszugehen. Zu den Einkünften aus LuF gehört die Tierzucht nur in einem Umfang, wie er durch eine eigene Futtererzeugung unterlegt werden könnte. Einkünfte aus land- und forstwirtschaftlichen Nebenbetrieben fallen ebenfalls unter diese Einkunftsart.

Zu Einkünften aus LuF werden auch Gewinne aus der Veräußerung oder Verpachtung eines solchen Betriebs oder Teilbetriebs gerechnet (§ 14 EStG).

In weitergehender Vereinfachung gegenüber dem bereits vorgestellten Betriebsvermögensvergleich und der Einnahme-Überschuss-Rechnung können die Gewinne hier nach Durchschnittssätzen ermittelt werden (§ 13a EStG). Als zusätzliche Vergünstigung wird bei Ermittlung der Einkünfte aus Land- und Forstwirtschaft ggf. ein Freibetrag von 670 EUR (bei Zusammenveranlagung: 1.340 EUR) gewährt (§ 13 Abs. 3 EStG).

2.4.3.2 Einkünfte aus Gewerbebetrieb (§§ 15 - 17 EStG)

Die Einkünfte aus Gewerbebetrieb umfassen die Tätigkeiten der Einzelgewerbetreibenden und Personengesellschaften, die sich als gewerbliche Mitunternehmerschaften darstellen. Zu den typischen gewerblichen Tätigkeiten zählen Handel, Handwerk, Fabrikation und Dienstleistungen, soweit sie nicht zur selbständigen Arbeit zu rechnen sind. Kennzeichen der Gewerblichkeit ist es, dass die Betätigung selbständig, nachhaltig, mit Gewinnerzielungsabsicht und unter Beteiligung am allgemeinen wirtschaftlichen Verkehr ausgeübt wird. Dabei darf es sich weder um die Ausübung von Land- und Forstwirtschaft noch einer selbständigen Arbeit oder eine private Vermögensverwaltung handeln (§ 15 Abs. 2 EStG).

Unter Mitunternehmerschaften sind Personengesellschaften zu verstehen, bei denen die Gesellschafter Einfluss auf die wesentlichen Entscheidungen nehmen können (Unternehmerinitiative) und am Ergebnis sowie den stillen Reserven beteiligt sind (Mitunternehmerrisiko). Vertreter dieser Personenzusammenschlüsse sind die Offene Handelsgesellschaft, Kommanditgesellschaft und Partnerschaftsgesellschaft. Auch bei ihnen müssen die Kriterien der Gewerblichkeit (§ 15 Abs. 2 EStG) gegeben sein, damit in ihnen Einkünfte aus Gewerbebetrieb erzielt werden.

Sobald die Mitunternehmerschaft neben einer anderen Tätigkeit (z.B. selbständige Arbeit) auch eine gewerbliche ausübt, gelten ihre gesamten Einkünfte als solche aus Gewerbebetrieb (Abfärbetheorie nach § 15 Abs. 3 Nr. 1 EStG).

Zum gleichen Ergebnis kommt es, wenn an der Mitunternehmerschaft ausschließlich Kapitalgesellschaften als persönlich haftende Gesellschafter beteiligt sind und nur diese oder Nichtgesellschafter zur Geschäftsführung befugt sind, wie das bei der typischen GmbH & Co. KG der Fall ist (§ 15 Abs. 3 Nr. 2 EStG).

Eine Besonderheit bei der Gewinnermittlung von Mitunternehmerschaften ergibt sich aus Rechtsgeschäften zwischen der Personengesellschaft und ihren Gesellschaftern. Obwohl derartige Rechtsbeziehungen zivilrechtlich anerkannt werden, dürfen sie in bestimmten Fällen den steuerlichen Gewinn nicht mindern. So sind als Aufwand gegenüber Mitunternehmern erfasste Sondervergütungen für Tätigkeiten, Darlehenszinsen sowie Mieten und Pachten dem Gewinn der Mitunternehmerschaft wieder hinzuzurechnen (§ 15 Abs. 1 Satz 1 Nr. 2 EStG) und dem jeweiligen Gesellschafter, der sie erhalten hat, zuzurechnen. Ergänzend dazu sind Aufwendungen, die ein Gesellschafter in Zusammenhang mit den o.g. Sondervergütungen persönlich getragen hat, als Sonderbetriebsausgaben zu berücksichtigen. Sie schmälern den Gesamtgewinn der Mitunternehmerschaft und sind dem Gesellschafter, der sie getragen hat, bei der Gewinnermittlung zuzurechnen.

Beispiel:

A und B sind Gesellschafter der gewerblich tätigen A & B OHG. Beide sind am Vermögen der Gesellschaft und am Ergebnis zur Hälfte beteiligt. Der Handelsbilanzgewinn der Gesellschaft zum 31.12.20077 beläuft sich auf 250.000 EUR. Bei der Gewinnermittlung wurden folgende Aufwendungen gewinnmindernd gebucht:

Vergütung an A für ein von ihm an die A & B OHG vermietetes Grundstück	60.000 EUR
Darlehenszinsen für ein von B an die A & B OHG gewährtes Darlehen	12.000 EUR

Mit dem Grundstück in Zusammenhang stehende Kosten in Höhe von 40.000 EUR wurden von A persönlich getragen.

Aus der Refinanzierung des an die OHG gewährten Darlehens musste B Zinsaufwendungen in Höhe von 9.000 EUR selbst tragen.

Die steuerliche Gewinnermittlung ist wie folgt vorzunehmen (in Euro):

	Gesamt	A	B
Handelsbilanzgewinn der OHG	250.000	125.000	125.000
Sondervergütung: Mietaufwand gegenüber A	60.000	60.000	
Sonderbetriebsausgaben: Grundstücksaufwendungen des A	./. 40.000	./. 40.000	
Sondervergütung: Zinsen an B	12.000		12.000
Sonderbetriebsausgaben: Zinsaufwand des B	./. 8.000		./. 8.000
Steuerlicher Gesamtgewinn	274.000	145.000	129.000

2.4 System der Einkunftsarten

Der steuerliche Gesamtgewinn der A & B OHG beläuft sich auf 274.000 EUR. Er wird den einzelnen Gesellschaftern zugerechnet und von ihnen versteuert. Gleichzeitig bildet er den Ausgangspunkt für die Ermittlung des Gewerbeertrags.

Personengesellschaften sind nicht selbst einkommensteuerpflichtig. Sie ermitteln zunächst ihren Gewinn und verteilen ihn in einem zweiten Schritt entsprechend den Vereinbarungen des Gesellschaftsvertrags auf die einzelnen Mitunternehmer, bei denen dann die (einkommen)steuerliche Erfassung erfolgt.

Besondere Regelungen bestehen für die Berücksichtigung von Verlusten, sofern die Haftung der Gesellschafter begrenzt ist (§ 15a EStG). Betroffen von der Regelung sind z.B. die Kommanditisten in einer Kommanditgesellschaft, deren Haftung sich auf ihre Einlage beschränkt. Gleichwohl ist ihnen ein auf sie entfallender Verlust vollständig zuzurechnen. Das führt dazu, dass ihr Kapitalkonto ggf. einen negativen Wert annimmt. Hinsichtlich des negativen Betrags sind sie jedoch nicht zum Ausgleich aus privaten Mitteln verpflichtet. Es findet lediglich eine Verrechnung mit künftigen Gewinnen statt. Damit fehlt es im Jahr der Verlustentstehung an einer rechtlichen und wirtschaftlichen Belastung des Kommanditisten. Dieser Betrachtungsweise schließt sich das Steuerrecht an.

So unterliegt die Geltendmachung von Verlusten, die beim Kommanditisten zu einem negativen Saldo des Kapitalkontos führen oder ihn erhöhen, gravierenden Einschränkungen. Derartige Verluste sind nur in Höhe des Kapitalkontos des Kommanditisten mit seinen positiven Einkünften ausgleichsfähig. Am Verlustausgleich und -abzug nehmen sie also nur so lange teil, wie das Kapitalkonto nicht negativ wird. Weitergehende Verluste werden den Kommanditisten zwar zugerechnet, wirken sich aber steuerlich nur durch Verrechnung mit künftigen Gewinnen aus derselben Beteiligung aus.

Beispiel:

A, B und C sind als Gesellschafter an der gewerblichen A-KG beteiligt. Auf den Komplementär A entfällt ein Gewinnanteil von 50 v.H., die Kommanditisten B und C sind zu jeweils 25 v.H. am Ergebnis der Gesellschaft beteiligt. Im Geschäftsjahr 2007 entsteht bei der A-KG ein Verlust von 300.000 EUR. Vor Verteilung des Verlusts wiesen die Kapitalkonten Salden von 50.000 EUR für A, 100.000 EUR für B und 25.000 EUR für C auf.

In Euro:	A	B	C
Stand der Kapitalkonten vor Verteilung des Verlusts	50.000	100.000	25.000
Verlustanteil 2007	./. 150.000	./. 75.000	./. 75.000
Stand der Kapitalkonten zum 31.12.2007	./. 100.000	25.000	./. 50.000
im Jahr 2007 ausgleichsfähiger Verlust	150.000	75.000	25.000
in künftigen Jahren verrechenbare Verluste	0	0	50.000

A kann den auf ihn entfallenden Verlust im Jahr 2007 mit positiven Einkünften verrechnen oder den Verlustabzug wahrnehmen, da die Begrenzung des § 15a EStG für ihn als Vollhafter nicht anzuwenden ist. Die selben Möglichkeiten zur Berücksichtigung seines Verlusts gelten für B, da sein Kapitalkonto nicht negativ wird. Lediglich bei C greift die Begrenzung. Ausgleichsfähig sind bei ihm Verluste von 25.000 EUR. Damit würde sein Kapitalkonto einen Stand von 0 EUR annehmen. Den weiteren Verlust von 50.000 EUR kann er in Folgejahren mit Gewinnen aus seiner Beteiligung an der A-KG verrechnen.

Die Regelungen des § 15a EStG sind auch in anderen Einkunftsarten anzuwenden. Das gilt insbesondere für die Einkünfte aus stiller Beteiligung (§ 20 Abs. 1 Nr. 4 Satz 2 EStG) und aus Vermietung und Verpachtung (§ 21 Abs. 1 Satz 2 EStG).

Zu den Einkünften aus Gewerbebetrieb gehören neben den laufend erwirtschafteten Ergebnissen auch die Gewinne aus der Beendigung der gewerblichen Tätigkeit (§ 16 EStG). Als Beendigungshandlungen zählen die Betriebsveräußerung im ganzen, Betriebsaufgabe und die Veräußerung von Mitunternehmeranteilen. Bei diesen Aktionen kommt es zur Auflösung der im Betriebsvermögen enthaltenen stillen Reserven einschließlich des Firmenwerts. Die unter Einbeziehung dieser Werte entstehenden Aufgabe- und Veräußerungsgewinne unterliegen der Einkommen- ggf. aber nicht der Gewerbesteuer (A 39 GewStR).

Für die Besteuerung von Veräußerungs- und Aufgabegewinne bestehen verschiedene steuerliche Vergünstigungen gegenüber den laufenden Gewinnen. Neben einem Freibetrag von max. 51.200 EUR (§ 16 Abs. 4 EStG) kann es zu einer Entlastung beim anzuwendenden Steuersatz kommen (§ 34 Abs. 1 EStG).

Beispiel:

Der selbständige Apotheker A (65 Jahre alt, verheiratet) will sich zur Ruhe setzen und veräußert seine Apotheke zum 31.12.2007 an den Nachfolger N. Zum Zeitpunkt der Veräußerung weist das Eigenkapitalkonto einen Wert von 110.000 EUR auf. Betriebliche Verbindlichkeiten bestanden nicht. Im Zuge der Veräußerung entnahm A dem Betriebsvermögen einen PKW, der einen gemeinen Wert von 30.000 EUR hatte. Der in bar zu entrichtenden Kaufpreis betrug 300.000 EUR. Für den Verkauf des Unternehmens hatte A Beratungskosten und Maklerhonorare von 20.000 EUR zu tragen.

Der von A zu versteuernde Veräußerungsgewinn ermittelt sich wie folgt:

Veräußerungspreis		300.000 EUR
+	gemeiner Wert des ent-nommenen PKW's	30.000 EUR
		330.000 EUR

2.4 System der Einkunftsarten

Zwischensumme		330.000 EUR
./. Wert des Betriebsvermögens		110.000 EUR
./. Veräußerungskosten		20.000 EUR
= Veräußerungsgewinn		200.000 EUR
./. davon steuerfrei nach § 16 Abs. 4 EStG	45.000 EUR ./. (200.000 EUR ./. 136.000 EUR)	0 EUR
= steuerpflichtiger Teil des Veräußerungsgewinns		200.000 EUR

Ebenfalls zu den Einkünften aus Gewerbebetrieb rechnen Gewinne bzw. Verluste aus der Veräußerung einer wesentlichen Beteiligung an einer KapGes. (Anteil mindestens 1 v.H.) (§ 17 EStG). Dabei ist zu beachten, dass der Veräußerungspreis i.S.d. § 17 Abs. 2 EStG unter das Halbeinkünfteverfahren fällt und zur Hälfte steuerfrei bleibt (§ 3 Nr. 40 Buchst. c EStG).

2.4.3.3. Einkünfte aus selbständiger Arbeit (§ 18 EStG)

Zu den Einkünften aus selbständiger Arbeit gehören im wesentlichen die Einkünfte aus freiberuflichen Tätigkeiten sowie aus sonstiger selbständiger Arbeit. Freiberufliche Tätigkeiten umfassen die selbständig ausgeübte wissenschaftliche, künstlerische, schriftstellerische, unterrichtende oder erziehende Tätigkeit, die Katalogberufe (z.B. Ärzte, Rechtsanwälte, Steuerberater, Architekten, Ingenieure u.a.) sowie die diesen ähnlichen Berufe. Die Katalogberufe sind im EStG abschließend aufgeführt, was für die ähnlichen Berufe nicht gilt. Hinweise zur Abgrenzung zwischen Gewerbebetrieb und selbständiger Arbeit sind H 15.6 EStR zu entnehmen.

Probleme treten bei gleichzeitiger Ausübung von freiberuflichen und gewerblichen Tätigkeiten (gemischte Tätigkeiten) auf. Bei Einzelpersonen wird hier nach Möglichkeit eine Trennung beider Tätigkeiten vorgenommen (H 15.6 EStR). Gemischte Tätigkeiten einer Personengesellschaft führen hingegen stets zu Einkünften aus Gewerbebetrieb (§ 15 Abs. 3 Nr. 1 EStG).

Bedeutsam ist die Abgrenzung der Einkunftsarten hinsichtlich der Gewerbesteuer. Ihr unterliegen nur die gewerblichen Einkünfte, nicht aber die aus freiberuflichen Tätigkeiten.

Veräußerungs- und Aufgabegewinne werden bei den Einkünften aus selbständiger Arbeit wie bei denen aus Gewerbebetrieb der Besteuerung unterworfen. Das gilt auch für die dort bestehenden Vergünstigungen (§§ 18 Abs. 3; 34 EStG).

2.4.3.4 Einkünfte aus nichtselbständiger Arbeit (§§ 19, 19a EStG)

Einnahme bei den Einkünften aus nichtselbständiger Arbeit ist der Arbeitslohn, den ein Arbeitnehmer oder sein Rechtsnachfolger (z.B. Witwe) aus einem Dienstverhältnis bezieht (§ 1 LStDV). Ein Dienstverhältnis liegt vor, wenn der Verpflichtete seine Arbeitskraft schuldet und die Tätigkeit abhängig ausübt. Der Arbeitslohn stellt die Vergütung aus einem gegenwärtigen (Gehalt, Lohn, Gratifikationen, Tantieme) oder früheren Dienstverhältnis (Pension, Ruhegeld, Witwen- und Waisengeld) dar.

Zum Arbeitslohn gehören auch die Sachbezüge. Bei ihnen handelt es sich um nicht in Geld bestehende Vorteile, die dem Arbeitnehmer innerhalb des Arbeitsverhältnisses zufließen. Dazu zählen z.B. der verbilligte Erwerb von PKW's durch Mitarbeiter von Automobilherstellern, zinsverbilligte Darlehen von Arbeitgebern an ihre Arbeitnehmer, der begünstigte Verkauf von Aktien an Arbeitnehmer, die unentgeltliche Überlassung eines auch privat nutzbaren Dienstwagens u.a. Keinen Arbeitslohn stellen bloße Aufmerksamkeiten und überwiegend im Interesse des Arbeitgebers erfolgende Aufwendungen dar. Das sind z.B. Geschenke zu üblichen gesellschaftlichen Anlässen bis zu einem Wert von 40 EUR (R 73 LStR) sowie Kosten der innerbetrieblichen Fortbildung.

Unterschiedliche Arten von Arbeitslohn sind darüber hinaus teilweise oder vollständig von der Steuer befreit (§ 3 EStG). Beispielhaft aufgezählt seien Ausgaben des Arbeitgebers für die Zukunftssicherung des Arbeitnehmers (Nr. 62), Trinkgelder (Nr. 51). Steuerbegünstigt sind ferner Zuschläge für Sonntags-, Feiertags- und Nachtarbeit (§ 3b EStG).

Auf die Einkünfte aus nichtselbständiger Arbeit hat der Arbeitgeber grds. den Lohnsteuerabzug vorzunehmen (§§ 38 bis 42f EStG). Das Verfahren ist in seinen wesentlichen Schritten auf S. 25 abgebildet.

Die Lohnsteuer stellt eine besondere Erhebungsform der ESt dar. Sie wird als Quellensteuer unmittelbar an der Quelle der Einkommensentstehung erhoben. Nach den Merkmalen der Lohnsteuerkarte (§ 39 EStG) muss der Arbeitgeber die Lohnsteuer für Rechnung des Arbeitnehmers einbehalten und an das Finanzamt abführen. Zur Vereinfachung des Steuerabzugs sind Lohnsteuertabellen erstellt, die über die Steuerklassen persönliche Besteuerungsmerkmale der Arbeitnehmer berücksichtigen. In ihnen sind die allgemeinen Freibeträge (Grundfreibetrag, Werbungskosten- und Sonderausgaben-Pauschbeträge, Sonderfreibeträge) eingearbeitet (§ 39b EStG). Ab dem VAZ 2001 erscheinen keine amtlichen LSt-Tabellen mehr. Statt dessen haben verschiedene Verlage deren Veröffentlichung übernommen. Anstelle einer individuellen Berechnung der Lohnsteuer tritt in unterschiedlichen Fällen deren Pauschalierung. Insbesondere bei kurzfristigen oder geringfügigen Beschäftigungen kann der Arbeitgeber die Lohnsteuer mit Hilfe spezifischer Pauschalsätze berechnen (§ 40a EStG).

Gleiches gilt für Zukunftssicherungsaufwendungen des Arbeitnehmers (§ 40b EStG).

Zusätzlich im Einzelfall zu berücksichtigende Freibeträge können auf der Lohnsteuerkarte auf Antrag eingetragen werden, um beim Lohnsteuerabzug Berücksichtigung zu finden (§ 39a EStG).

Typische bei Arbeitnehmern anfallende Werbungskosten sind die Aufwendungen für Fahrten zwischen Wohnung und Arbeitsstätte (ab dem VAZ 2007 nur noch für Entfernungen über 20 km nach § 9 Abs. 2 EStG) Kosten für Arbeits-

2.4 System der Einkunftsarten

mittel, Fortbildungskosten (z.B. Kursgebühren, Fachliteratur), Mitgliedsbeiträge für Berufsverbände u.a.

Sofern die Werbungskosten nicht nachgewiesen werden, kommt der Abzug

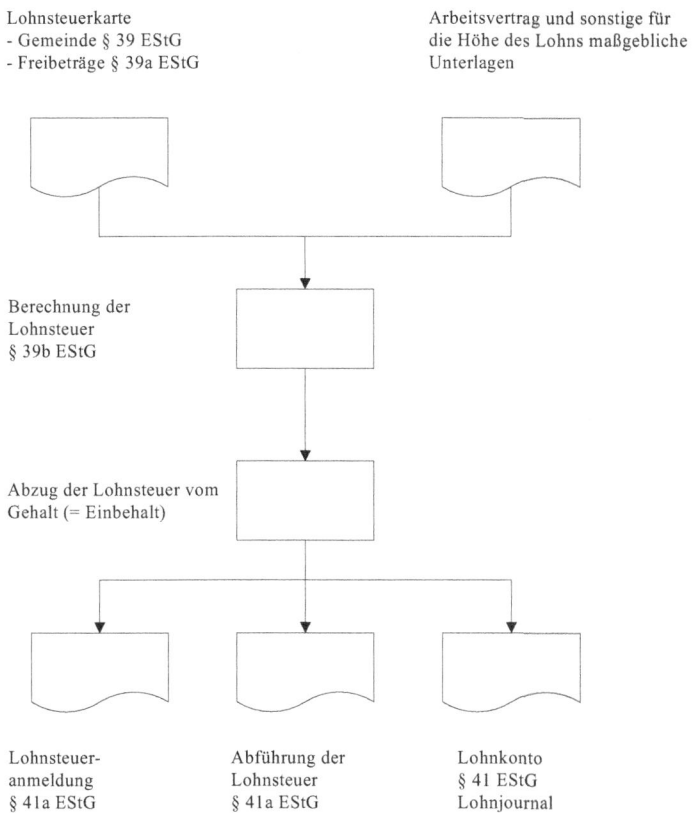

des Arbeitnehmer-Pauschbetrags von 920 EUR pro Jahr (§ 9a Nr. 1 EStG) in Betracht.

2.4.3.5 Einkünfte aus Kapitalvermögen (§ 20 EStG)

Aus der Überlassung privaten Vermögens zur Nutzung resultieren die Einkünfte aus Kapitalvermögen. Unter der Überschusseinkunftsart werden z.Zt. lediglich die Entgelte aus der Kapitalnutzung erfasst, nicht aber Wertänderungen der Kapitalanlage. Der Kreis der in die Besteuerung einbezogenen Anlageerträgnisse ist weit gezogen. Zu den Einnahmen gehören die Zuflüsse aus der Anlage als Eigen- und Fremdkapital. Als häufigste Anlageformen sind die Anteile an Kapitalgesellschaften (Aktien, GmbH-Anteile) mit den aus ihnen fließenden Dividenden zu nennen. Ebenso führt die Vermögensanlage in Investmentfonds, offenen Immobilienfonds oder als typische stille Einlage zu Einkünften aus Kapitalvermögen.

Erträge aus Kapitalanlagen mit Fremdkapitalcharakter sind Zinsen aus festverzinslichen Wertpapieren, Sparguthaben sowie Spar- und Bundesschatzbriefen und verschiedensten anderen Kapitalforderungen.

Ab dem VAZ 2001 werden bestimmte Einnahmen aus Kapitalvermögen nur noch zur Hälfte erfasst (Halbeinkünfteverfahren). Das Verfahren ist in Kap. 3 ab S. 51 dargestellt. Damit verbunden ist eine ebenfalls halbierte Abzugsfähigkeit der zugehörigen Werbungskosten (§ 3c EStG)

Die Kapitalerträge unterliegen grds. dem Abzug der Kapitalertragsteuer. Bei ihr handelt es sich - der Lohnsteuer vergleichbar - um eine besondere Erhebungsform der ESt. Erfasst werden Dividenden- und Zinseinkünfte. Die Steuersätze belaufen sich nach § 43a EStG auf 20 v.H. (Dividenden) bzw. 30 v.H. (Zinseinkünfte). Durch Freistellungsauftrag oder Nichtveranlagungs-Bescheinigung lässt sich der Abzug der Kapitalertragsteuer vermeiden (§ 44a EStG).

Typische Werbungskosten bei den Einkünften aus Kapitalvermögen sind Schuldzinsen aus der Fremdfinanzierung des Erwerbs der Anlage, Bank- und Depotgebühren aus der Verwahrung von Wertpapieren sowie Beratungskosten. Anstelle der tatsächlich angefallenen Werbungskosten kann ein Pauschbetrag nach § 9a Nr. 2 EStG von 51 EUR (bei Zusammenveranlagung: 102 EUR) angesetzt werden.

Zum Ausgleich der besonderen Inflationsanfälligkeit von Kapitalerträgen dient der Sparer-Freibetrag (§ 20 Abs. 4 EStG) von 750 EUR (bei Zusammenveranlagung: 1.500 EUR). Er ist von der Differenz aus Einnahmen und Werbungskosten abzuziehen, darf aber nicht zu Verlusten führen.

Ab dem VZ 2009 erfährt die Besteuerung von Kapitaleinkünften durch die Unternehmensteuerreform 2008 eine völlige Neuregelung. Das bisherige Halbeinkünfteverfahren wird durch eine Abgeltungssteuer ersetzt. Einkünfte aus Kapitalvermögen werden dann nicht mehr individualisiert, sondern mit einem einheitlichen Steuersatz von 25 % belastet. Ergänzt um SolZ und ggf. KiSt wird die Effektivbelastung zwischen 26,4 und 27,8 % liegen. Deutlich ausgeweitet wird der Kreis der privaten Kapitaleinkünfte. Künftig eingeschlossen sind Gewinne aus der Veräußerung von Beteiligungen, die bisher lediglich im Rahmen von privaten Veräußerungsgeschäften (§§ 22 Nr. 2; 23 EStG) steuerbar waren. Damit wird es bei Privatanlegern keine Spekulationsfristen mehr geben. Bei Anteilen im Betriebsvermögen von Personenunternehmen wird ein Teileinkünfteverfahren eingeführt. Es erfasst die Kapitalerträge zu 60 % und lässt einen korrespondierenden Abzug zugehöriger Betriebsausgaben zu.

2.4.3.6 Einkünfte aus Vermietung und Verpachtung (§ 21 EStG)

Einkünfte aus Vermietung und Verpachtung werden durch die zeitweise Überlassung von Sachvermögen erzielt. Haupttatbestand ist die Vermietung bzw. Verpachtung von privatem unbeweglichem Vermögen. Das sind im wesentlichen Grundstücke und Gebäude aber auch grundstücksgleiche Rechte (Erbbaurecht, -pachtrecht). Erfasst wird ebenfalls die entgeltliche Einräumung eines Nießbrauchs.

2.4 System der Einkunftsarten

Einnahmen aus der Vermietung oder Verpachtung umfassen die durch Vertrag vereinbarten Miet- oder Pachtzinsen sowie die dem Mieter oder Pächter weiterbelasteten Nebenkosten und Umlagen. Die häufigsten Werbungskosten des Vermieters sind Abschreibungen auf das Gebäude, Schuldzinsen und andere Finanzierungskosten, Instandhaltungsaufwendungen, Versicherungsprämien sowie öffentliche Abgaben.

Abgrenzungsschwierigkeiten zu den gewerblichen Einkünften ergeben sich bei Umschichtungsentscheidungen im Immobilienbesitz. Hierzu wurde die „3-Objekt-Grenze" von der Rechtsprechung entwickelt. Danach liegt keine Verwaltung eigenen Vermögens, sondern gewerblicher Grundstückshandel vor, wenn innerhalb von fünf Jahren mehr als 3 Objekte erworben und veräußert werden (H 15.7 Abs. 1 EStR).

2.4.3.7 Sonstige Einkünfte (§§ 22, 23 EStG)

Unter den sonstigen Einkünften werden verschiedene, genau bestimmte Sachverhalte erfasst. Dabei handelt es sich um eine abschließende Aufzählung und nicht um eine Generalklausel zur Besteuerung von Einkünften, die unter den ersten sechs Einkunftsarten nicht eingeordnet werden können. Die bedeutendsten hier vorkommenden Einkünfte resultieren aus wiederkehrenden Bezügen (z.B. Altersrenten aus der gesetzlichen Rentenversicherung oder privaten Lebensversicherungen), Unterhaltsleistungen beim geschiedenen ehemaligen Ehepartner (Realsplitting), privaten Veräußerungsgeschäften (Spekulationsgeschäften) und in Zusammenhang mit Leistungen aus Altersvorsorgeverträgen.

Renten der Grund- oder Basisversorgung wie z.B. Altersrenten aus der gesetzlichen Rentenversicherung werden als Leibrenten lediglich eingeschränkt mit einem Besteuerungsanteil besteuert. Der besteuerte Anteil der Jahresbezüge (= Besteuerungsanteil) steigt während der Jahre 2005 bis 2040 von 50 % in jahresweisen Schritten von 2 Prozentpunkten auf schließlich 100 % an. Damit wird das Konzept einer nachgelagerten Besteuerung von Altersbezügen umgesetzt.

Vom Grundsatz her wären die Ergebnisse aus der Veräußerung von nicht betrieblich genutzten, d.h. privaten Wirtschaftsgütern steuerlich nicht zu erfassen. Eine Ausnahme davon bildet die Besteuerung von Spekulationsgeschäften, bei denen bestimmte Fristen (Spekulationsfristen) zwischen Anschaffung und Veräußerung des Gegenstands nicht überschritten werden. Die Spekulationsfristen betragen bei Grundstücken 10 Jahre und bei anderen Wirtschaftsgütern, insbes. Wertpapieren 1 Jahr. Als weitere Besonderheiten sind eine Freigrenze von 512 EUR und die Begrenzung in der Berücksichtigung von Verlusten zu beachten (§ 23 Abs. 3 EStG).

Unter den sonstigen Einkünften werden weiterhin die Leistungen aus Altersvorsorgeverträgen („Riester-Rente") sowie bestimmten anderen Vorsorgesystemen erfasst. In Übereinstimmung mit der Steuerfreistellung der Beiträge während der Ansparphase erfolgt die steuerliche Erfassung der späteren Leistungen während der Auszahlungsphase (Konzept einer nachgelagerten Besteuerung).

2.5 Gesamtbetrag der Einkünfte

2.5.1 Summe der Einkünfte

In einem ersten Schritt werden die Einkünfte in jeder der sieben Einkunftsarten separat ermittelt. Zu bestimmen sind z.B. die Einkünfte eines Steuerpflichtigen aus Gewerbebetrieb, nichtselbständiger Arbeit, Vermietung und Verpachtung u.a. Befinden sich in einer Einkunftsart mehrere Objekte, aus denen Einkünfte bezogen werden, ist zunächst für jedes Objekt das Reinergebnis zu ermitteln. Die Zusammenfassung der Objektergebnisse führt dann zum Gesamtergebnis je Einkunftsart, den jeweiligen Einkünften.

Beispiel:

Herr Reich ist Eigentümer von drei Mietshäusern. Alle Gebäude sind fremd vermietet, eine Eigennutzung erfolgt nicht. Während des Jahres 2007 fallen für die Immobilien folgende Einnahmen und Werbungskosten an:

	Gebäude 1 EUR	Gebäude 2 EUR	Gebäude 3 EUR	gesamt EUR
Einnahmen	50.000	100.000	550.000	700.000
Werbungskosten	20.000	180.000	400.000	600.000
	30.000	./. 80.000	150.000	100.000

Für jede der Immobilien wird deren individuelles Ergebnis als Überschuss (Gebäude 1 und 3) bzw. Verlust (Gebäude 2) ermittelt. Sodann führt die Zusammenfassung der positiven und negativen Teilergebnisse zum Gesamtergebnis der Einkunftsart, hier den Einkünften aus Vermietung und Verpachtung von 100.000 EUR. Die Verrechnung von positiven und negativen Teilergebnissen innerhalb einer Einkunftsart wird als horizontaler oder interner Verlustausgleich bezeichnet. Er ist betraglich unbeschränkt zulässig.

Als Ergebnis in einzelnen Einkunftsarten verbleibende Verluste können grds. mit positiven Einkünften anderer Einkunftsarten ausgeglichen werden (vertikaler oder externer Verlustausgleich). Sofern die Summe der Einkünfte einen negativen Wert annimmt, kommt es zur periodenübergreifenden Berücksichtigung von Verlusten (vgl. S. 29 f.).

2.5.2 Altersentlastungsbetrag (§ 24a EStG) und Gesamtbetrag der Einkünfte

Eine altersbezogene steuerliche Erleichterung stellt der Altersentlastungsbetrag dar. Dadurch wird Steuerpflichtigen, die zu Beginn eines Kalenderjahrs das 64. Lebensjahr vollendet haben, ein Abzugsbetrag auf die Summe der Einkünfte gewährt. Er beläuft sich auf 40 v.H. des Arbeitslohns (ohne Versorgungsbezüge) sowie der positiven Summe der übrigen Einkünfte (ohne Leibrenten und Abgeordnetenbezüge). Über eine im Zeitablauf abnehmende Deckelung erfolgt die Anpassung an das Konzept der nachgelagerten Besteuerung.

Der Gesamtbetrag der Einkünfte ist steuerlich von mehrfacher Bedeutung. So bildet er den Maßstab für den Spendenabzug (§ 10b Abs. 1 EStG), die zumutbare Belastung bei den außergewöhnlichen Belastungen (§ 33 Abs. 3 EStG) und ist weiterhin maßgeblich dafür, ob Anspruch auf die Eigenheimzulage bestand (§ 5 EigZulG). Fällt er negativ aus, bildet er das Volumen des Verlustabzugs dar, das als Verlustrücktrag oder -vortrag periodenübergreifend zu berücksichtigen ist.

2.6 Verlustabzug (§ 10d EStG)

Zur Berücksichtigung aufgetretener Verluste bestehen bei der ESt unterschiedliche Möglichkeiten:

Verlustausgleich
- interner (= horizontaler) Verlustausgleich
- externer (= vertikaler) Verlustausgleich

Verlustabzug nach § 10d EStG
- Verlustrücktrag
- Verlustvortrag

Die innerhalb einer Einkunftsart auftretenden Verluste sind vorrangig mit in derselben Einkunftsart auftretenden positiven Ergebnissen zu verrechnen (interner Verlustausgleich) (vgl. S. 27). Danach noch nicht ausgeglichene Verluste sind im Rahmen des Verlustabzugs zu berücksichtigen. Im Gegensatz zum Verlustausgleich erfolgt ihre steuerliche Berücksichtigung in einem anderen VAZ als sie entstanden sind. Der Verlustrücktrag setzt sie im Zeitraum vor der Verlustentstehung an. Beim Verlustvortrag werden sie auf zukünftige Veranlagungszeiträume übertragen.

Der Verlustrücktrag wurde eingeführt, um die Unternehmen in kritischen Situationen mit einer Liquiditätsverbesserung zu unterstützen. Er ist zeitlich auf ein Jahr und betraglich auf 511.500 EUR (bei Zusammenveranlagung: 1.023.000 EUR) begrenzt. Im Rahmen eines Wahlrechts kann der Stpfl. auf den Verlustrücktrag verzichten und statt dessen einen entsprechend höheren Verlustvortrag erreichen (§ 10d Abs. 1 Satz 7 EStG). Dieser unterliegt keinen zeitlichen Begrenzungen. Betragliche Begrenzungen ergeben sich allerdings aus dem Konzept der Mindestbesteuerung (§ 10d Abs. 2 EStG). In einem zweistufigen Ansatz können nicht ausgeglichene Verluste bis zu einem Gesamtbetrag von 1.000.000 EUR (bei Zusammenveranlagung: 2.000.000 EUR) unbeschränkt abgezogen werden. Der danach verbleibende Gesamtbetrag der Einkünfte darf durch noch nicht berücksichtigte Verluste nur um 60 % gemindert werden. Der Verlustabzug ist unter Berücksichtigung von Sonderausgaben und außergewöhnlichen Belastungen so weit vorzunehmen, dass das zu versteuernde Einkommen im Vortragsjahr auf 0 EUR abgesenkt wird.

Beispiel:

Die M. Inc. Mit Sitz und Ort der Geschäftsleitung in New York gründet in Deutschland die T GmbH. Die T GmbH erwirtschaftet im Jahr ihrer Gründung einen Verlust in Höhe von 10.000 TEUR. Während der Folgejahre ist von konstanten Gewinnen von 5.000 TEUR auszugehen.

In tausend Euro	2007	2008	2009	2010
Verlust	10.000			
Gewinn		5.000	5.000	5.000
Verlustvortrag-1		./. 1.000	./. 1.000	./. 1.000
Zwischensumme		4.000	4.000	4.000
Verlustvortrag-2 (60% der Zwischensumme)		./. 2.400	./. 2.400	./. 2.200
Zu versteuerndes Einkommen		1.600	1.600	1.800
Verbleibender Verlustvortrag		6.600	3.200	0
Ertragsteuern (30 %)		480	480	540

Die auch bei Kapitalgesellschaften wirkende Mindestbesteuerung bewirkt, dass in den Jahren 2008 und 2009 bereits Gewinne besteuert werden, obwohl noch ein Verlustvortrag verblieben ist. Bei unbegrenzter Verlustberücksichtigung würden die Steuerzahlungen erst mit dem Jahr 2010 einsetzen. Zwar entstünde über die Jahr 2008 bis 2010 die selbe Summe an Ertragsteuerbelastungen (1.500 TEUR), doch führt deren Vorverlagerung infolge der Mindestbesteuerung zu Liquiditäts- und Zinsnachteilen für die T GmbH.

2.7 Sonderausgaben und außergewöhnliche Belastungen

2.7.1 Sonderausgaben

Ohne steuerliche Auswirkungen bleiben regelmäßig sämtliche Aufwendungen, die nicht mit der Erzielung von Einnahmen in Verbindung stehen und damit sachlich nicht den Einkunftsarten zugeordnet werden können (§ 12 EStG). Dieser Grundsatz wird für die Sonderausgaben durchbrochen. Bei ihnen handelt es sich zwar um privat veranlasste Aufwendungen. Gleichwohl werden sie vom Gesetzgeber als so sinnvoll angesehen, dass sie besonders gefördert werden sollen. Das geschieht durch die estl. Berücksichtigung als Sonderausgabe. Für einen begrenzten Kreis von genau präzisierten Aufwendungen ist der Sonderausgabenabzug möglich. Die Berücksichtigung anderer als der genannten Aufwendungen ist nicht zulässig.

Die Sonderausgaben lassen sich nach ihrer Art und der Möglichkeit zur Pauschalierung unterscheiden. Sie können vollständig oder nur begrenzt abzugsfä-

2.7 Sonderausgaben und außergewöhnliche Belastungen

hig sein. Die Zusammenhänge sind in dem nachfolgenden Schaubild verdeutlicht:

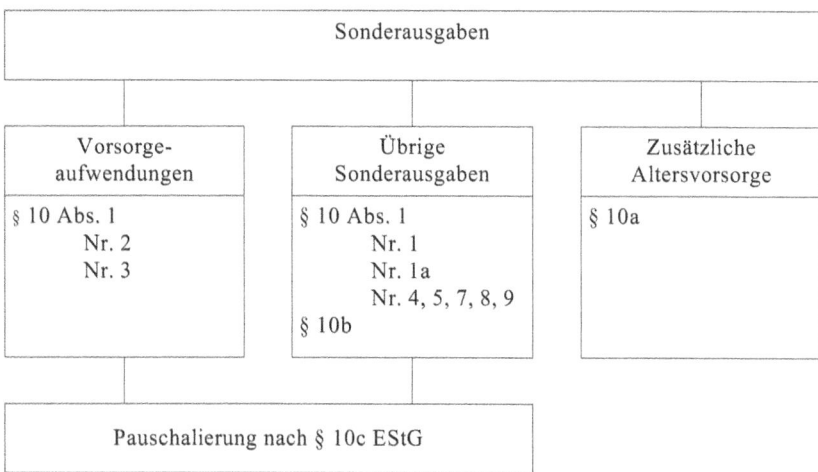

Mit dem Alterseinkünftegesetz wurde ab dem 1.1.2005 wurde auch die steuerliche Berücksichtigung der Vorsorgeaufwendungen neu geregelt. Danach ist für den Abzug als Sonderausgaben strikt zu unterscheiden zwischen Altersvorsorgeaufwendungen (§ 10 Abs. 1 Nr. 2 EStG) und sonstigen Vorsorgeaufwendungen (§ 10 Abs. 1 Nr. 3 EStG). Für beide Kategorien ist der Sonderausgabenabzug betraglich begrenzt. Dabei fallen die maximalen Abzugsbeträge für die Altersvorsorge (§ 10 Abs. 3 EStG) wesentlich höher aus als für die übrigen Vorsorgeaufwendungen (§ 10 Abs. 4 EStG). Über mehrstufige Günstigerprüfungen wird erreicht, dass die Stpfl. durch die gesetzliche Neuregelung der Vorsorgeaufwendungen nicht schlechter gestellt werden als nach der Rechtslage bis zum VAZ 2004.

Durch den Sonderausgabenabzug der Vorsorgeaufwendungen ist die zusätzliche Altersvorsorge im Rahmen der „Riester-Rente" (§ 10a EStG) nicht berührt. Hier kommt weiterhin ein zusätzlicher Sonderausgabenabzug für Beiträge zu speziellen Altersvorsorgeverträgen bzw. eine Altersvorsorgezulage in Betracht.

Unterhaltsleistungen an den geschiedenen oder dauernd getrennt lebenden Ehegatten (= Realsplitting) (§ 10 Abs. 1 Nr. 1 EStG) sind vom Leistenden pro Jahr bis zu 13.805 EUR als Sonderausgaben abzugsfähig. Beim Empfänger findet dann eine korrespondierende Zurechnung unter den sonstigen Einkünften statt (§ 22 Nr. 1a EStG).

Renten und dauernde Lasten (§ 10 Abs. 1 Nr. 1a EStG) unterliegen keiner Abzugsbegrenzung.

Unbegrenzt abzugsfähig ist die gezahlte Kirchensteuer (§ 10 Abs. 1 Nr. 4 EStG. Erstattungen von Kirchensteuern sind davon abzusetzen.

Als Sonderausgaben berücksichtigungsfähig sind Kinderbetreuungskosten (§ 10 Abs. 1 Nrn. 5 und 8 EStG). Der Sonderausgabenabzug ist nachrangig gegenüber dem Abzug erwerbsbedingter Kinderbetreuungskosten als Betriebsausgaben (§ 4f EStG) oder Werbungskosten (§ 9 Abs. 5 EStG).

Die Regelungen zum Sonderausgabenabzug führen zum selben maximal berücksichtigungsfähigen Betrag von 4.000 EUR. Sie unterscheiden sich allerdings in den Personenkreisen der begünstigten Steuerpflichtigen und dem Alter der berücksichtigungsfähigen Kinder.

Aufwendungen der eigenen Berufsausbildung können vom Stpfl. bis zu einem Höchstbetrag von 4.000 EUR als Sonderausgaben berücksichtigt werden (§ 10 Abs. 1 Nr. 7 EStG). Kosten für ein Erststudium oder eine erstmalige Berufsausbildung fallen nunmehr unter das Verbot des Abzugs von Kosten der privaten Lebenshaltung (§ 12 Nr. 5 EStG). Sie sind ab dem VAZ lediglich im Rahmen der hier genannten Sonderausgaben steuerlich berücksichtigungsfähig.

Betragliche Abzugsbegrenzungen auf 30 % der tatsächlichen Aufwendungen bestehen für das Schulgeld an bestimmte Privatschulen (§ 10 Abs. 1 Nr. 9 EStG).

Als Sonderausgaben zu berücksichtigen sind weiterhin Spenden zur Förderung mildtätiger, kirchlicher, religiöser, wissenschaftlicher und besonders förderungswürdiger gemeinnütziger Zwecke (§ 10b Abs. 1 EStG). Die inhaltliche Bestimmung der begünstigten Zwecke ergibt sich aus §§ 51 - 68 AO. Daneben werden die besonders förderungswürdigen gemeinnützigen Zwecke durch § 48 EStDV und die Anlage I zu § 48 Abs. 2 EStDV bestimmt. Zusätzlich ist der Spendenabzug an einen entsprechenden Zuwendungsnachweis (§ 50 EStDV) geknüpft. Begrenzungen des Spendenabzugs knüpfen an den Gesamtbetrag der Einkünfte oder die Summe aus Umsatzerlösen, Löhnen und Gehältern an.

Das private Engagement der Bürger soll durch eine erweiterte stl. Förderung von Stiftungen und Stiftern gefördert werden. Neben die allgemeinen Abzugsbeträge für Spenden treten dafür ein ergänzender Abzugsbetrag für Zuwendungen an gemeinnützige Stiftungen (max. 20.450 EUR), die Möglichkeiten des Sonderausgabenabzugs für Zuwendungen in den Vermögensstock einer Stiftung (max. 307.000 EUR) (§ 10b Abs. 1a EStG) sowie der jahresübergreifenden Berücksichtigung von die Höchstbeträge überschreitenden Spenden.

Spenden und Mitgliedsbeiträge an politische Parteien sind zunächst zur Hälfte bis max. 825 EUR (bei Zusammenveranlagung: 1.650 EUR) als Steuerermäßigung von der tariflichen Einkommensteuer abzusetzen (§ 34 g EStG). Dabei nicht berücksichtigte Beträge sind bis zu 1.650 EUR (bei Zusammenveranlagung: 3.300 EUR) als Sonderausgaben geltend zu machen (§ 10b Abs. 2 EStG).

Wie Betriebsausgaben und Werbungskosten sind Sonderausgaben grds. einzeln nachzuweisen. Aus Vereinfachungsgründen bestehen jedoch zwei Pauschalierungsmöglichkeiten. Der Sonderausgaben-Pauschbetrag von 36 EUR (bei Zusammenveranlagung 72 EUR) (§ 10c Abs. 1 EStG) deckt die Sonderausgaben außer Vorsorgeaufwendungen ab.

2.7 Sonderausgaben und außergewöhnliche Belastungen

Für Arbeitnehmer kommt zusätzlich die Vorsorge-Pauschale (§ 10c Abs. 2 und 3 EStG) in Betracht. Sie wird angewendet, wenn die vom Stpfl. nachgewiesenen Vorsorgeaufwendungen unter Berücksichtigung der Höchstbeträge nach § 10 Abs. 3 und 4 EStG zu keinen höheren Werten führen.

2.7.2 Außergewöhnliche Belastungen

Den Sonderausgaben vergleichbar, handelt es sich bei den außergewöhnlichen Belastungen um Aufwendungen der privaten Lebensführung. Sie sind estl. zu berücksichtigen, da sie die steuerliche Leistungsfähigkeit der Betroffenen vermindern (subjektives Nettoprinzip). Zu untergliedern sind sie in solche allgemeiner Art (§ 33 EStG) und weitere Gruppen von standardisierten Fällen (§§ 33a und 33b EStG). Voraussetzung zur Abziehbarkeit unter der ersten Gruppe ist es, dass beim Steuerpflichtigen zwangsweise höhere Aufwendungen anfielen als es bei Personen vergleichbarer Einkommens- und Vermögensverhältnisse der Fall ist. Hierunter fallen z.B. Krankheits- oder Ehescheidungskosten sowie Aufwendungen für den Ersatz von Wohnung und Hausrat, die durch Naturkatastrophen zerstört wurden. Bei allen außergewöhnlichen Belastungen allgemeiner Art ist ein Selbstbehalt zu tragen (§ 33 Abs. 3 EStG). Neben dem erhaltenen Ersatz verkürzt er den als außergewöhnliche Belastung geltend zu machenden Betrag.

Beispiel:

Herr Bernhard (verheiratet, 2 Kinder) hat im Jahr 2007 Krankheitskosten von 3.000 EUR getragen, von denen seine Krankenversicherung 750 EUR erstattete. Der Gesamtbetrag seiner Einkünfte beläuft sich auf 40.000 EUR. Als außergewöhnliche Belastung i.S. von § 33 EStG sind abzugsfähig:

	EUR
tatsächliche, sachlich berücksichtigungsfähige Kosten	3.000
Erstattung durch Krankenversicherung	./. 750
	2.250
zumutbare Belastung	
40.000 EUR x 3 v.H.	./. 1.200
als außergewöhnliche Belastung abzuziehender Betrag	1.050

Unterhaltsaufwendungen an gesetzlich unterhaltsberechtigte Personen sind als außergewöhnliche Belastungen abziehbar (§ 33a Abs. 1 EStG). Derartige Aufwendungen sind bis zu 7.680 EUR zu berücksichtigen. Eigene Einkünfte und Bezüge der unterhaltenen Person mindern ggf. die beim Verpflichteten absetzbaren Beträge.

Aufwendungen für die Berufsausbildung eines Kindes stellen bei den Eltern ebenfalls außergewöhnliche Belastungen dar. Unabhängig von den tatsächlich angefallenen Aufwendungen beläuft sich der Ausbildungsfreibetrag auf 924 EUR. Eigene Einkünfte und Bezüge des Kindes mindern u.U. den Ausbildungsfreibetrag der Eltern.

Alters- oder krankheitsbedingt anfallende Kosten für eine Haushaltshilfe oder wegen Pflegebedürftigkeit sind unter besonderen Umständen ebenfalls als außergewöhnliche Belastungen berücksichtigungsfähig (§ 33a Abs. 3 EStG).

Pauschale Abzugsbeträge für Behinderte und Pflegepersonen sowie Hinterbliebene (§ 33b EStG) tragen deren besonderer Unterstützungsbedürftigkeit Rechnung.

2.8 Vom Einkommen abziehbare Beträge

Bei der Entwicklung vom Einkommen zum z.v.E. sind verschiedene Abzugsbeträge zu berücksichtigen. Dazu gehört neben den kinderbezogenen Vergünstigungen die Anrechnung der GewSt auf die ESt. Die grundlegenden Fragen, ob ein Kind überhaupt zu berücksichtigen ist und bei wem das geschieht, sind nach § 32 Abs. 1 - 4 EStG zu klären. Die steuerlichen Vorteile ergeben sich dann als Kinderfreibetrag (§ 32 Abs. 6 EStG) und Bedarfsfreibetrag (§ 32 Abs. 6 EStG) bzw. als Kindergeld (§§ 62 - 78 EStG). Bei den Freibeträgen handelt es sich um jahresbezogene Größen. Sie sollen das Existenzminimum eines Kindes sowie den Betreuungs-, Erziehungs- oder Ausbildungsbedarf von der Steuer freistellen. Sie belaufen sich auf 3.648 EUR (Kinderfreibetrag bei Zusammenveranlagung) und 2.160 EUR (Bedarfsfreibetrag bei Zusammenveranlagung). Das Kindergeld beträgt monatlich 154 EUR für das erste, zweite und dritte Kind (§ 66 EStG). Im Rahmen der Veranlagung zur ESt wird von Amts wegen
überprüft, ob Freibeträge oder Kindergeld für den Steuerpflichtigen günstiger sind. Sofern der Abzug der Freibeträge nach § 32 Abs. 6 EStG zum günstigeren Ergebnis führt, wird das Kindergeld im Zuge der ESt-Veranlagung zurückbelastet (§ 2 Abs. 6 EStG).

2.9 Einkommensteuertarif

Das zu versteuernde Einkommen bildet den Ausgangspunkt der einzelnen Arbeitsschritte, die auf die Ermittlung und Abrechnung der Einkommensteuer abzielen:

zu versteuerndes Einkommen (= Bemessungsgrundlage)

x	Einkommensteuertarif
=	tarifliche Einkommensteuer
./.	Steuerermäßigungen
	Steuererhöhungen
=	festzusetzende Einkommensteuer
./.	Anrechnung von Steuerabzügen und Vorauszahlungen (z.B. Lohn- und Kapitalertragsteuer)
=	Abschlusszahlung oder Erstattungsanspruch

2.9 Einkommensteuertarif

Zunächst ist der Einkommensteuertarif auf die Bemessungsgrundlage anzuwenden. Beim Tarif handelt es sich um ein Formelwerk, das für jede Höhe des zu versteuernden Einkommens die darauf entfallende tarifliche Einkommensteuer angibt (§ 32a Abs. 1 EStG). Der Tarif stellt also eine Funktion dar, deren unabhängige Variable das zu versteuernde Einkommen ist, während die Steuerbeträge die abhängige Variable bilden. Dieser Zusammenhang lässt sich durch die Steuerbetragsfunktion beschreiben. Sie zeigt auf der Abszisse die zu versteuernden Einkommen und auf der Ordinate die zugehörigen Steuerbeträge.

Der Grundtarif untergliedert sich in einen steuerfrei bleibenden Grundfreibetrag von 7.664 EUR, eine daran anschließende Progressionszone (7.665 EUR bis 52.151 EUR) und eine in zwei Stufen gegliederte obere Proportionalzone (ab 52.152 EUR). Innerhalb der Progressionszone steigen der Grenzsteuersätze beginnend bei 15 v.H. zunächst steil auf 24 v.H. (bei einem zu versteuernden Einkommen von 12.739 EUR) an. Der weitere Anstieg auf 42 v.H. verläuft nahezu gleichmäßig und weniger steil als zuvor. Zu versteuernde Einkommen über 250.000 EUR unterliegen einem Grenzsteuersatz von 45 v.H. („Reichensteuer").

Eine ökonomische Analyse des Tarifs ist unmittelbar anhand der Betragsfunktion kaum möglich. Die hierbei interessierenden Fragen nach der durchschnittlichen Steuerbelastung des Einkommens und bzw. des steuerlichen Zugriffs auf eine zusätzlich anfallende Einkommenseinheit bedürfen anderer Analyseinstrumente. Sie beantworten sich auf Basis der Durchschnittsteuer- sowie der Grenzsteuerfunktion (vgl. S. 36). Die Durchschnittsteuerfunktion zeigt für jedes zu versteuernde Einkommen den Quotienten aus einkommensabhängigem Steuerbetrag und zu versteuerndem Einkommen.

Die Grenzsteuerfunktion wird als erste Ableitung der Steuerbelastungsfunktion gebildet. Sie gibt an, wie eine zusätzliche Einheit beim zu versteuernden Einkommen mit Steuern belastet wird.

Durch die Progressionswirkung des Einkommensteuertarifs werden Bezieher höherer Einkünfte exzessiv belastet. So entfiel auf die obersten 8 Prozent der Einkommensbezieher mit einem nach dem Splittingtarif zu versteuernden Einkommen von mehr als 81.835 EUR ein Anteil von 45 Prozent an dem entsprechenden Aufkommen an Einkommensteuer. Zu einer schleichenden Steuerprogression kommt es weiterhin infolge inflatorischer Entwicklungen. Denn ein bedeutsamer Teil der Einkommenssteigerungen ist nicht durch reale Kaufkraftsteigerungen begründet, sondern lediglich inflationsbedingt. Trotzdem führt der progressive Tarifverlauf zu einer steigenden durchschnittlichen Steuerbelastung.

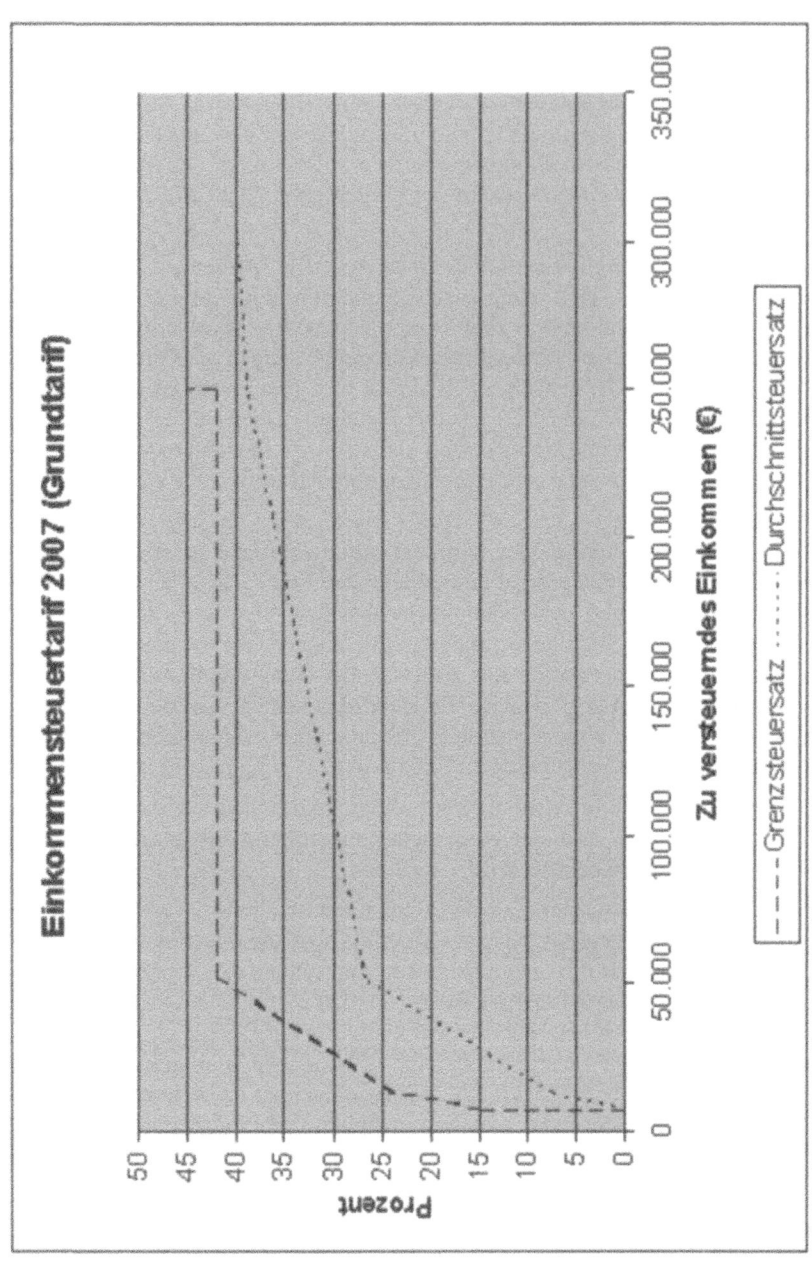

2.9 Einkommensteuertarif

Bei Ehegatten, die zusammen zur Einkommensteuer veranlagt werden, ist die Steuer nach dem Splittingtarif zu ermitteln (§ 32a Abs. 5 EStG). Er ist aus dem Grundtarif abgeleitet. Die tarifliche Einkommensteuer bestimmt sich hierbei, indem das gemeinsame zu versteuernde Einkommen der Ehegatten ermittelt wird. Sodann wird es durch zwei dividiert und auf das halbierte zu versteuernde Einkommen die tarifliche Einkommensteuer nach dem Grundtarif errechnet. Im letzten Schritt erfolgt eine Verdoppelung der zuvor errechneten Steuer. Diese Art der Steuerberechnung bezweckt es, die Progressionswirkung des Einkommensteuertarifs zu dämpfen. Der Splittingtarif wurde aufgrund eines Urteils des BVerfG aus dem Jahre 1957 eingeführt. Bis dahin wurden Ehegatten nach ihrem gemeinsamen zu versteuernden Einkommen besteuert und aufgrund der dadurch eintretenden Steuerprogression höher belastet als zwei unverheiratete Steuerpflichtige. Diese Regelung wurde vom BVerfG als verfassungswidrig eingestuft, da sie die Ehe diskriminierte. Darauf reagierte der Gesetzgeber seinerzeit mit der Einführung des Splittingtarifs. Die durch den Splittingtarif eintretende Steuerentlastung ist am größten, wenn das gesamte Einkommen nur von einem Ehegatten erwirtschaftet wird. Bei gleich hohen Einkommen entsteht kein steuerlicher Vorteil gegenüber der Einzelveranlagung.

Vorrangig gefördert wird damit die Ehe als eine Wirtschaftsgemeinschaft, in der nur ein Ehegatte erwerbstätig ist. Das bedeutet gleichzeitig, dass der andere Ehegatte zeitlich in die Lage versetzt wird, eigene Kinder oder Angehörige intensiver zu betreuen. Dadurch werden der Allgemeinheit Kosten erspart, die sonst etwa für die Bereitstellung von Krippen-, Hort- und Pflegeplätzen anfielen. Diese Privatisierung von Kosten rechtfertigt es, auf einen Teil des Steueranspruchs gegenüber den Ehegatten zu verzichten.

Wegen der teilweise umständlichen Berechnungen der tariflichen Einkommensteuer sind Grund- und Splittingtarif vertafelt. Wie im Bereich der Lohnsteuer werden keine amtlichen Tabellen mehr durch das Bundesministerium der Finanzen bekannt gemacht. An ihre Stelle sind verschiedene Verlagsprodukte getreten.

Auf die Berechnung der tariflichen Einkommensteuer wirken sich Steuerbegünstigungen für außerordentliche Einkünfte (§ 34 EStG) und der Progressionsvorbehalt (§ 32b EStG) aus. Außerordentliche Einkünfte wie z.B. betriebliche Veräußerungsgewinne sind dadurch gekennzeichnet, dass sie in einem Veranlagungszeitraum realisiert werden, obwohl sie das wirtschaftliche Ergebnis einer mehrjährigen Tätigkeit darstellen. Der dadurch auftretende Progressionseffekt wird durch eine Tarifbegünstigung gemildert.

Beispiel:

Ausgehend von dem Beispiel auf S. 22 f. sind für den Apotheker A im Veranlagungszeitraum 2007 folgende Besteuerungsmerkmale zu beachten: Aus dem Betrieb der Apotheke entsteht ein laufender Gewinn von 120.000 EUR. Sonderausgaben und andere Abzugsbeträge belaufen sich auf 10.000 EUR. A möchte wissen, mit welcher Einkommensteuerbelastung er für 2007 zu rechnen hat.

Seine festzusetzende Einkommensteuer ermittelt sich wie folgt:

Einkünfte aus Gewerbebetrieb
- laufender Gewinn   120.000 EUR
- steuerpflichtiger Veräußerungsgewinn   200.000 EUR
Summe der Einkünfte   320.000 EUR
Altersentlastungsbetrag (§ 24a EStG)   ./.   1.748 EUR
Gesamtbetrag der Einkünfte   318.252 EUR
Sonderausgaben und andere Abzugsbeträge   ./. 10.000 EUR
zu versteuerndes Einkommen   308.252 EUR

zu versteuerndes Einkommen   308.252 EUR
außerordentliche Einkünfte   ./. 200.000 EUR
verbleibendes zu versteuerndes
Einkommen (v.z.v.E.)   108.252 EUR
ESt auf 308.252 EUR   113.636 EUR
entsprechend 36,8646 v.H.
ESt:
200.000 EUR x 20,6441 v.H. (ermäßigter Steuersatz)   41.288 EUR
108.252 EUR nach allgemeinen Tarifvorschriften   29.636 EUR
tarifliche ESt für 2003   70.924 EUR

Abweichend von den allgemeinen Tarifvorschriften wird die tarifliche Einkommensteuer durch den Progressionsvorbehalt anhand eines besonderen Steuersatzes ermittelt (§ 32b EStG). Dadurch soll bei Bezug von steuerfreien Einkünften das Besteuerungsniveau an die Situation angenähert werden, in der diese Einkünfte der Besteuerung unterliegen würden. Typische Anwendungsfälle sind der Bezug von steuerfreiem Arbeitslosengeld, Elterngeld oder nach einem Doppelbesteuerungsabkommen von der Steuer befreite Auslandseinkünfte. Zur Ermittlung des besonderen Steuersatzes wird die tarifliche Einkommensteuer auf ein fiktives Einkommen ermittelt. Es umfasst das z.v.E. zuzüglich der steuerfreien Einkünfte. Der besondere Steuersatz entspricht dem Quotienten aus zuvor ermittelter tariflicher Einkommensteuer und fiktivem Einkommen. Angewendet auf das tatsächliche z.v.E. ergibt sich die (modifizierte) tarifliche Einkommensteuer. Berechnungsbeispiele für den Progressionsvorbehalt bietet H 32b EStR.

2.10 Ermäßigungen und Erhöhungen der Steuer

Verschiedene Ermäßigungen und Erhöhungen entwickeln die tarifliche zur festzusetzenden Einkommensteuer fort. Mit der Anrechnung der GewSt auf die ESt sollen gewstl. Nachteile der Personenunternehmen ausgeglichen werden und der gewerbliche Mittelstand in gewissem Umfang gefördert werden. Dazu dient eine Ermäßigung der tariflichen ESt in Höhe des 1,8-fachen des (anteili-

2.11 Ermäßigungen und Erhöhungen der Steuer

gen) GewSt-Messbetrags (§ 35 EStG). Im Rechtsformvergleich auf S. 141 ist eine Anrechnung der GewSt auf die ESt berücksichtigt.

Eine weitere Ermäßigung der Einkommensteuer wird für haushaltsnahe Beschäftigungsverhältnisse und die Inanspruchnahme haushaltsnaher Dienstleistungen gewährt (§ 35a EStG). Dazu zählen auch Handwerkerleistungen für Renovierungsleistungen etc. mit den darin enthaltenen Arbeitskosten.

Weiterhin ermäßigt sich die tarifliche Einkommensteuer bei Zuwendungen an politische Parteien um 50 v.H., höchstens aber 825 EUR (bei Zusammenveranlagung 1.650 EUR) der Ausgaben (§ 34g EStG). Steuermindernd wirkt sich ferner die Anrechnung von ausländischen Steuern auf die deutsche Einkommensteuer aus (§ 34c EStG). Dabei handelt es sich um ein einseitiges nationales Instrument zur Reduzierung der steuerlichen Doppelbelastung von grenzüberschreitenden Aktivitäten.

Erhöhungen der tariflichen Einkommensteuer treten ein, wenn die von Amts wegen durchgeführten Günstigerprüfungen zu dem Ergebnis führen, dass der Sonderausgabenabzug zu einem größeren Vorteil führt als die unmittelbaren Zahlungen. Das gilt im Falle des Kindergelds sowie bei den Altersvorsorgezulage (§ 2 Abs. 6 EStG).

2.11 Veranlagung und Erhebung der ESt

2.11.1 Veranlagung zur Einkommensteuer

Die Einkommensteuer ist eine Jahressteuer. Sie wird aufgrund des zu versteuernden Einkommens eines Veranlagungszeitraums (= Kalenderjahr) durch das Finanzamt ermittelt und festgesetzt (= Veranlagung) Am Ermittlungsverfahren haben die Steuerpflichtigen durch Abgabe der Einkommensteuererklärung mitzuwirken. Danach ermittelt das Finanzamt die besteuerungsrelevanten Verhältnisse und setzt die Steuerschuld durch Steuerbescheid fest. Der Steuerbescheid ist schriftlich zu erteilen (§ 157 AO).

Die Steuererklärungen sind bis zum 31. Mai des Folgejahrs abzugeben (§ 149 Abs. 2 AO). In begründeten Fällen kann eine Fristverlängerung gewährt werden. Örtlich zuständig für die Veranlagung ist das Finanzamt, in dessen Bezirk der Steuerpflichtige seinen Wohnsitz hat.

Formen der Veranlagung sind die Einzelveranlagung sowie die unterschiedlichen Veranlagungsarten für Ehegatten. Das Individualitätsprinzip des EStG bestimmt die Einzelveranlagung als Grundmuster der Veranlagung (§ 25 EStG). Sie findet Anwendung für Ledige und Verheiratete, bei denen die Ehegattenbesteuerung nicht möglich ist. Die Einzelveranlagung erfolgt grundsätzlich unter Anwendung des Grundtarifs.

Eine Ehegattenbesteuerung ist vorzunehmen, wenn eine rechtswirksame Ehe geschlossen wurde, beide Ehegatten unbeschränkt einkommensteuerpflichtig sind, nicht dauernd getrennt leben und diese Merkmale gemeinsam zu mindest einem Zeitpunkt des Kalenderjahrs vorlagen (§ 26 EStG). Sofern die Ehegatten keine abweichende Entscheidung treffen, wird eine Zusammenveranlagung

(§ 26b EStG) durchgeführt. Dabei werden die Einkünfte der Ehegatten getrennt ermittelt und erst im Gesamtbetrag der Einkünfte zu einer Summe zusammengefasst. Bei den anschließenden Ermittlungsschritten bilden die Ehegatten eine Einheit. Für die Berücksichtigung der Abzugsbeträge ist es unerheblich, in wessen Person sie entstanden sind. Aufgrund ihres zu versteuernden Einkommens wird für beide Ehegatten eine gemeinsame Einkommensteuer nach dem Splittingtarif festgesetzt. Ihre Bekanntgabe erfolgt durch zusammengefassten Bescheid.

Die getrennte Veranlagung der Ehegatten (§ 26a EStG) entspricht inhaltlich weitgehend einer Einzelveranlagung. Sie ist stets mit dem Grundtarif verbunden. In der ganz überwiegenden Anzahl der Fälle führt die Zusammenveranlagung zu einer geringeren Steuerbelastung als eine getrennte Veranlagung.

2.11.2 Erhebung der Einkommensteuer

Mit der Entrichtung der Einkommensteuer soll nicht bis nach dem Ende des Veranlagungszeitraums gewartet werden. Während des laufenden Jahres wird sie deshalb durch Vorauszahlungen und im Abzugsverfahren erhoben. Die Einkommensteuer-Vorauszahlungen richten sich nach den Ergebnissen der letzten Veranlagung (§ 37 EStG) und werden in einem Vorauszahlungsbescheid festgesetzt. Sie sind quartalsweise am 10.3., 10.6., 10.9. und 10.12. eines Jahres zu entrichten.

Im Abzugsverfahren wird die Einkommensteuer beim Arbeitslohn und bei Kapitalerträgen erhoben.

2.12 Zuschlagsteuern zur ESt

Die Einkommensteuer bildet die Bemessungsgrundlage für zwei Zuschlagsteuern. So wird ab dem Veranlagungszeitraum 1995 ein Solidaritätszuschlag als Ergänzungsabgabe zur Einkommensteuer erhoben. Der Steuersatz beträgt 5,5 v.H. (ab VZ 1998). Er ist auf die festzusetzende Einkommensteuer zu beziehen, die speziell für diesen Zweck unter Berücksichtigung der Freibeträge nach § 32 Abs. 6 zu ermitteln ist (§ 51a Abs. 2 EStG). Bei Geringverdienern fällt der Solidaritätszuschlag durch Begrenzungsregelungen niedriger aus (§ 4 SolZG).

Kirchensteuern erheben die als Körperschaften des öffentlichen Rechts anerkannten Kirchen und Religionsgemeinschaften auf der Grundlage von Landeskirchensteuergesetzen und Kirchensteuerordnungen. Die Kirchensteuer-Hebesätze unterscheiden sich für die einzelnen Bundesländer. Sie betragen 8 v.H. oder 9 v.H. und sind auf die (modifizierte) festzusetzende Einkommensteuer anzuwenden.

2.13 Hinweise zur Bearbeitung von Fällen und Klausuren zur ESt

Zunächst ist die persönliche Steuerpflicht zu klären, da sie u.a. bestimmend für den Umfang der sachlichen Steuerpflicht ist.

2.13 Hinweise zur Bearbeitung von Fällen und Klausuren zur ESt

Anschließend werden Veranlagungsform und anzuwendender Tarif bestimmt. An dieser Stelle ist es außerdem sinnvoll, eine Aussage über die Berücksichtigung von Kindern zu treffen (§ 32 EStG). Daraus ergeben sich Auswirkungen bei den Freibeträgen nach § 32 Abs. 6 EStG sowie Ausbildungs- und Haushaltsfreibetrag.

Die anschließende Ermittlung des zu versteuernden Einkommens beginnt mit der Zuordnung der im Sachverhalt vorkommenden Betriebseinnahmen und -ausgaben bzw. Einnahmen und Werbungskosten zu den einschlägigen Einkunftsarten. Dabei ist die Unterscheidung von Haupt- und Nebeneinkunftsarten zu beachten. Die Arbeiten werden entsprechend der Reihenfolge der Einkunftsarten nach § 2 Abs. 1 EStG durchgeführt. Bei der folgenden Ermittlung der Ergebnisse in den einzelnen Einkunftsarten ist zunächst die Technik der Einkunftsermittlung festzulegen. Für Gewinneinkunftsarten ist anzugeben, wie der Gewinn ermittelt wird. Bei der Einkunftsermittlung dürfen die Besonderheiten der einzelnen Einkunftsarten nicht außer Acht gelassen werden. Ein rasches Durchlesen der einschlägigen gesetzlichen Normen trägt zur Vollständigkeit der Bearbeitung bei. Für die Einkünfte aus Gewerbebetrieb als der bedeutsamsten betrieblichen Einkunftsart ist auf die Unterscheidung zwischen der Besteuerung laufender Ergebnisse und solcher aus der Beendigung der gewerblichen Tätigkeit zu achten. Als problembehaftet gilt die Ergebnisermittlung bei Mitunternehmerschaften. Des weiteren kommt hier die Beschränkung in der Berücksichtigung von Verlusten nach § 15a EStG zum Tragen. Zur Besteuerung von Veräußerungsgewinnen nach §§ 16, 17 EStG sind die Begünstigungen durch Freibetrag (§ 16 Abs. 4) und Ermäßigung im Steuersatz (§ 34 EStG) in die Lösung einzubeziehen.

In Zusammenfassung der Ergebnisse aus den sieben Einkunftsarten wird die Summe der Einkünfte errechnet. Unter Berücksichtigung des Altersentlastungsbetrags (§ 24a EStG) ergibt sich der Gesamtbetrag der Einkünfte.

Bei den Sonderausgaben sind die Vorsorgeaufwendungen von den übrigen Sonderausgaben zu unterscheiden. Verschiedene Höchstbeträge für ihre Geltendmachung sowie Pauschbeträge (§ 10c EStG) erfordern diese Trennung.

Von den außergewöhnlichen Belastungen sind zuerst die typisierenden Fälle (§§ 33a und 33b EStG) zu prüfen. Erst nachrangig kommt eine Subsumtion unter den allgemeinen außergewöhnlichen Belastungen (§ 33 EStG) in Betracht.

Freibeträge nach § 32 Abs. 6 EStG und Haushaltsfreibetrag führen abschließend zur Zielgröße des zu versteuernden Einkommens.

Sofern die Aufgabenstellung über die Ermittlung des zu versteuernden Einkommens hinausgeht, wurde bereits der anzuwendende Tarif bestimmt, nach dem sich jetzt die tarifliche Einkommensteuer, ggf. unter Berücksichtigung der Begünstigung für außerordentliche Einkünfte (§ 34 EStG) und des Progressionsvorbehalt (§ 32b EStG,) errechnet. Steuerentlastungen aus der Anrechnung von GewSt (§ 35 EStG), Parteispenden (§ 34g EStG) und die Korrektur für erhaltenes Kindergeld bei Geltendmachung von Freibeträgen nach § 32 Abs. 6 EStG und Altersvorsorgezulage ergeben abschließend die festzusetzende Einkommensteuer.

2.14 Musterfälle mit Lösungshinweisen

Musterfall 1

1. Sachverhalt

Cornelia Schoenberg (geboren am 5.1.1965) und ihr Ehemann Dr. Theodor Schoenberg (geboren am 28.9.1963) leben zusammen mit ihren beiden Kindern in Mainz. Ihr Sohn wurde am 2.1.1990 geboren, die Tochter am 23.2.1992. Beide Kinder gehen in Mainz zur Schule. Die Ehegatten Schoenberg gehören keiner Religionsgemeinschaft an.

Frau Schoenberg betreibt zwei selbständige Einzelhandelsbetriebe für Reformwaren („Reformhäuser") in Mainz und Bad Kreuznach. Für den Betrieb in Mainz wurde für das Geschäftsjahr 2007 (= Kalenderjahr) ein Gewinn von 75.000 EUR ermittelt. Der neu gegründete Betrieb in Bad Kreuznach hatte hohe Anlaufaufwendungen (z.B. für Werbung) zu tragen und erwirtschaftete im Jahr 2007 einen Verlust von 60.000 EUR.

Herr Dr. Schoenberg ist Lehrer für alte Sprachen (Altgriechisch und Latein) an einem städtischen Gymnasium in Mainz. Er ist dort im Beamtenverhältnis beschäftigt. Sein Bruttogehalt beläuft sich im Jahr 2007 auf 60.000 EUR.

Neben seiner Tätigkeit als Gymnasiallehrer hat Herr Dr. Schoenberg freiwillig einen Lehrauftrag an der Johannes Gutenberg Universität, Mainz, übernommen. Er hält dort lateinische Sprachkurse für Studierende der Geschichte und Theologie ab. Die Lehrbeauftragten stehen in keinem Dienstverhältnis zur Universität. Im Jahr 2007 erzielt er aus den Lehraufträgen Honorareinnahmen von 2.500 EUR.

Aufgrund einer Erbschaft verfügt Frau Schoenberg über ein größeres in Aktien angelegtes Vermögen. Die Wertpapiere hält sie in Girosammelverwahrung bei der Wild-West Bank AG, Heide. Das kontoführende Kreditinstitut schreibt ihr im Jahr 2007 aus Dividendenzahlungen inländischer Aktiengesellschaften Beträge von insgesamt 7.500 EUR gut. Einen Freistellungsauftrag hatten die Eheleute Dr. Schoenberg dem Kreditinstitut nicht erteilt. Die zugehörigen Werbungskosten beliefen sich auf 300 EUR.

Abzugsfähige Vorsorgeaufwendungen machen die Eheleute Klang für das Jahr 2007 in Höhe von 22.000 EUR geltend.

Aus Sorge über die zunehmende Verbreitung von Anglizismen in der deutschen Sprache ist Herr Dr. Schoenberg dem VDS Verein Deutsche Sprache e.V. beigetreten. Der Verein ist vom Finanzamt Dortmund-Hörde als gemeinnützig anerkannt. Im Dezember 2007 zog der Verein den Jahresbeitrag in Höhe von 100 EUR per Lastschrift vom Girokonto Dr. Schoenbergs ein.

2. Aufgaben

Für die Ehegatten Dr. Theodor und Cornelia Schoenberg sind den Veranlagungszeitraum 2007 betreffend zu ermitteln:

1. das zu versteuernde Einkommen,
2. die tarifliche Einkommensteuer und

2.14 Musterfälle mit Lösungshinweisen

3. die festzusetzende Einkommensteuer.

Die Lösungen sind mit einem kurzen Hinweis auf die einschlägigen Rechtsnormen zu begründen. Aus Vereinfachungsgründen sind die Auswirkungen des SolZG außer Acht zu lassen. Erforderliche Bescheinigungen gelten als erteilt.

3. Lösungshinweise

Aufgrund ihres Wohnsitzes in Mainz sind die Eheleute Dr. Schoenberg unbeschränkt einkommensteuerpflichtig. Ihre beiden leiblichen sind bei ihnen steuerlich zu berücksichtigen, da sie jeweils das 18. Lebensjahr noch nicht vollendet haben. Den Eheleuten stehen für beide Kinder die Freibeträge nach § 32 Abs. 6 EStG zu. Es findet eine Zusammenveranlagung zur Einkommensteuer statt. Zur Anwendung kommt der Splitting-Tarif.

	Stpfl. EUR	Ehegatte EUR
Gewinn aus Gewerbebetrieb		
Betrieb Mainz		75.000
Betrieb Bad Kreuznach		./. 60.000
		15.000
Gewinn aus selbständiger Arbeit		
Betriebseinnahmen Lehrauftrag	2.500	
Freibetrag nach § 3 Nr. 26 EStG	./. 920	
	652	
Überschuss nichtselbständige Arbeit	60.000	
Werbungskosten § 9a Nr. 1 Buchst. a EStG	./. 920	
	59.080	
Überschuss Kapitalvermögen		
Einnahmen		
Gutschrift auf dem Konto		7.500
Kapitalertragsteuer		1.875
Werbungskosten (300 EUR / 2) §3c Abs. 2 EStG		./. 150
Sparer-Freibetrag § 20 Abs. 4 EStG		./. 2.740
	59.732	6.485
gemeinsame Summe = Gesamtbetrag der Einkünfte		81.217
Vorsorgeaufwendungen lt. Sachverhalt		./. 22.000
Spende § 10b Abs. 1 EStG		50
Einkommen		59.167

	EUR
Zwischensumme	59.167
Freibeträge für 2 Kinder § 32 Abs. 6 EStG	./. 11.616
Zu versteuerndes Einkommen	47.551
Tarifliche Einkommensteuer auf 59.167 EUR	11.350
Tarifliche Einkommensteuer auf 47.551 EUR	7.824
Steuerlicher Vorteil aus den Kinderfreibeträgen	3.526
Kindergeld für 2 Kinder	3.696

Die Günstigerprüfung zeigt, dass der Bezug von Kindergeld zum höheren Vorteil für die Eheleute Dr. Schoenberg führt. Die Einkommensteuer wird in Höhe von 11.350 EUR festgesetzt.

Musterfall 2

1. Sachverhalt

Michael Klang (48 Jahre alt) und seine Frau Franziska (45 Jahre alt) sind seit 23 Jahren verheiratet und leben zusammen in Lübeck. Herr und Frau Klang sind Mitglieder der Evangelischen Kirche. Der Kirchensteuer-Hebesatz beträgt in Schleswig-Holstein 9 v.H. Michael und Franziska Klang haben zwei gemeinsame Kinder. Ihr Sohn Tobias (15 Jahre alt) besucht das städtische Gymnasium. Die Tochter Ursula (22 Jahre) studiert an der RWTH Aachen Physik. Während des Semesters bewohnt sie ein Zimmer in der Nähe der Hochschule. Soweit sie keine Fernreisen unternimmt, verbringt sie die Semesterferien bei den Eltern in Lübeck oder im Wochenendhaus der Familie am Westensee.

Herr Klang ist als erster Geiger im Symphonieorchester der Hansestadt Lübeck angestellt. Er bekleidet dort die Stelle eines Konzertmeisters. Aus dieser Tätigkeit bezieht er im Jahr 2007 ein Gehalt von 52.000 EUR. Für die Beschaffung von Noten und Fachliteratur entstehen ihm Kosten von 2.500 EUR.

Aufgrund seines musikalischen Könnens ist Herr Klang auch ein gefragter Studiomusiker. So wirkte er an der Einspielung zahlreicher CD's mit Kinder- und Weihnachtsliedern mit. Dafür erhielt er während des Jahres 2007 Honorare von insgesamt 30.000 EUR. Wegen seines pädagogischen Talents erteilt Herr Klang einigen ausgewählten Schülern Violinunterricht. Daraus erzielt er im Laufe des Jahres 2007 Einnahmen in Höhe von 6.000 EUR.

Frau Klang ist Literaturwissenschaftlerin und für einen kleinen Verlag als Lektorin tätig. Sie bezieht aus dieser Tätigkeit im Jahr 2007 ein Gehalt von 30.000 EUR.

Da beide Ehegatten Klang umfangreichen und zeitaufwendigen Erwerbstätigkeiten nachgehen, verbleibt ihnen nur wenig Zeit für die Führung des Haushalts. Deshalb haben sie mit der Homepower GmbH, Niederlassung Lübeck, einen Rahmenvertrag abgeschlossen. Aufgrund dieser Vereinbarung stellt ihnen die Homepower GmbH entsprechend dem anfallenden Arbeitsvolumen eine Fachkraft zur Erledigung von hauswirtschaftlichen Arbeiten (Reinigung der Räume, Waschen und Bügeln) zur Verfügung. Die Fachkraft ist bei der Homepower GmbH sozialversicherungspflichtig beschäftigt. Aufgrund der in

2.14 Musterfälle mit Lösungshinweisen

Anspruch genommenen Arbeitszeit haben die Eheleute Klang im Jahr 2007 an die Homepower GmbH Entgelte in Höhe von 4.000 EUR entrichtet.

Der Höhe nach abzugsfähige Sonderausgaben machen die Eheleute Klang für das Jahr 2007 in einem Gesamtbetrag von 15.000 EUR geltend.

Um sich einen Teil ihres Lebensunterhalts selbst zu erarbeiten und ihre Eltern nicht unnötig zu belasten, jobbt Ursula Klang seit mehreren Jahren während der Sommerferien in der Organisation des Schleswig-Holstein Musikfestivals. Sie bezieht für ihren Einsatz im Sommer 2007 ein Gehalt von 2.000 EUR.

2. Aufgaben

Für die Eheleute Klang sind betr. den Veranlagungszeitraum 2007 zu ermitteln:

1. das zu versteuernde Einkommen,
2. die tarifliche Einkommensteuer,
3. die festzusetzende Einkommensteuer.

Die Lösungen sind mit einem kurzen Hinweis auf die einschlägigen Rechtsnormen zu begründen. Aus Vereinfachungsgründen sind die Auswirkungen des SolZG außer Acht zu lassen. Erforderliche Anträge gelten als gestellt und notwendige Bescheinigungen als erteilt.

3. Lösungshinweise

Aufgrund ihres Wohnsitzes in Lübeck sind die Eheleute Klang unbeschränkt einkommensteuerpflichtig. Ihre beiden leiblichen Kinder sind bei ihnen steuerlich zu berücksichtigen. Der Sohn hat das 18. Lebensjahr noch nicht vollendet, die Tochter befindet sich in einer Ausbildung und hat das 25. Lebensjahr noch nicht vollendet. Den Eheleuten stehen für beide Kinder die Freibeträge nach § 32 Abs. 6 EStG zu. Für die Tochter kommt Ansatz des Ausbildungsfreibetrags nach § 33a Abs. 2 EStG in Betracht. Es findet eine Zusammenveranlagung zur Einkommensteuer statt. Zur Anwendung kommt der Splitting-Tarif

	Stpfl.	Ehegatte
	EUR	EUR
Gewinn aus selbständiger Arbeit § 18 Abs. 1 Satz 1 Nr. 1 EStG		
Betriebseinnahmen Studiomusik	30.000	
Betriebseinnahmen Violinunterricht	./. 6.000	
	36.000	
Überschuss nichtselbständige Arbeit § 19 EStG		
Gehalt als Konzertmeister	52.000	
Werbungskosten § 9 Abs. 1 EStG	./. 2.500	
	49.500	

	Stpfl. EUR	Ehegatte EUR
Gehalt		30.000
Arbeitnehmer-Pauschbetrag § 9a Nr. 1 EStG		./. 920
Summe der Einkünfte	85.500	29.080
Einheitliche Summe und Gesamtbetrag der Einkünfte		114.580
Abzugsfähige Sonderausgaben		./. 15.000
Ausbildungsfreibetrag Tochter	EUR	
Maximal	920	
Kürzung wegen Eigene Einkünfte und Bezüge Tochter		
2.000 EUR ./. 920 EUR = 1.080 EUR ./. 1.848 EUR	0	
	920	./. 920
Einkommen		98.660
Freibeträge für 2 Kinder § 32 Abs. 6 EStG		./. 11.616
Zu versteuerndes Einkommen		87.044
Tarifliche Einkommensteuer auf 87.044 EUR		21.070
Kindergeld für 2 Kinder § 2 Abs. 6 Satz 3 EStG		3.696
Haushaltsnahe Dienstleistungen Homepower § 35a Abs. 2 EStG	./.	600
Festzusetzende Einkommensteuer		24.166

2.15 Literaturhinweise zu Kapitel 2

Grobhäuser, Uwe; Sauter, Jürgen „Lohnsteuer" 13. Auflage, Stuttgart 2005

Günther, Karl H. „Steuer-Seminar Einkommensteuer" 14. Auflage, Achim 2004

Küch, Bärbel; Scheuer, Adolf; Valder, Sylvia; Zbanyszek, Hans-P. „Einkommen- und Lohnsteuer" 9. völlig überarbeitete Auflage, München 2006

von Sicherer, Klaus „Einkommensteuer" 3. Auflage, München, Wien 2005

Zimmermann, Reimar; Reyher, Ulrich; Janetzko, Annette „Einkommensteuer" 17., Auflage, Stuttgart 2007

3 Körperschaftsteuer

3.1 Charakterisierung der KSt

Von der KSt werden die Einkommen juristischer Personen sowie bestimmter anderer Personenvereinigungen und Vermögensmassen erfasst. Darunter fallen als wichtigste Vertreter des Wirtschaftslebens die Kapitalgesellschaften (AG, GmbH). Als Personensteuer kann die KSt, anders als die GewSt, nicht als Betriebsausgabe abgezogen werden (§ 10 Nr. 2 KStG). Systematisch ordnet sie sich als direkte Steuer ein, die verwaltungstechnisch zu den Besitzsteuern zählt und durch Veranlagung erhoben wird. Die Gesetzgebungshoheit über die KSt liegt beim Bund. Gesetzesänderungen bedürfen der Zustimmung des Bundesrats.

Den rechtlichen Rahmen der KSt bilden das KStG nebst Durchführungsverordnung und die sie ergänzenden Richtlinien. Daneben sind vor allem bei der Gewinnermittlung verschiedene Vorschriften des EStG von Bedeutung.

3.2 Steuerpflicht

3.2.1 Persönliche Steuerpflicht

Wie die ESt unterscheidet die KSt zwischen unbeschränkter und beschränkter persönlichen Steuerpflicht. Der unbeschränkten KSt-Pflicht unterliegen Kapitalgesellschaften mit Geschäftsleitung oder Sitz im Inland (§ 1 KStG). In neuester Rechtsprechung hat der EuGH die vormals in Deutschland geltende Sitztheorie abgelehnt. Danach war es ausländischen Unternehmen versagt, unter Beibehaltung ihrer ausländischen Rechtsform den Sitz nach Deutschland zu verlagern. Nunmehr ist es für im Ausland gegründete Gesellschaften möglich, eine Sitzverlagerung nach Deutschland vorzunehmen und ihre aus dem Ursprungsrecht abgeleitete Organisations-, Finanz- und Haftungsverfassung beizubehalten. Damit unterliegen die englische Private Limited Company oder Public Limited Company wie die niederländische Besloten Vennootschap met beperkte aansprakelijkheid oder Naamloze Vennootschap ggf. der unbeschränkte Körperschaftsteuerpflicht.

Die Geschäftsleitung befindet sich an dem Ort, wo die leitenden Personen die für die Kapitalgesellschaft wesentlichen Entscheidungen treffen (§ 10 AO). Der Ort des Sitzes wird im Gesellschaftsvertrag festgelegt (§ 11 AO). Konsequenz der unbeschränkten Steuerpflicht ist die vollständige steuerliche Erfassung sämtlicher in- und ausländischer Einkünfte (§ 1 Abs. 2 KStG). Es gilt wie bei der ESt das Welteinkommensprinzip.

Der beschränkten KSt-Pflicht (§ 2 KStG) unterliegen im wesentlichen Kapitalgesellschaften, bei denen sich Ort der Geschäftsleitung und Sitz nicht im Inland befinden, die aber inländische Einkünfte beziehen. Dabei handelt es sich also um ausländische Körperschaften mit wirtschaftlichen Aktivitäten in Deutschland. Unterhält z.B. eine US-amerikanische Bank in der Rechtsform einer Corporation in Frankfurt am Main eine Niederlassung, so unterliegt sie mit dem Gewinn bzw. Verlust der Niederlassung der deutschen KSt.

Verschiedene Befreiungsvorschriften (§ 5 KStG) entbinden eine Vielzahl von Körperschaften von der persönlichen KSt-Pflicht. Davon betroffen sind neben zahlreichen öffentlichen Unternehmen u.a. die gemeinnützigen Kapitalgesellschaften sowie betriebliche Pensionskassen.

3.2.2 Bemessungsgrundlage der Körperschaftsteuer

Der KSt unterliegt das zu versteuernde Einkommen (§ 7 KStG). Für seine Ermittlung sind die Vorschriften des EStG heranzuziehen, die um körperschaftsteuerliche Regelungen ergänzt werden (§ 8 Abs. 1 KStG). Dabei ist im Einzelnen festgelegt, welche estl. Vorschriften anzuwenden sind (A 27 Abs. 1 KStR).

Im Anwendungsbereich der KSt kommen grundsätzlich alle Einkunftsarten in Betracht. Bei KapGes gilt jedoch die Ausnahme, dass sie der Art nach ausschließlich Einkünfte aus Gewerbebetrieb beziehen können (§ 8 Abs. 2 KStG). Die Einkommensermittlung vollzieht sich in mehreren Stufen und ist an estl. Vorstellungen orientiert (R 29 Abs. 1 KStR).

Jahresüberschuss bzw. -fehlbetrag lt. Handelsbilanz

+ ./.	Korrekturen zur Anpassung der Handels- an die Steuerbilanz (§ 60 EStDV)
+	nichtabziehbare Betriebsausgaben (§§ 3c, 4 Abs. 5 - 7 EStG)
+	sämtliche Spenden
./.	steuerfreie Betriebseinnahmen
+	verdeckte Gewinnausschüttungen (§§ 8 Abs. 3; 8a KStG)
./.	verdeckte Einlagen
./.	abziehbare Spenden (§ 9 Abs. 1 Nr. 2 KStG)
+	nichtabziehbare Aufwendungen nach § 10 KStG
./.	<u>Erstattung nichtabziehbarer Aufwendungen</u>
	Zwischensumme
+ / ./.	Gewinnabführungen ./. Verlustübernahmen aufgrund eines Organschaftsverhältnisses
+ / ./.	<u>zuzurechnendes Einkommen von Organgesellschaften</u>
=	Einkünfte aus Gewerbebetrieb (Gewinn bzw. Verlust aus Gewerbebetrieb). Hierbei handelt es sich für Kapitalgesellschaften um die regelmäßige Ausgangsgröße zur Berechnung des Gewerbeertrags (vgl. S. 61).
=	Gesamtbetrag der Einkünfte
./.	<u>Verlustabzug nach § 10d EStG</u>
=	Einkommen = zu versteuerndes Einkommen (z.v.E.)

3.2 Steuerpflicht

Auszugehen ist bei den Berechnungen vom Jahresergebnis der Handelsbilanz, die von allen Kapitalgesellschaften aufzustellen ist. Abweichungen gegenüber den steuerlichen Ansatz- und Bewertungsvorschriften sind zu bereinigen, falls keine gesonderte Steuerbilanz aufgestellt wurde (§ 60 EStDV). Als Aufwand gebuchte Betriebsausgaben, die einem estl. Abzugsverbot unterliegen, müssen für Zwecke der KSt außerhalb der Bilanz wieder hinzugerechnet werden. Im Jahresergebnis enthaltene steuerfreie Einnahmen wie z.B. erhaltene Investitionszulagen oder Gewinnausschüttungen zwischen Kapitalgesellschaften (§ 8b Abs. 1 KStG) dürfen das z.v.E. nicht erhöhen. Der kstl. Spendenabzug folgt weitgehend den estl. Regelungen. Das bezieht sich auf die Spendenzweck wie auf die Höchstbeträge. Lediglich Parteispenden können von Kapitalgesellschaften nicht gewinnmindernd geltend gemacht werden.

Besondere Vorschriften des KStG zur Einkommensermittlung erfordern weitere Korrekturen. Sie beziehen sich auf die aus dem Gesellschaftsverhältnis resultierenden verdeckten Gewinnausschüttungen (vGA) und verdeckte Einlagen. Eine vGA stellt sich als Vermögensminderung oder unterlassene Vermögensmehrung bei der KapGes dar, die durch das Gesellschaftsverhältnis veranlasst ist, sich auf die Höhe des Einkommens auswirkt und nicht mit einer offenen Gewinnausschüttung in Verbindung steht (R 36 KStR). Typische Anwendungsfälle sind überhöhte Vergütungen an Gesellschaftergeschäftsführer. Des weiteren wird eine vGA ausgelöst, wenn Rechtsgeschäfte zwischen KapGes und einem beherrschenden Gesellschafter zivilrechtlich unwirksam sind oder es an einer klaren und im voraus getroffenen Vereinbarung fehlt. Bei der Ermittlung des Einkommens ist die vGA hinzuzurechnen.

Durch eine verdeckte Einlage wendet der Gesellschafter seiner KapGes einen einlagefähigen Vermögensvorteil zu (R 40 KStR). Ursächlich dafür ist das Gesellschaftsverhältnis, ohne dass eine gesellschaftsrechtliche Einlage erfolgt. Anwendungsfall kann der Verzicht eines Gesellschafters auf die Rückzahlung eines von ihm an die Gesellschaft gewährten Darlehens sein. Derartige Vermögensvorteile dürfen das Ergebnis der Gesellschaft nicht erhöhen, sondern sind steuerlich als Einlage zu behandeln.

Die Abziehbarkeit bestimmter Aufwendungen als Betriebsausgabe ist durch die Regelungen nach §§ 9, 10 KStG weiter eingeschränkt. Einem Abzugsverbot unterliegen:

- Personensteuern. Dazu zählen KSt, SolZ zur KSt und ausländische Quellensteuer. Die USt auf unentgeltliche Wertabgaben, Vorsteuern auf nicht abziehbare Aufwendungen sowie Nebenleistungen auf nicht abziehbare Steuern,
- Geldstrafen,
- Aufwendungen für ein Überwachungsgremium (z.B. Aufsichtsrat) sind lediglich zur Hälfte abzugsfähig.

Der kstl. Verlustabzug basiert auf den Regelungen des EStG. Damit gilt die enge Begrenzung für den Verlustrücktrag in das unmittelbare Vorjahr der Verlustentstehung von lediglich 511.500 EUR. Zusätzlich greift bei Verlustvorträgen die Mindestbesteuerung nach § 10d Abs. 2 EStG ein.

Voraussetzung für die interperiodische Berücksichtigung von Verlusten sind rechtliche und wirtschaftliche Identität zwischen der Kapitalgesellschaft, die den Verlust erwirtschaftet hat und derjenigen, die ihn geltend machen will (§ 8 Abs. 4 KStG). So wird die wirtschaftliche Identität verneint, wenn mehr als die Hälfte der Anteile an der Kapitalgesellschaft übertragen worden sind und der Geschäftsbetrieb mit überwiegend neuem Kapital fortgeführt wird. Damit soll der Übertragung von Anteilen an Kapitalgesellschaften mit dem bloßen Ziel der Nutzung von aufgelaufenen Verlustvorträgen (Mantelkauf) entgegengewirkt werden.

3.3 Tarif (§ 23 KStG)

Das zu versteuernde Einkommen unterliegt dem Regelsteuersatz von 25 Prozent (ausschließlich für den VAZ 2003: 26,5 Prozent). Dieser Steuersatz gilt einheitlich bei unbeschränkter wie auch beschränkter Steuerpflicht. Er ist unabhängig davon, ob Gewinnausschüttungen erfolgen oder der gesamte Gewinn thesauriert wird (Definitivbelastung). Aus seiner Anwendung auf das zu versteuernde Einkommen ergibt sich der „Steuerbetrag nach Regelsteuersatz".

Weiterhin wird auf die KSt der KapGes. der Solidaritätszuschlag von 5,5 v.H. erhoben (§§ 3; 4 SolZG).

Zur Vermeidung einer zweifachen steuerlichen Belastung von ausländischen Gewinnen können im Ausland auf diese Gewinne angefallene Steuern unter bestimmten Bedingungen auf die deutsche Körperschaftsteuer angerechnet werden (§ 26 KStG). Die danach verbleibende Restgröße wird als Tarifbelastung bezeichnet.

3.4 Steuerliche Behandlung von Ausschüttungen

Zentrales Problem der KSt ist die steuerliche Belastung der von Körperschaften ausgeschütteten Gewinne. Zunächst unterliegen sie bei der ausschüttenden KapGes der Erfolgsbesteuerung durch die KSt. Dabei handelt es sich um eine eigene Steuer der KapGes. Auf Seiten des Empfängers der Ausschüttung stellt diese grds. eine steuerpflichtige Einnahme dar, die je nach Rechtsform des Anteilseigners bei ihm der ESt oder KSt unterliegt. Damit käme es zu einer zweifachen Belastung der von KapGes erzielten und ausgeschütteten Gewinne. Bereits bei moderaten Steuersätzen ergeben sich daraus erhebliche Steuerbelastungen. So würde aus der Kombination einer KSt von 25 v.H. mit einer ESt von 40 v.H. bereits eine Steuerbelastung von insgesamt 55 v.H. resultieren. Zur Vermeidung eines so hohen steuerlichen Zugriffs gibt es unterschiedliche Methoden. Nach geltender Rechtslage geschieht das mittels des sog. Halbeinkünfteverfahrens. Vor dem VAZ 2001 wurde dieses Ziel durch das Anrechnungsverfahren erreicht.

Im internationalen Vergleich existieren ganz unterschiedliche KSt-Systeme. Auch in der Europäischen Union ist es bisher nicht zur Harmonisierung der KSt gekommen.

3.4 Steuerliche Behandlung von Ausschüttungen

3.4.1 Halbeinkünfteverfahren

Seine Bezeichnung leitet sich aus der lediglich hälftigen estl. Erfassung der Dividendeneinnahmen bei ihrem Empfänger ab. Auf der Ebene der KapGes. wird auf deren zu versteuerndes Einkommen ein Steuersatz von 25 v.H. angewendet (§ 23 Abs. 1 KStG) und der Solidaritätszuschlag erhoben.

Bei Vornahme von Gewinnausschüttungen hat die KapGes. eine KapESt von 20 v.H. auf die Dividende, wenn der Gläubiger der Dividende die KapESt trägt (§§ 43 Abs. 1 Nr. 1 Buchst. a i.V.m. 43a Abs. 1 Nr. 1 EStG) nebst SolZ darauf abzuführen. Dabei wird die Kapitalertragsteuer auf den gesamten Dividendenertrag gerechnet und nicht nur auf die beim Anteilseigner zu erfassende Hälfte.

Auf der Ebene eines Gesellschafters, der als natürliche Person die Anteile im Privatvermögen hält, werden die Dividendeneinnahmen nun lediglich hälftig unter den Einnahmen aus Kapitalvermögen erfasst und der ESt unterworfen (§ 3 Nr. 40 Buchst. d EStG). Dahinter steht die Absicht, die von der KapGes. erwirtschafteten und ausgeschütteten Dividenden lediglich einer steuerlichen Gesamtbelastung zu unterwerfen, wie sie eintreten würde, wenn der Gesellschafter die Einnahmen unmittelbar erzielen würde. Damit soll dem Gebot der Rechtsformneutralität entsprochen werden, dem gemäß die unterschiedlichen Rechtsformen steuerlich gleich zu behandeln sind. Wie sich leicht zeigen lässt, wird dieses Ziel jedoch nur bei einem Einkommensteuersatz von 40 v.H. erreicht. Einkommensbezieher mit niedrigeren Steuersätzen werden infolge einer höheren steuerlichen Gesamtbelastung benachteiligt, Bezieher höherer Einkommen entsprechend bevorzugt.

Beispiel:

Eine GmbH hat einen Jahresüberschuss vor KSt von 100.000 EUR erwirtschaftet. Darauf entfällt eine KSt (25 v.H.) von 25.000 EUR. Bei vollständiger Ausschüttung des verbleibenden Gewinns von 75.000 EUR muss die GmbH die KapESt von 15.000 EUR (20 v.H. der Bardividende von 75.000 EUR) einbehalten und an das Finanzamt abführen. In Abhängigkeit von den beispielhaft gewählten individuellen Steuersätzen des Gesellschafters ergeben sich bei Vernachlässigung des Solidaritätszuschlags folgende stl. Gesamtbelastungen:

persönlicher Steuersatz	48,5 v.H.	20,0 v.H.
Einnahme gem. § 20 Abs. 1 Nr. 1 i.V.m. § 12 Nr. 3 EStG	75.000 EUR	75.000 EUR
davon hälftig zu versteuern nach § 30 Nr. 40 Buchst. d EStG	37.500 EUR	37.500 EUR
Einkommensteuer	18.187 EUR	7.500 EUR
anrechenbare KapESt	./. 15.000 EUR	./. 15.000 EUR
endgültiger ESt-Schuld	3.187 EUR	./. 7.500 EUR
Steuerschuld der GmbH	25.000 EUR	25.000 EUR
abzuführende KapESt	15.000 EUR	15.000 EUR
ESt der Gesellschafter	3.187 EUR	./. 7.500 EUR

absolute steuerliche Gesamtbelastung	43.187 EUR	32.500 EUR
relative steuerliche Gesamtbelastung	43,187 v.H.	32,500 v.H.

Das Halbeinkünfteverfahren kann seine Aufgabe also nur pauschalierend erfüllen. Eine auf den einzelnen Steuerpflichtigen bezogene und rechnerisch exakte Lösung wird nicht erreicht.

Die Erfassung der hälftigen Einnahmen ist nur für die ESt von Bedeutung. Andere steuerliche (z.B. EigZulG) oder sozialrechtliche Regelungen knüpfen an die vollen Einnahmen an (§ 2 Abs. 5a EStG), um eine ungerechtfertigte Bevorzugung bestimmter Stpfl. zu vermeiden.

Korrespondierend mit der hälftigen Erfassung der Einnahmen reduziert sich der Abzug von zugehörigen Werbungskosten oder Betriebsausgaben ebenfalls auf die Hälfte (§ 3c Abs. 2 EStG).

3.4.2 Steuerbefreiungen von Gewinnausschüttungen und Anteilsveräußerungen

In seiner Grundkonstruktion würde das Halbeinkünfteverfahren bei Gewinnausschüttungen über mehrere Ebenen zu Mehrfachbelastungen mit KSt führen. Sofern eine Enkel- an eine Tochter- und diese wiederum an die gemeinsame Muttergesellschaft Gewinne ausschütten würde, unterläge der von der Enkelgesellschaft stammende Betrag einer dreifachen Steuerbelastung. Zur Vermeidung einer derartigen Kumulationswirkung sind bei Körperschaften die von anderen Körperschaften empfangenen Gewinnausschüttungen und anderen Vermögensmehrungen von der KSt befreit (§ 8b KStG). Steuerbefreit sind zunächst Gewinnausschüttungen, die aus Beteiligungen an in- und ausländischen Kapitalgesellschaften stammen (§ 8b Abs. 1 KStG). Mit den vereinnahmten Dividenden beim Anteilseigner in Verbindung stehende Betriebsausgaben können in vollem Umfang abgezogen werden. Insoweit greift das Abzugsverbot nach § 3c Abs. 1 EStG nicht. Statt dessen werden nicht abzugsfähige Betriebsausgaben in Höhe von 5 % der Dividendenerträge fingiert (§ 8b Abs. 5 KStG). Die Einkommenserhöhung leitet sich aus der Bruttodividende vor Abzug einer in- oder ausländischen Kapitalertragsteuer ab.

Von der Steuer freigestellt sind weiterhin Gewinne aus der Veräußerung von Anteilen an in- und ausländischen Kapitalgesellschaften (§ 8b Abs. 2 KStG). Wie bei vereinnahmten Dividenden werden hier ebenfalls 5 % des Veräußerungsgewinns als nichtabzugsfähige Betriebsausgabe behandelt. Gleichzeitig dürfen allerdings Teilwertabschreibungen und Veräußerungsverluste den Gewinn nicht mindern (§ 8b Abs. 3 KStG). Ebenso unterliegen Betriebsausgaben, die mit der Veräußerung in Zusammenhang stehen, einem Abzugsverbot (§ 3c Abs. 1 EStG).

3.4.3 Nachwirkungen des Anrechnungsverfahrens

Vor dem Veranlagungszeitraum 2001 wurde das Problem der steuerlichen Belastung von Gewinnausschüttungen mit Hilfe des Anrechnungsverfahrens gelöst. Voneinander zu trennen waren dabei die Ebenen der Kapitalgesellschaft

3.4 Steuerliche Behandlung von Ausschüttungen

sowie ihrer Gesellschafter. Auf der Ebene der Kapitalgesellschaft war die Tarifbelastung mit KSt mit einem Satz von 40 v.H. zu berechnen. Sofern nun eine Thesaurierung des Gewinns erfolgte, verblieb es für die einbehaltenen Beträge bei der zuvor ermittelten KSt-Belastung. In der einer Nebenrechnung war festzuhalten, welchen Belastungen mit KSt die einbehaltenen Gewinne unterlegen hatten. Im Falle von Gewinnausschüttungen war von der Kapitalgesellschaft die Ausschüttungsbelastung in Höhe von 30 v.H. des Gewinns vor KSt herzustellen (§ 27 KStG a.F.). Damit verbunden war i.d.R. eine Änderung der KSt. Sofern für die Ausschüttung Gewinne verwendet wurden, die zuvor der Tarifbelastung von 40 v.H. unterlegen hatten, reduzierte sich die KSt entsprechend. In den thesaurierten und mit 40 v.H. KSt belasteten Gewinnen war gleichsam ein Potenzial zur Reduzierung der KSt gespeichert. Es wäre in der Folgezeit durch nachfolgende Gewinnausschüttungen freizusetzen gewesen. Diese latente Steuerminderung durfte durch den Systemwechsel vom Anrechnungs- auf das Halbeinkünfteverfahren nicht verloren gehen. Zu diesem Zweck wurde ein KSt-Guthaben eingeführt, das außerhalb der Bilanz fortzuschreiben war. Es belief sich auf 1/6 des Endbestands der mit 40 v.H. KSt belasteten Gewinne (§ 37 Abs. 1 KStG).

Mobilisieren ließ sich das Steuerminderungspotenzial durch Gewinnausschüttungen. Vor Inkrafttreten des SEStEG betrug die ausschüttungsabhängige Reduzierung der KSt ein Sechstel des Ausschüttungsbetrags und war weiterhin abhängig von dem Zeitraum zwischen Bilanzstichtag und dem Jahr 2019 als dem Ende des Übergangszeitraums für den Systemwechsel bei der KSt.

Beispiel:

Die Divi GmbH erzielt im Geschäftsjahr 2005 einen Gewinn von 100.000 EUR, aus dem im Juni 2006 eine Dividende von 90.000 EUR ausgeschüttet wird. Das Körperschaftsteuerguthaben der Gesellschaft belief sich zum 31.12.2005 auf 140.000 EUR.

Die im Jahr 2006 eintretende Körperschaftsteuerminderung beträgt max. 1/6 x 90.000 EUR = 15.000 EUR. Bei einem verbleibenden Zeitraum zwischen 2005 und 2019 von 14 Jahren reduziert sie sich jedoch auf 140.000 EUR / 14 = 10.000 EUR. Aufgrund der aufgeführten Begrenzungen der Körperschaftsteuerminderung könnte es zu einem Verfall des Restguthabens mit Ablauf des Jahres 2019 kommen, was nur durch eine sorgfältige Ausschüttungsplanung zu verhindern war.

Durch die Neuregelungen ab dem 1.1.2007 erfolgt nunmehr eine gleichmäßige Auszahlung des am 31.12.2006 noch vorhandenen Körperschaftsteuerguthabens. Es wird letztmals auf diesen Termin durch einen Bescheid in seiner Höhe festgesetzt. Seine Auszahlung erfolgt ab dem Jahr 2008 in zehn gleichen Jahresraten.

Im obigen Beispiel ist das am 31.12.2006 noch vorhandene Körperschaftsteuerguthaben mit 130.000 EUR festzustellen (140.000 EUR ./. 10.000 EUR = 130.000 EUR). Es ist während der Jahre 2008 bis 2017 mit jeweils 13.000 EUR auszuzahlen.

Da der Erstattungsanspruch bereits am 31.12.2006 entsteht, ist er bereits zu diesem Zeitpunkt ertragswirksam zu aktivieren. Wegen seiner Unverzinslichkeit hat jedoch eine Abzinsung zu erfolgen. Bei einem Kalkulationszinssatz von 4 % beläuft sich der Barwert des Beispiels auf 102.370 EUR.

3.5 Körperschaftsteuerliche Organschaft

Eine KapGes. ist selbständig körperschaftsteuerpflichtig. In der Besteuerung sind die KapGes. und ihre Anteilseigner strikt voneinander zu trennen (Trennungsprinzip). Allerdings kann eine KapGes. trotz rechtlicher Selbständigkeit der einheitlichen Leitung durch ein anderes Unternehmen unterstehen, wie das in Konzernen der Fall ist. Die KSt berücksichtigt derartige Gestaltungen im Rahmen der Organschaft. Sie sind durch ein Über- und Unterordnungsverhältnis der betroffenen Unternehmen zueinander charakterisiert, wobei eine KapGes. (Organgesellschaft) wie eine Betriebsabteilung in das übergeordnete Unternehmen (Organträger) eingegliedert ist. Voraussetzungen der kstl. Organschaft sind eine finanzielle Eingliederung sowie das Bestehen eines Gewinnabführungsvertrags (§§ 14, 17 KStG). Die finanzielle Eingliederung erfordert eine Mehrheit der Stimmrechte des Organträgers am Organ. Der Gewinnabführungsvertrag muss zivilrechtlich wirksam sein und tatsächlich vollzogen werden.

Als Konsequenz der Organschaft wir das vom Organ erwirtschaftete Ergebnis dem Organträger zugerechnet und bei diesem versteuert. Die Organgesellschaft bleibt subjektiv steuerpflichtig, wird unter Berücksichtigung der Ergebnisabführung jedoch einkommenslos, während beim Organträger eine Zusammenrechnung seines eigenen Einkommens mit dem ihm vom Organ zugerechneten Einkommen erfolgt.

Aus der Organschaft ergeben sich Vorteile bei der Geltendmachung von Verlusten und dem Abzug von Betriebsausgaben. So lassen sich Gewinne oder Verluste des Organträgers mit Verlusten oder Gewinnen der Organgesellschaft unmittelbar im Jahr ihrer Entstehung verrechnen. Dadurch tritt eine sofortige Verlustverrechnung mit einer korrespondierenden Reduzierung der Ertragsteuern ein. Ohne Auswirkungen bleibt in Organschaftsfällen das Verbot zum Abzug von Betriebsausgaben, die mit Beteiligungserträgen in Zusammenhang stehen (§ 3c EStG) und bei Kapitalgesellschaften der Ansatz fiktiver Betriebsausgaben in Höhe von 5 % der vereinnahmten Dividenden. Ergänzend hinzu kommen gewstl. Vorteile bei der Hinzurechnung von Dauerschuldzinsen bei innerkonzernlichen Darlehensbeziehungen.

3.6 Entstehung und Veranlagung der KSt

Veranlagung und Erhebung der KSt richten sich für die unbeschränkt körperschaftsteuerpflichtigen KapGes weitestgehend nach den für die ESt geltenden Vorschriften (§ 31 KStG). Entsprechend wird die KSt als eine Jahressteuer im Wege der Veranlagung festgesetzt. Dazu bedarf es der Abgabe einer Steuererklärung.

Die veranlagte KSt entsteht mit Ablauf des Kalenderjahrs (§ 30 Nr. 3 KStG). Dieser Zeitpunkt ist vorrangig für die Festsetzungsverjährung sowie die Änderung von Steuerbescheiden von Bedeutung. Auf die voraussichtliche Jahres-

3.7 Änderungen im Rahmen der Unternehmen-steuerreform 2008

steuerschuld sind zum 10.3., 10.6., 10.9. und 10.12. eines Jahres Vorauszahlungen zu leisten (§ 37 Abs. 1 EStG). Sie bestimmen sich in ihrer Höhe nach der zuletzt ermittelten KSt-Schuld. Auch die Vorauszahlungen werden durch das Finanzamt mittels Bescheid (Vorauszahlungsbescheid) festgesetzt (§ 37 Abs. 3 EStG).

Aus der tariflichen KSt leiten sich die festzusetzende KSt und Abschlusszahlung bzw. Erstattungsanspruch ab (R 30 KStR):

	Tarifliche KSt
./.	Minderung der KSt durch Verbrauch des KSt-Guthabens (§ 37 Abs. 5 KStG)
+	Erhöhung der KSt aufgrund einer Ausschüttung aus dem alten EK02 (§38 Abs. 2 KStG)
=	festzusetzende KSt
./.	KSt-Vorauszahlungen für den Veranlagungszeitraum
./.	anzurechnende Kapitalertragsteuer incl. Zinsabschlagsteuer
=	Abschlusszahlung bzw. Erstattungsanspruch

Abschlusszahlungen sind innerhalb eines Monats nach Bekanntgabe des Steuerbescheids zu entrichten (§ 36 Abs. 4 EStG).

3.7 Änderungen im Rahmen der Unternehmensteuerreform 2008

Mit der Unternehmensteuerreform 2008 wird u.a. das Ziel verfolgt, die im internationalen Vergleich sehr hohe Steuerbelastung deutscher Kapitalgesellschaften zu mindern. Dem dient die Absenkung des Regelsteuersatz der KSt auf 15 Prozent.

Da die reformbedingten Steuerausfälle auf ca. 5 Mrd. EUR pro Jahr begrenzt bleiben sollen, sind verschiedene allgemeine Gegenfinanzierungsmaßnahmen geplant. Von ihnen sind auch die Kapitalgesellschaften betroffen. Dazu zählen vor allem gewerbesteuerliche Mehrbelastungen, die Abschaffung der degressiven Abschreibung und die Begrenzung der Sofortabschreibung für geringwertige Wirtschaftsgüter.

Speziell auf Kapitalgesellschaften zielen Verschärfungen der Mantelkaufregelungen. So entfällt die Abzugsfähigkeit eines Verlustvortrags vollkommen, wenn innerhalb von 5 Jahren mehr 50 % der Anteile

Mittels einer Zinsschranke wird der Abzug von Zinsaufwendungen als Betriebsausgaben begrenzt. Nach Verrechnung von Zinserträgen mit -aufwendungen darf der verbleibende negative Saldo 30 % des steuerpflichtigen Gewinns vor Berücksichtigung von Zinsen. Dabei handelt es sich um eine dem EBIT (earnings before interest and taxation) vergleichbare Größe. Überschießende Zinsbeträge können lediglich zeitlich vorgetragen und ggf. in künftigen Perioden berücksichtigt werden. Eine Freigrenze für den Zinssaldo von 1 Mio. EUR soll insbesondere kleine und mittelgroße Unternehmen von der Neuregelung ausnehmen. Besonders betroffen sind von ihr konzernzugehörige Kapitalgesellschaften, die eine überproportionale Fremdfinanzierung z.B. durch konzernzugehörige Unternehmen aufweisen.

3.8 Hinweise zur Bearbeitung von Fällen und Klausuren zur Körperschaftsteuer

Zur Bearbeitung kstl. Probleme ist vor allem nach den sich grundlegend zu unterscheidenden Rechtslagen zu differenzieren. Eine erste Gruppe lässt sich für Sachverhalte bilden, die sich ausschließlich in der vor 2001 geltenden Rechtslage abspielen. Sie dürften in der Praxis nunmehr selten werden. Zu ihrer Bearbeitung wird auf die 1. Auflage dieses Buchs verwiesen.

Eine zweite Fallgruppe umfasst Konstellationen mit der Umstellung vom Anrechnungs- auf das Halbeinkünfteverfahren bzw. den daraus resultierenden Auswirkungen auf VZ nach 2000. Zur Lösung der mit dem Systemwechsel verbundenen Probleme wird auf die 2. und 3. Auflage dieses Buchs verwiesen.

Aktuelle Fälle sind vielfach unberührt vom Systemwechsel und nur entsprechend der Rechtslage nach dem Jahr 2000 zu beurteilen sind. Hier ist zuerst das z.v.E. zu ermitteln. Dabei ist zu beachten, dass die GewSt als Betriebsausgabe abgezogen worden ist. Deshalb ist ggf. in einem vorgelagerten Arbeitsschritt der endgültige GewSt-Aufwand zu bestimmen.

Unter Anwendung des KSt-Satzes von 25 v.H. bzw. 26,5 v.H. (nur für VAZ 2003) ergibt sich die tarifliche KSt. Sie mindert sich um die anteiligen Auszahlungsbeträge des KSt-Guthabens. KSt-Erhöhungen kommen in Betracht, wenn nach der auch künftig zu beachtenden Ausschüttungsreihenfolge Ausschüttungen aus dem EK02 erfolgen.

3.9 Musterfall mit Lösungshinweisen

1. Sachverhalt

Die J. H. Voss GmbH (JHVG) mit Sitz und Ort der Geschäftsleitung in Eutin ist ein alteingesessenes Bauunternehmen. Ihr Wirtschaftsjahr entspricht dem Kalenderjahr. Für das Geschäftsjahr 2007 weist die Gesellschaft einen vorläufigen Jahresüberschuss von 400.000 EUR aus. Zum handelsrechtlichen Jahresabschluss zum 31.12.2007 werden die folgenden Erläuterungen gegeben:

1. Die JHVG ist alleinige Gesellschafterin der Dithmarscher Tiefbau GmbH (DTG) mit Sitz in Heide. Die DTG erzielt im Geschäftsjahr 2006 einen Gewinn in Höhe von 150.000 EUR. Im Juni 2007 erfolgt die vollständige Ausschüttung dieses Gewinns. Bei der JHVG wurde gebucht: Bank 120.000 EUR an Erträge aus Beteiligungen 120.000 EUR.

2. Verschiedene Aufwendungen mit einem Gesamtbetrag von 15.000 EUR unterliegen einem Abzugsverbot i.S. von § 4 Abs. 5 EStG.

3. Geleistete Vorauszahlungen zur KSt (100.000 EUR) und GewSt (130.000 EUR) wurden als Aufwendungen gebucht.

4. Die JHVG unterhält aufgrund einer Bestimmung in ihrer Satzung einen Aufsichtsrat. Für ihre Tätigkeit erhielten die Mitglieder dieses Gremiums im Jahr 2007 Vergütungen von insgesamt 20.000 EUR, die als Aufwand gebucht wurden.

3.9 Musterfall mit Lösungshinweisen

2. Aufgaben

Zu ermitteln sind:

1. der vollständige Aufwand für KSt, den die JHVG für den Veranlagungszeitraum 2007 zu tragen hat und
2. die von der JHVG im Jahresabschluss zum 31.12.2007 zu bildende Rückstellung für KSt.

Aus Vereinfachungsgründen ist der Solidaritätszuschlag zu vernachlässigen. Für die Gewerbesteuer ist anzunehmen, dass die geleisteten Vorauszahlungen dem endgültigen Aufwand entsprechen.

3. Lösungshinweise

	EUR
vorläufiger Jahresüberschuss 2007	400.000
Kapitalertragsteuer auf vereinnahmte Dividende	
(120.000 EUR / 0,8) - 120.000 EUR)	30.000
nicht abziehbare Betriebsausgaben (§ 4 Abs. 5 EStG)	15.000
hälftige Aufsichtsratsvergütung (§ 10 Nr. 4 KStG)	
(20.000 EUR / 2)	10.000
	EUR
KSt-Vorauszahlungen	100.000
erhaltene Dividenden (§ 8b Abs. 1 KStG)	./. 150.000
fiktive nichtabziehbare Betriebsausgaben (§ 8b Abs. 5 KStG)	
(150.000 EUR x 0,05)	7.500
zu versteuerndes Einkommen	412.500
Tarifbelastung = festzusetzende KSt	
412.500 EUR x 25 v.H.	103.125
Vorauszahlungen zur KSt	./. 100.000
Erwartete Abschlusszahlung = Rückstellung KSt zum 31.12.2007	3.125

3.10 Literaturhinweise zu Kapitel 3

Cremer, Udo „Körperschaftsteuer-Rückstellung" in: BBK Fach 30, S. 1899 ff.

Dörfler, Harald; Abel, Tibor „Steuerfreie Erträge aus der Aktivierung des Körperschaftsteuerguthabens 2006" in: BBK Fach 13, S. 4973 ff.

Ernsting, Ingo „Auswirkungen des SEStEG auf die Bilanzierung von Körperschaftsteuerguthaben in Jahresabschlüssen nach HGB und IFRS" in: DB, 2007, S. 180 ff.

Haas, Helmut „Körperschaftsteuer", 8. neu bearbeitete Auflage, München 2006

Schönwald, Stefan „Überblick über den Anwendungsbereich des Körperschaftsteuergesetzes" in: SteuerStud, 2004, S. 498 ff.

Zenthöfer, Wolfgang; Leben, Gerd „Körperschaftsteuer, Gewerbesteuer", 13. neu bearbeitete Auflage, Stuttgart 2005

4 Gewerbesteuer

4.1 Charakterisierung der GewSt

Das Gewerbesteuerrecht wird durch das GewStG, die zugehörige Durchführungsverordnung (GewStDV) und die Gewerbesteuerrichtlinien (GewStR) geregelt. Die Gesetzgebungskompetenz liegt beim Bund. In das Gesetzgebungsverfahren sind Bundestag und -rat einbezogen. Gesetzesänderungen bedürfen der Zustimmung des Bundesrats.

Von der GewSt werden die inländischen Aktivitäten der Gewerbetreibenden erfasst. Sie ist als Realsteuer (= Sachsteuer) ausgestaltet. Besteuert wird der Gewerbebetrieb als Objekt. Ohne Bedeutung ist die steuerliche Leistungsfähigkeit, wie sie sich z.B. bei der ESt in den persönlichen Verhältnissen der Steuerpflichtigen widerspiegelt.

Als betriebliche Steuer ist die Gewerbesteuer bei der Ermittlung nach bisherigem Recht als Aufwand und Betriebsausgabe bei der Ermittlung des Gewinns abziehbar (vgl. 4.3.7). Das gilt für Personenunternehmen wie Kapitalgesellschaften. Durch die Unternehmensteuerreform 2008 wird diese Abzugsfähigkeit aufgehoben. Die Gewerbesteuer und die auf sie entfallenden Nebenleistungen (Säumniszuschläge, Verspätungszuschläge, Zinsen und Zwangsgelder) mindern ab dem Erhebungszeitraum 2008 nicht mehr die steuerlichen Bemessungsgrundlagen. Damit wird die Gewerbesteuer in ihrer Abziehbarkeit der Einkommen- und Körperschaftsteuer gleich gestellt.

Seitens der Wissenschaft und aus der Wirtschaft unterliegt die GewSt einer massiven Kritik. Sie richtet sich zunächst darauf, dass eine GewSt in anderen Staaten weitestgehend unbekannt ist. So erhebt z.B. kein Mitgliedsstaat der Europäischen Union eine vergleichbare Steuer. Daraus resultiert eine Benachteiligung deutscher Unternehmen und des Investitionsstandorts Deutschland. Des weiteren stellt die GewSt eine Sonderbelastung deutscher gewerblicher Unternehmen dar, da nur sie, nicht aber Freiberufler von ihr erfasst werden.

Diese Einwände wirkten sich auf die Rechtsentwicklung aus. So wurde die Gewerbekapitalsteuer nach dem 31.12.1997 vollständig abgeschafft. Verschiedene im Laufe der Zeit vorgenommene Gesetzesänderungen schafften Erleichterungen bei der Besteuerung von Gewinnen mittelständischer Unternehmen.

Noch weiter geht die aktuelle Reformdiskussion, die auf eine vollständige Abschaffung der GewSt abzielt. Derartige Ansätze finden breite Zustimmung bei den Spitzenverbänden der Wirtschaft. Statt der GewSt soll ein Zuschlag zur ESt und KSt eingeführt werden. Die Gemeinden sollen das Recht erhalten, die Zuschlagsätze autonom festzulegen. Ihnen soll auch das aus dem Zuschlag resultierende Steueraufkommen zufließen. Dadurch wird der Kreis der Steuerpflichtigen deutlich ausgeweitet, so dass die Belastung für die Gewerbetreibenden abnimmt, für Freiberufler und andere Einkommensteuerzahler jedoch zunehmen wird. Die Kommunen und Kreise lehnen eine derartige Reform z.Zt. noch ab. Sie fordern statt dessen eine umfassende Gemeindefinanzreform, die auch die Aufgabenverteilung zwischen Bund, Ländern und Kommunen einbezieht.

Im Zuge der Unternehmensteuerreform 2008 ist die Gewerbesteuer in vielfältiger Weise verändert worden. Auf diese Änderungen wird bei den einzelnen Problembereichen jeweils gesondert hingewiesen.

4.2 Steuergegenstand und Steuerpflicht (§ 2 GewStG)

Die sachliche Steuerpflicht ist bei der GewSt an das Bestehen eines inländischen Gewerbebetriebs geknüpft. Er bildet den Steuergegenstand der GewSt (§ 2 GewStG). Zu unterscheiden sind die drei Formen des Gewerbebetriebs:

- Gewerbebetrieb kraft gewerblicher Betätigung (natürlicher Gewerbebetrieb nach § 2 Abs. 1 Satz 2 GewStG),
- Gewerbebetrieb kraft Rechtsform (§ 2 Abs. 2 GewStG) und
- Gewerbebetrieb kraft wirtschaftlichen Geschäftsbetriebs (§ 2 Abs. 3 GewStG)..

Zur gewerbesteuerlichen Bestimmung des natürlichen Gewerbebetriebs ist auf die einkommensteuerlichen Regelungen zu den Einkünften aus Gewerbebetrieb zurückzugreifen. Die Definition des Gewerbebetriebs nach § 15 Abs. 2 EStG gilt auch für die GewSt. Damit kommt es zwangsläufig zur steuerlichen Erfassung der Einkünfte nach § 15 EStG durch die GewSt.

Aufgrund ihrer Rechtsform sind die Kapitalgesellschaften (AG, GmbH) sowie die Genossenschaft gewerbesteuerpflichtig. Bei ihnen ist es unerheblich, ob sie die Merkmale eines Gewerbebetriebs i.S. von § 15 Abs. 2 EStG erfüllen.

Der Gewerbebetrieb kraft wirtschaftlichen Geschäftsbetriebs spielt im Wirtschaftsleben lediglich eine untergeordnete Rolle. Als Beispiel für diesen Typus sei nur die von einem Sportverein in der Rechtsform des eingetragenen Vereins betriebene Gaststätte genannt, deren Gewinne der GewSt unterliegen.

Eine natürliche Person kann mehrere Gewerbebetriebe unterhalten. Dann stellt sich die Frage nach der Abgrenzung der Betriebe zueinander. Sie ist nach dem Kriterium der sachlichen Selbständigkeit zu beurteilen (Abschn. 16 GewStR). Prinzipiell unterliegt jeder Betrieb als eigenständiger Steuergegenstand der GewSt. Mehrere Betriebe unterschiedlicher Art bilden eine Einheit, wenn sie sachlich besonders eng verbunden sind. Gleichartige Betriebe sind zusammenzufassen, wenn sie wirtschaftlich eng verzahnt sind. Bei Personen- wie Kapitalgesellschaften wird deren gesamte Tätigkeit als ein einheitlicher Gewerbebetrieb behandelt.

Steuerschuldner der GewSt ist der Unternehmer. Ihn trifft die persönliche Steuerpflicht und er hat die GewSt zu zahlen. Unternehmer ist bei:

- Einzelgewerbetreibende: der Einzelunternehmer
- Personengesellschaften: die Personengesellschaft selbst, nicht der Gesellschafter

4.3 Ermittlung der Höhe der GewSt

- Kapitalgesellschaften: die Kapitalgesellschaft

Eine Vielzahl von Gewerbebetrieben ist von der GewSt befreit (§ 3 GewStG). Die gewerbesteuerlichen Befreiungsvorschriften orientieren sich weitgehend an den entsprechenden Regelungen der KSt (§ 5 KStG).

4.3 Ermittlung der Höhe der GewSt

4.3.1 Überblick

Die GewSt bemisst sich nach dem Gewerbeertrag (§ 6 GewStG). Dabei handelt es sich um eine für die besonderen Zwecke der GewSt modifizierte Gewinngröße. Ihre Bestimmung bildet das steuerrechtliche Kernproblem der GewSt. Der daran anknüpfende Rechenweg zum endgültigen Aufwand für Gewerbesteuer und zur Gewerbesteuerrückstellung ist eher formaler Natur.

	Gewinn aus Gewerbebetrieb	§§ 4, 5 EStG
+	Hinzurechnungen	§ 8 GewStG
=	Summe aus Gewinn und Hinzurechnungen	
./.	Kürzungen	§ 9 GewStG
=	Maßgebender Gewerbeertrag (-verlust)	
./.	Verlustabzug	§ 10a GewStG
=	Gewerbeertrag	§ 7 GewStG
./.	Freibetrag für Personenunternehmen	§ 11 GewStG
=	gekürzter Gewerbeertrag	
x	Steuermesszahl	§ 11 GewStG
=	Steuermessbetrag	
x	Hebesatz der Gemeinde	§ 16 GewStG
=	(vorläufige) Gewerbesteuer	
	Berücksichtigung der Abzugsfähigkeit der GewSt als Betriebsausgabe	
=	endgültiger Aufwand für Gewerbesteuer	
./.	Vorauszahlungen zur Gewerbesteuer	
=	Rückstellung für Gewerbesteuer	

4.3.2 Gewinn aus Gewerbebetrieb (§ 7 GewStG)

Der nach den Vorschriften des EStG und bei Kapitalgesellschaften ergänzend nach denen des KStG ermittelte Gewinn (oder Verlust) bildet den Ausgangspunkt der Berechnungen des Gewerbeertrags. Besonders zu beachten sind an dieser Stelle die als Aufwand gebuchten nicht abzugsfähigen Betriebsausgaben (§ 4 EStG; § 10 KStG) und Vorauszahlungen zu GewSt und KSt. Für Kapitalgesellschaften basieren die gewstl. Überlegungen also auf einer Zwischensumme des Schemas zur Ermittlung des kstl. Einkommens (vgl. S. 48).

Zwar besteht keine zwingende Bindungswirkung der einkommen- bzw. körperschaftsteuerlichen Ausgangsgröße für die GewSt, doch verzichtet die Praxis regelmäßig auf eine eigenständige Berechnung der gewstl. Bemessungsgrundlage.

Unterschiede bestehen bei Personenunternehmen und Kapitalgesellschaften im Umfang des gewerbesteuerlichen Gewinns. So gehen bei Personengesellschaften auch die als Aufwand behandelten Sondervergütungen an Gesellschafter (§ 15 Abs. 2 Nr. 1 EStG) in den Gewerbeertrag ein.

Gewinne aus der Veräußerung oder Aufgabe des Gewerbebetriebs oder eines Teilbetriebs einer Mitunternehmerschaft und eines Anteils eines Gesellschafters daran werden gewstl. nicht erfasst, soweit sie auf eine natürliche Person als Mitunternehmer entfallen (§ 7 Satz 2 GewStG).

Ebenso bleiben Veräußerungs- und Aufgabegewinne I.S. von § 16 EStG beim Einzelunternehmer von der GewSt befreit (A 39 GewStR).

4.3.3 Gewerbesteuerliche Modifizierungen (§§ 8 und 9 GewStG)

Im weiteren Rechengang ist der Gewinn aus Gewerbebetrieb verschiedenen Korrekturen zu unterwerfen. Dabei handelt es sich teilweise um Hinzurechnungen und Kürzungen von Sachverhalten, die bei der Gewinnermittlung entsprechend den handels- und steuerrechtlichen Regelungen als Aufwendungen bzw. Erträge behandelt worden sind. Diese Abänderungen des ursprünglichen Ergebnisses werden damit begründet, dass die GewSt ihrem Charakter als Objektsteuer entsprechend das tatsächlich erzielte, d.h. objektivierte Ergebnis des Betriebs erfassen soll. Dazu bedürfe es z.B. der Neutralisierung der individuellen Finanzierungssituation, da der Einsatz von Eigen- und Fremdkapital gleich behandelt werden soll. Die Argumentation vermag kaum zu überzeugen, weil es sich bei unterschiedlich finanzierten Betrieben eben um verschieden strukturierte Steuergegenstände handelt, die willkürlich vereinheitlicht werden.

Weitere Anpassungen dienen dazu, mehrfache Be- oder Entlastungen mit Objektsteuern zu vermeiden, die steuerliche Erfassung am Ort der Nutzung eines Wirtschaftsguts zu erreichen und die GewSt auf die inländischen Aktivitäten des Gewerbebetriebs zu begrenzen.

Zu den am häufigsten vorzufindenden Hinzurechnungen und Kürzungen gehören:

Entgelte für Dauerschulden (§ 8 Nr. 1 GewStG)

Dauerschulden umfassen zunächst die Verbindlichkeiten, die mit der Gründung oder dem Erwerb eines Betriebs oder seiner Erweiterung bzw. Verbesserung in Zusammenhang stehen (geborene Dauerschulden). Zusätzlich gelten Fremdmittel mit einer Laufzeit von mehr als einem Jahr als Dauerschulden (Zeitmoment-Dauerschulden). Aus dem laufenden Geschäftsverkehr stam-

4.3 Ermittlung der Höhe der GewSt

mende Verbindlichkeiten sind allerdings nicht als Dauerschulden anzusehen. So kann z.B. auch eine Kontokorrentschuld in täglich wechselnder Höhe den Charakter der Dauerschuld annehmen (A 45 Abs. 7 GewStR). Durch geeignete Finanzdispositionen ist dem vorzubeugen. Hinzurechnungsbedürftig ist lediglich die Hälfte der auf die Dauerschulden entrichteten Entgelte wie z.B. Zinsen, Sondervergütungen und ein mögliches Damnum.

Gewinnanteile eines (typischen) stillen Gesellschafters (§ 8 Nr. 3 GewStG)

Sie werden beim Kaufmann, in dessen Vermögen die Einlage eingegangen ist, als Betriebsausgaben gebucht. Ihre Hinzurechnung ist nur erforderlich, wenn der Gewinnanteil beim stillen Gesellschafter selbst nicht der GewSt unterliegt.

Steuerfreie Einnahmen nach § 3 Nr. 40 EStG und 8b KStG (§ 8 Nr. 5 GewStG)

Sofern die Dividendenerträge beim Empfänger dem Halbeinkünfteverfahren unterliegen oder nach § 8b KStG steuerbefreit sind, erfolgt eine gewstl. Hinzurechnung. Sie tritt ein, wenn die Kürzungsvorschriften nach § 9 Nrn. 2a und 7 GewStG nicht anwendbar sind. Hinzuzurechnen sind die steuerlich nicht erfassten Teile der Dividenden sowie die damit in Zusammenhang stehenden Aufwendungen, die einem Abzugsverbot nach § 3c EStG unterliegen.

Bestimmte Miet- und Pachtzinsen (§ 8 Nr. 7 GewStG)

Hinzuzurechnen ist ggf. die Hälfte der Miet- und Pachtzinsen für Gegenstände des Anlagevermögens, soweit es sich nicht um Grundbesitz handelt. Hierdurch kommt es zur gleichen Behandlung wie beim fremdfinanzierten Kauf von Anlagegegenständen. Die Hinzurechnung unterbleibt allerdings, wenn die Entgelte aus der Überlassung beim Empfänger der GewSt unterliegen. Das gilt nicht bei der Überlassung eines Betriebs oder Teilbetriebs, sofern das Entgelt 125.000 EUR übersteigt. Dadurch wird bewirkt, dass die Gemeinde des Pächters an seinem GewSt-Aufkommen in erhöhtem Ausmaß partizipiert. Eine gleichlautende Kürzungsvorschrift beim Verpächter verhindert eine zweifache Belastung mit GewSt (§ 9 Nr. 4 GewStG).

Verlustanteile aus Mitunternehmerschaften (§ 8 Nr. 8 GewStG)

Bei Personengesellschaften anfallende Verluste werden den Gesellschaftern unmittelbar zugerechnet und mindern im Jahr der Verlustentstehung deren Gewinne. Gleichzeitig werden die Personengesellschaften bei der GewSt als selbständige Steuerschuldner behandelt. Sie haben damit die Möglichkeit zum eigenen gewerbesteuerlichen Verlustvortrag. Ohne die Hinzurechnung der beim Gesellschafter gewinnmindernd erfassten Verluste käme es zu einer doppelten Berücksichtigung der Verluste beim Gesellschafter und bei der Personengesellschaft. Eine korrespondierende Kürzungsvorschrift regelt den Abzug der Gewinne der Mitunternehmerschaft bei ihren Gesellschaftern.

Kürzungen beim Grundbesitz (§ 9 Nr. 1 GewStG)

Zum Ausgleich der Belastung des betrieblichen Grundbesitzes durch die Grundsteuer wurde eine Entlastung bei der GewSt geschaffen. Sie beträgt 1,2 v.H. der um 40 v.H. erhöhten Einheitswerte der Betriebsgrundstücke (§ 121a BewG).

Gewinnanteile an Kapitalgesellschaften (§ 9 Nrn. 2a, 7 GewStG)

Ausgeschüttete Gewinne unterliegen zunächst bei der ausschüttenden Gesellschaft der GewSt. Die Ausschüttung erhöht den Gewinn des Empfängers und unterliegt damit zum zweiten Mal der GewSt. Diese mögliche Doppelbelastung mit GewSt wird vermieden, indem beim Gesellschafter eine Kürzung um die vereinnahmten Ausschüttungserträge erfolgt. Bei leicht unterschiedlichen Voraussetzungen bezieht sich die Kürzungsvorschrift auf Ausschüttungen von in- und ausländischen Kapitalgesellschaften.

Beteiligungserträge aus Anteilen an KapGes. sind steuerbefreit, sofern die Beteiligungen im Betriebsvermögen von Körperschaften gehalten werden (§ 8b Abs. 1 KStG). Werden die Anteile von Personenunternehmen gehalten, unterliegen die Beteiligungserträge nur einer hälftigen Besteuerung (§ 3 Nr. 40 Buchst. a EStG). Die estl. erfasste Hälfte ist ggf. nach § 9 Nr. 2a GewStG zu kürzen.

Das System von Hinzurechnungen und Kürzungen wird durch die Unternehmensteuerreform völlig neu geordnet. Es erfolgt eine verstärkte Einbeziehung ertragsunabhängiger Elemente in den Gewerbeertrag. Damit tritt die Besteuerung nach der wirtschaftlichen Leistungsfähigkeit in den Hintergrund, während Aspekte der Substanzbesteuerung an Bedeutung gewinnen.

Die Hinzurechnungen gestalten sich nach folgendem Schema:

Position	EUR
Entgelte für sämtliche mit dem Betrieb zusammenhängenden Schulden (incl. Skonti)	
Gewinnanteile des typischen stillen Gesellschafters	
Finanzierungsanteil i.H.v. 25 v.H. der Miet- und Pachtzinsen (incl. Leasingraten) für bewegliche Wirtschaftsgüter des Anlagevermögens	
Finanzierungsanteil i.H.v. 75 v.H. der Miet- und Pachtzinsen (incl. Leasingraten) für nicht bewegliche Wirtschaftsgüter des Anlagevermögens	
Summe der Hinzurechnungen	
Ein Viertel der Summe der Hinzurechnungen	
./. Freibetrag von 100.000 EUR	
Hinzurechnungsbetrag i.S.v. § 8 GewStG	

Bei den bisherigen Kürzungen nach § 9 GewStG wird die beim Vermieter wirkende Kürzung (Nr. 4) infolge von Hinzurechnungen beim Mieter aufgehoben.

4.3.4 Verlustabzug (§ 10a GewStG)

Ähnlich wie bei der ESt ist es bei der GewSt möglich, aufgetretene Verluste außerhalb des Jahres ihrer Entstehung steuerlich geltend zu machen. Während der estl. Verlustabzug die Möglichkeit des interperiodischen Rück- und Vor-

4.3 Ermittlung der Höhe der GewSt

trags umfasst, stellt die GewSt ausschließlich einen Verlustvortrag zur Verfügung. Er setzt Unternehmens- und Unternehmeridentität voraus. Dazu muss der Gewerbebetrieb, bei dem der Verlustvortrag geltend gemacht werden soll, mit demjenigen identisch sein, bei dem der Verlust eingetreten war (A 67 GewStR). Unter dem Aspekt der Unternehmeridentität kann nur der Gewerbetreibende, der einen Verlust in eigener Person erlitten hat, diesen auch später geltend machen (A 68 GewStR). Deshalb geht bei Gesellschafterwechseln bei Personenunternehmen der Verlustvortrag anteilig verloren.

Der Verlustvortrag ist zeitlich nicht begrenzt, jedoch sind die Verluste so schnell wie möglich zu verrechnen. Die betragliche Höhe des vortragsfähigen Verlustes ergibt sich aus dem ursprünglichen Gewerbeverlust, abzüglich der bereits in Vorjahren berücksichtigten Beträge. Das Konzept der Mindestbesteuerung nach § 10d EStG wirkt sich ebenfalls bei der GewSt aus und kann zu einer zeitlich verzögerten Berücksichtigung angefallener Verluste führen.

4.3.5 Überleitung vom Gewerbeertrag zum Steuermessbetrag (§ 11 GewStG)

Personenunternehmen werden gewerbesteuerlich durch einen Freibetrag von 24.500 EUR gegenüber den Kapitalgesellschaften begünstigt. Aus der Anwendung einer Steuermesszahl auf den (gekürzten) Gewerbeertrag ergibt sich der Steuermessbetrag. Die Steuermesszahl beläuft sich bei Kapitalgesellschaften einheitlich auf 5,0 v.H., während für Personenunternehmen ein System gestaffelter Messzahlen besteht. Sie betragen:

für die ersten	12.000 EUR	1 v.H.
für die weiteren	12.000 EUR	2 v.H.
für die weiteren	12.000 EUR	3 v.H.
für die weiteren	12.000 EUR	4 v.H.
und für alle weiteren Beträge		5 v.H.

Ab dem Erhebungszeitraum 2008 wird die Steuermesszahl einheitlich 3,5 v.H. betragen. Dabei wird nicht mehr zwischen Kapitalgesellschaften und Personenunternehmen unterschieden. Für letztere entfällt unter Beibehaltung des Freibetrags der Staffeltarif. Gleichzeitig wird die Anrechnung der Gewerbesteuer auf das 3,8fache des (anteiligen) Steuermessbetrags auf die eigene Einkommensteuerschuld erhöht.

4.3.6 Hebesatz der Gemeinde (§ 16 GewStG)

Die Gemeinden sind berechtigt und verpflichtet, bei den auf ihrem Gebiet ansässigen Betrieben die GewSt zu erheben. Das geschieht durch Anwendung des gemeindespezifischen Hebesatzes auf den Steuermessbetrag. Der Hebesatz wird vom Gemeindeparlament (Stadt- oder Gemeinderat) mittels einer Satzung für ein Jahr oder einen längeren Zeitraum festgesetzt. Er gilt einheitlich für alle in der Gemeinde ansässigen Unternehmen. Im Jahr 2006 lagen die Hebesätze in den deutschen Gemeinden mit mehr als 50.000 Einwohnern zwischen 340 v.H. (Rüsselsheim) und 490 v.H. (Frankfurt am Main und München).

4.3.7 Berücksichtigung der GewSt als Betriebsausgabe

Bei den bisherigen Überlegungen ist noch nicht berücksichtigt, dass der GewSt-Aufwand als Betriebsausgabe bei der Ermittlung des Gewinns aus Gewerbebetrieb abzuziehen ist. Die GewSt mindert also ihre eigene Bemessungsgrundlage. Der Ansatz zur exakten Berechnung der GewSt-Aufwands unterscheidet sich für Kapitalgesellschaften und Personenunternehmen. Nur für erstere ist der Rechengang hier wiedergegeben. Für die Verhältnisse bei Personenunternehmen wird auf die einschlägige Fachliteratur verwiesen (vgl. unter den Literaturhinweisen Thönnes, Marco).

Auszugehen ist von den beiden Gleichungen:

$$(1)\ GE_{vorl.} = GE_{endg.} + GewSt$$

$$(2)\ GewSt = 0{,}05 \cdot GE_{endg.} \cdot H$$

Dabei bedeuten $GE_{vorl.}$: vorläufiger Gewerbeertrag

$GE_{endg.}$: endgültiger Gewerbeertrag

$GewSt$: endgültiger Aufwand für GewSt

H : Hebesatz der Gemeinde als absolute Zahl

Nach einigen Umformungen ergibt sich:

$$GE_{endg.} = \frac{GE_{vorl.}}{\frac{100 + 5 \cdot H}{100}}$$

Der Nenner des Bruchs wird als Divisor bezeichnet. Aus ihm leitet sich die Bezeichnung des Rechengangs als Divisor-Methode ab.

Alternativ zur exakten Berechnung der GewSt-Rückstellung steht eine vereinfachende Methode zu Verfügung. Sie erlaubt es, den Aufwand in Höhe von fünf Sechsteln des Betrages anzusetzen, der sich ohne Berücksichtigung der GewSt als Betriebsausgabe ergeben würde (R 4.9 Abs. 2 EStR). Diese Vorgehensweise wird als Fünf-Sechstel-Methode bezeichnet. Sie führt nur bei einem Hebesatz von 400 v.H. zum exakten Ergebnis. Bei darüber liegenden Hebesätzen führt die Divisormethode zum niedrigeren Steueraufwand.

4.3.8 Zerlegung (§§ 28 - 34 GewStG)

Vielfach ist ein Betrieb nicht ausschließlich auf das Gebiet einer einzigen Gemeinde konzentriert. So können sich Betriebsstätten in verschiedenen Gemein-

4.4 Besteuerungsverfahren bei der GewSt

den befinden, der Hauptbetrieb sich auf mehrere Gemeinden erstrecken oder eine Betriebsstätte innerhalb des Jahres von einer Gemeinde in eine andere verlegt worden sein. In derartigen Fällen sollen mehrere Gemeinden an dem Gewerbesteueraufkommen des Betriebs teilhaben. Das wird erreicht, indem der einheitliche Steuermessbetrag auf die betroffenen Gemeinden aufgeteilt wird (§ 28 GewStG). Dieser Vorgang wird als Zerlegung bezeichnet. Maßstab für die Verteilungsrechnung ist das Verhältnis aus den an die Arbeitnehmer in der jeweiligen Gemeinde gezahlten Arbeitslöhne zu den gesamten Arbeitslöhnen (§ 29 GewStG). An die Stelle eines sachbezogenen Verfahrens tritt eine vereinfachende Hilfsrechnung.

Beispiel:

Die Auto-GmbH betreibt den Handel mit Neu- und Gebrauchtfahrzeugen. Ihr Unternehmen umfasst den Hauptbetrieb in der Gemeinde X-Stadt sowie eine Filiale in Y-Dorf. Für die im Hauptbetrieb beschäftigten Mitarbeiter fielen im Jahr 2007 Gehälter von 300.000 EUR, für die in der Filiale Beschäftigten von 200.000 EUR an. Die gemeindespezifischen Hebesätze belaufen sich auf 440 v.H. in X-Stadt und 400 v.H. in Y-Dorf. Der Gewerbeertrag des Jahres 2007 beträgt für das einheitliche Unternehmen 400.000 EUR.

Zu berechnen ist die von der Auto-GmbH für den Erhebungszeitraum 2007 zu entrichtende Gewerbesteuer.

In Euro:	Anteilige Gehälter	Anteiliger Messbetrag	Hebesatz (v.H.)	Gewerbesteuer
X-Stadt	300.000 / 500.000 = 60 %	20.000[1] x 0,6 / 1,22 = 9.836	440	9.836 x 4,4 = 43.278
Y-Dorf	200.000 / 500.000 = 40%	20.000 EUR x 0,4 / 1,2 = 6.667 [1] 400.000 x 0,05 = 20.000	400	6.667 x 4,0 = 26.668
				69.946

Im Wege der Zerlegung kommt es zu Steuerfestsetzungen durch die Gemeinde X-Stadt über 43.278 EUR sowie die Gemeinde Y-Dorf über 26.668 EUR. Der tatsächliche Aufwand für GewSt des Erhebungszeitraums 2003 beträgt 69.946 EUR.

4.4 Besteuerungsverfahren bei der GewSt

Das Besteuerungsverfahren bei der GewSt ist zweistufig aufgebaut. An ihm sind in den Flächenstaaten Finanzämter und Gemeinden beteiligt. In den Aufgabenkreis der Finanzämter fallen die Festsetzung des Gewerbesteuermessbetrags und die Feststellung eines etwaigen Gewerbeverlusts sowie die Durchführung der Zerlegung. Ausgehend von der GewStErklärung des Steuerpflichtigen ermitteln die Betriebsfinanzämter den Steuermessbetrag und setzen ihn in einem Gewerbesteuermessbescheid fest. Dabei handelt es sich nicht um einen Steuerbescheid, da er keine Angaben über die Höhe der Steuer enthält. Den

Inhalt des Steuermessbescheids teilen die Finanzämter den zuständigen Gemeindebehörden mit. Diesen obliegen die nachfolgende Festsetzung und Erhebung der GewSt. Durch Multiplikation des einschlägigen Hebesatzes mit dem GewStMessbetrag ermitteln sie zunächst die Steuerschuld und setzen sie im GewStBescheid fest. Er wird dem Steuerpflichtigen bekannt gegeben. Dieser Steuerbescheid der Gemeinde beinhaltet gleichzeitig den durch das Finanzamt erstellten Steuermessbescheid.

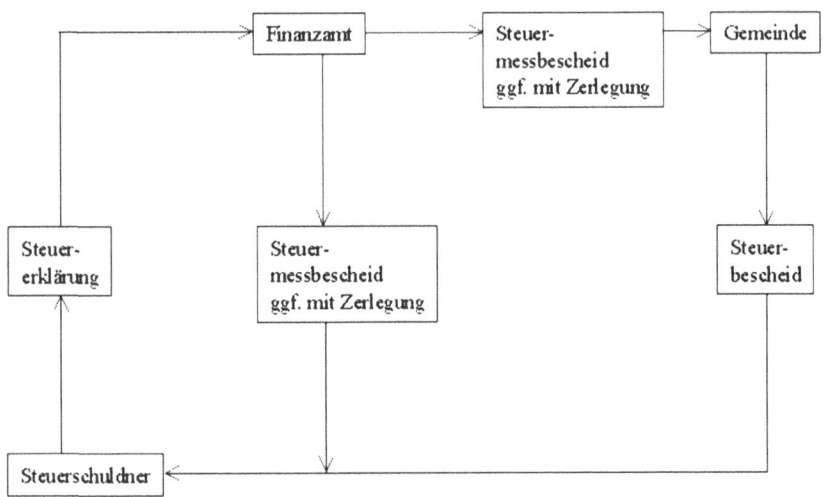

Besteuerungsverfahren bei der Gewerbesteuer

Entsprechend der Verteilung der Besteuerungsaufgaben auf Finanzverwaltung und Gemeinden ist bei der GewSt zwischen zwei außergerichtlichen Rechtsbehelfen zu unterscheiden. Hinsichtlich des GewStMessbescheids ist der Einspruch statthaft. Er ist beim Finanzamt einzulegen. Gegen einen ablehnenden Einspruchsbescheid ist Klage an das Finanzgericht möglich. Bezüglich des Gewerbesteuerbescheids der Gemeinde gilt das Widerspruchsverfahren nach der Verwaltungsgerichtsordnung. Der gerichtliche Rechtsbehelf ist hier die Klage an das Verwaltungsgericht.

Bei der Begründung der Rechtsbehelfe ist das Verhältnis von GewStMessbescheid und GewStBescheid zu beachten. Sie stehen zueinander als Grundlagen- und Folgebescheid. Daraus folgt, dass Einwendungen, die gegen den Messbescheid (= Grundlagenbescheid) bestehen, nicht gegen den GewStBescheid (= Folgebescheid) geltend gemacht werden können. Im umgekehrten Fall gilt das gleiche.

Auf die GewStSchuld sind quartalsweise Vorauszahlungen zu leisten. Sie sind am 15.2., 15.5., 15.8. und 15.11. eines Jahres zu entrichten (§ 19 Abs. 1 GewStG). Die Höhe der Vorauszahlungen richtet sich nach der letzten Veranlagung und beträgt ein Viertel der Steuer, die sich dabei ergeben hatte. Eine Anpassung der Vorauszahlungen für den laufenden Erhebungszeitraum an die voraussichtlichen Verhältnisse kann durch die Gemeinde oder das Finanzamt erfolgen. Sofern sich die GewStSchuld gegenüber der letzten Veranlagung z.B.

wegen rückläufiger Gewinne vermindern dürfte, kann der Steuerpflichtige einen Antrag auf Herabsetzung der Vorauszahlungen an das Finanzamt richten.

Nach endgültiger Festsetzung der GewSt findet eine Abrechnung über die geleisteten Vorauszahlungen statt (§ 20 GewStG). Ergibt sich bei vollständig gezahlten und zu niedrigen Vorauszahlungen eine Restschuld, ist sie innerhalb eines Monats nach Bekanntgabe des Steuerbescheids zu begleichen. Ein Erstattungsanspruch wird soweit möglich verrechnet oder an den Steuerpflichtigen ausgezahlt.

4.5 Besondere steuerliche Pflichten

Den Steuerpflichtigen obliegen bei der GewSt Melde- und Steuererklärungspflichten. Die Eröffnung eines gewerblichen Betriebs oder einer Betriebsstätte sind beim Finanzamt und der Gemeindebehörde zu melden. Das gilt auch für Betriebsabmeldungen und -ummeldungen. Abgeleitet aus seinen Mitwirkungspflichten im Ermittlungsverfahren muss der Steuerpflichtige eine GewStErklärung abgeben. Sie enthält die vom Finanzamt für die Errechnung des Steuermessbetrags benötigten Angaben. Abgabetermin für die GewStErklärung ist der 31. Mai des Folgejahrs.

4.6 Gewerbesteuerliche Organschaft

Unter gleichen Voraussetzungen wie bei der KSt entsteht eine gewstl. Organschaft (vgl. Seite 54). Die Organgesellschaften nehmen den Charakter einer Betriebsstätte des Organträgers an (§ 2 Abs. 2 GewStG). Damit bilden sie keinen eigenen Steuergegenstand mehr. Steuerschuldner für den durch den Organkreis gebildeten Gewerbebetrieb wird der Organträger. Gleichwohl bleiben Organgesellschaften und Organträger zivilrechtlich selbständig und bilanzierungspflichtig. Zur Ermittlung des Gewerbesteueraufwands errechnen Organträger und -gesellschaften ihre Gewerbeerträge getrennt. Anschließend erfolgt auf der Ebene des Organträgers deren Zusammenfassung und die Ermittlung eines einheitlichen Messbetrags sowie ggf. dessen Zerlegung auf mehrere Gemeinden. Gewerbesteuermessbescheid und Steuerbescheid ergehen gegen den Organträger.

Um eine doppelte steuerliche Belastung zu vermeiden, haben bestimmte Hinzurechnungen nach § 8 GewStG zu unterbleiben (A 41 Abs. 1 GewStR). Das gilt z.B. bei Darlehensgewährungen des Organträgers an eine Organgesellschaft. Bei der Ermittlung des einheitlichen Gewerbeertrags ist beim Organ vom Gewinn vor Gewinnabführung oder Verlustübernahme auszugehen. Korrespondierend ist die Ergebnisübernahme im Gewerbeertrag des Organträgers zu neutralisieren.

Vorteile ergeben sich aus der Organschaft bei der GewSt durch die sofortige Verrechnung von Verlusten zwischen Organträger und -gesellschaften. Ebenso wie bei der KSt erlaubt die Organschaft gewstl. den vollständigen Abzug von Betriebsausgaben, der ansonsten durch § 3c EStG versagt wäre. Weiterhin unterbleibt der Ansatz fiktiver Betriebsausgaben ein Höhe von 5 % der vereinnahmten Dividende.

4.7 Hinweise zur Bearbeitung von Fällen und Klausuren zur GewSt

In einer Vorüberlegung ist zu klären, ob im vorliegenden Fall die sachliche Steuerpflicht gegeben ist, d.h. ein Gewerbebetrieb besteht. Sofern ein natürlicher Gewerbebetrieb in Betracht kommt, müssen die im Sachverhalt geschilderten Tätigkeiten daraufhin untersucht werden, ob sie gewerblichen Charakters sind.

Aus dem Bestehen eines Gewerbebetriebs leitet sich sodann über den zu benennenden Unternehmer der Steuerschuldner ab.

Die nachfolgenden Arbeitsschritte hängen von der Aufgabenstellung ab. Üblicherweise sind der Gewerbeertrag oder der tatsächliche Aufwand für GewSt bzw. die zu bildende GewSt-Rückstellung von Interesse. Damit bestimmt sich der Lösungsweg nach dem Schema von S. 61. Für den Gewinn aus Gewerbebetrieb ist zu prüfen, ob das einkommen- oder körperschaftsteuerliche Ergebnis für Zwecke der GewSt unverändert übernommen werden kann. Abweichungen können sich aus der Korrektur von Fehlern oder dem unterschiedlichen Umfang der stl. Erfassung ergeben.

Arbeitstechnisch ist der Sachverhalt sorgfältig daraufhin zu untersuchen, ob die Ausgangsgröße durch Hinzurechnungen (§ 8 GewStG) oder Kürzungen (§ 9 GewStG) zu modifizieren ist.

Bei Berechnung des Aufwands für GewSt ist deren Abzugsfähigkeit als Betriebsausgabe zu beachten, wodurch sich der endgültige Aufwand gegenüber dem vorläufigen vermindert. Mit Hilfe der Divisor-Methode lässt sich die Berechnung leicht ausführen.

Häufig ist die GewSt in einem einheitlichen Fall mit der KSt zu ermitteln. Hier ist die GewSt zwingend vor der KSt zu berechnen, da sie sich als Betriebsausgabe auf deren Bemessungsgrundlage auswirkt.

4.8 Musterfälle mit Lösungshinweisen

Musterfall 1

1. Sachverhalt

Sitz und Ort der Geschäftsleitung der Baltic Advertising GmbH befinden sich in Kiel. Ihr Geschäftsjahr entspricht dem Kalenderjahr. Zum 31.12.2007 legt die Gesellschaft den folgenden - stark zusammengefassten - handelsrechtlichen Jahresabschluss vor. Er ist als vorläufig anzusehen, da die Steuerpositionen in Bilanz sowie Gewinn- und Verlustrechnung noch nicht abschließend berechnet sind.

4.8 Musterfälle mit Lösungshinweisen

Bilanz zum 31.12.2007

	EUR		EUR
verschiedene Aktiva	4.000.000	Gezeichnetes Kapital	1.000.000
		Jahresüberschuss	400.000
		verschiedene Passiva	2.600.000
	4.000.000		4.000.000

Gewinn- und Verlustrechnung für das Geschäftsjahr 2007

	EUR
Verschiedene Erträge	10.000.000
Steuern vom Einkommen und vom Ertrag	190.000
übrige Aufwendungen	9.410.000
Jahresüberschuss	400.000

Folgende Vorgänge wurden gewinnmindernd als Aufwendungen gebucht:

	EUR
Vorauszahlungen auf die GewStSchuld des Erhebungs-Zeitraums 2007	50.000
Vorauszahlungen auf die KStSchuld des Veranlagungszeitraums 2007	140.000
Geschenke an Geschäftsfreunde mit Einzelbeträgen von mehr als 35 EUR; insgesamt	3.000
Vergütung an Mitglieder des Aufsichtsrats	14.000
voller Zinsaufwand für ein langfristiges Darlehen	30.000

Die Baltic Advertising GmbH nutzt ein ihr gehörendes Grundstück vollständig für betriebliche Zwecke. Sein Einheitswert auf den 1.1.1994 beträgt 300.000 EUR. Der Gewerbesteuerhebesatz beläuft sich für das Jahr 2007 in der Stadt Kiel auf 430 v.H.

2. Aufgaben

1. Es sind der endgültige Aufwand für GewSt nach der Divisor-Methode und die damit in Zusammenhang stehende Rückstellung für den Jahresabschluss zum 31.12.2007 zu ermitteln. Unter Hinweis auf die Rechtsgrundlagen sind die einzelnen Lösungsschritte knapp zu begründen.

2. Im Anschluss an die Bearbeitung der 1. Aufgabe ist die als Anlage beigefügte Seite 2 der Gewerbesteuererklärung (GewSt 1 A) auszufüllen.

3. Lösungshinweise

	EUR
vorläufiger handelsrechtlicher Jahresüberschuss	400.000
Geschenke an Geschäftsfreunde (§ 4 Abs. 5 Nr. 1 EStG)	3.000
Vergütung an Aufsichtsrat (§ 10 Nr. 4 KStG)	
(14.000 EUR / 2 = 7.000 EUR)	7.000
GewSt-Vorauszahlungen 2007	50.000
KSt-Vorauszahlungen 2007	140.000
vorläufiges zu versteuerndes Einkommen (vor Abzug des Aufwands für GewSt)	600.000
Dauerschuldzinsen (§ 8 Nr. 1 GewStG)	
(30.000 EUR / 2 = 15.000 EUR)	15.000
Summe aus Gewinn und Hinzurechnungen	615.000
Kürzung für Grundbesitz (§ 9 Nr. 1 Satz 1 GewStG;	
§ 121a BewG) 300.000 EUR x 1,4 x 1,2 v.H.	5.040
vorläufiger Gewerbeertrag 2007	609.960
Abrundung	60
abgerundeter vorläufiger Gewerbeertrag 2007	609.900
Steuermessbetrag (609.900 EUR x 5 v.H. = 30.495 EUR)	30.495
vorläufiger Aufwand für GewSt 2007 (30.495 EUR x 430 v.H.)	131.129
Aufwand für GewSt 2007 nach der Divisor-Methode	
131.129 EUR / 1,215	107.925
Vorläufiger Gewerbeertrag	609.960
Aufwand für GewSt 2007	107.925
Abrundung	502.035
Gewerbeertrag	502.000
endgültiger Aufwand für GewSt	
502.000 EUR x 5 v.H. x 430 v.H.	107.930
Vorauszahlungen GewSt 2007	50.000
Rückstellung für GewSt zum 31.12.2007	57.930

4.8 Musterfälle mit Lösungshinweisen

Musterfall 2

1. Sachverhalt

Die Deutsche HeliServices GmbH (DHS) mit Sitz in Paderborn betreibt ein Luftfahrtunternehmen. Sie führt Aufträge zur Personen- und Frachtbeförderung aus. Im Geschäftsjahr 2007 (= Kalenderjahr) erwirtschaftet die Gesellschaft einen vorläufigen Jahresfehlbetrag in Höhe von 10.000 EUR.

Für Zwecke der Steuerberechnung werden die folgenden ergänzenden Informationen zur Verfügung gestellt:

1. Die DHS hat die von ihr eingesetzten Hubschrauber geleast. Rechtlicher und wirtschaftlicher Eigentümer sind zwei Leasinggesellschaften. Eine von ihnen ist in der Republik Irland die andere in Deutschland ansässig. Die Leasingzahlungen an jede der beiden Leasinggesellschaften belaufen sich auf 300.000 EUR im Jahr und wurden als Aufwand gebucht.

2. Für die Inspruchnahme eines langfristigen Fälligkeitsdarlehens fielen Zinsaufwendungen in Höhe von 450.000 EUR an.

3. Die DHS ist alleinige Gesellschafterin der Alpenflugschule GmbH (AFS) mit Sitz in Landeck, Österreich. Die AFS erzielt im Geschäftsjahr 2006 einen Gewinn in Höhe von 200.000 EUR. Im Juni 2007 erfolgte eine vollständige Ausschüttung dieses Gewinns. Bei der DHS wurden dem entsprechend Beteiligungserträge von 200.000 EUR ertragswirksam vereinnahmt.

4. Auf Basis der letzten Veranlagungen wurden für das Geschäftsjahr 2007 Vorauszahlungen zur Körperschaft- und Gewerbesteuer von 80.000 EUR bzw. 70.000 EUR geleistet und als Aufwendungen gebucht.

2. Aufgaben

2.1 Ermitteln Sie bitte für die DHS den auf das Jahr 2006 entfallenden endgültigen Aufwand für Gewerbesteuer. Bei der Berechnung ist die Divisor-Methode anzuwenden. Der Hebesatz für Paderborn beträgt 403 v.H.

2.2 Ferner ist für den Jahresabschluss zum 31.12.2006 die mit der Gewerbesteuer in Zusammenhang stehende Bilanzposition zu ermitteln.

3. Lösungshinweise

	EUR
vorläufiger handelsrechtlicher Jahresfehlbetrag	./. 10.000
GewSt-Vorauszahlungen 2007	70.000
KSt-Vorauszahlungen 2007	80.000
erhaltene Dividenden (§ 8b Abs. 1 KStG)	./. 200.000
fiktive nichtabziehbare Betriebsausgaben (§ 8b Abs. 5 KStG) (200.000 EUR x 0,05)	10.000
steuerlicher Verlust	./. 50.000

	EUR
Übertrag	./. 50.000
Dauerschuldzinsen (§ 8 Nr. 1 GewStG)	
(450.000 EUR / 2)	225.000
Hinzurechnung der vereinnahmten Dividende (§§ 8 Nr. 5 und 9 Nr. 7 GewStG)	0
Hinzurechnung deutsche Leasinggesellschaft (§ 8 Nr. 7 GewStG)	0
Hinzurechnung irische Leasinggesellschaft (EuGH v. 26.10.1999 in: DStR-E 2000, S. 303)	0
Gewerbeertrag	175.000
Steuermessbetrag (175.000 EUR x 0,05)	8.750
vorläufiger Aufwand für GewSt 2007 (8.750 EUR x 4,03)	35.262
Aufwand für GewSt 2007 nach der Divisor-Methode 35.262 EUR / 1,2015	29.348
Vorauszahlungen GewSt 2007	70.000
Forderung Erstattung GewSt zum 31.12.2007	40.652

4.9 Literaturhinweise zu Kapitel 4

Bergemann, Achim; Markl, Richard; Althof, Michael „Die Gewerbesteuer im Lichte des Regierungsentwurfs zur Unternehmensteuerreform 2008" in: DStR, 2007, S. 693 ff.

Cremer, Udo „Berechnung der Rückstellung für Gewerbesteuer 2006" in BBK, Fach 30, Seite 1905 ff.

Jonas, Bernd „Eine Reform der Gewerbesteuer ist überfällig" in: FAZ, Nr. 142, v. 22.6.2006

Knirsch, Deborah; Niemann, Rainer „Aktuelle Vorschläge zur Gewerbesteuerreform - Erfüllen die Reformmodelle die ökonomischen Anforderungen?" in: StuB, 2006, S. 879 ff.

Nacke, Aloys „Verfahren bei der Festsetzung und Erhebung der Gewerbesteuer" in: SteuerStud, 1996, S. 302 ff.

Tetzlaff, Gunnar; Weichhaus, Stefan „Grundlagen der Gewerbesteuer" in: SteuerStud, 2006, S. 576 ff.

Thönnes, Marco „Ermittlung der Gewerbesteuer von Einzelunternehmen und Personengesellschaften" in: SteuerStud, 2002, S. 153 ff.

Zenthöfer, Wolfgang; Leben, Gerd „Körperschaftsteuer und Gewerbesteuer" 13. neu bearbeitete Auflage, Stuttgart 2005

5 Umsatzsteuer

5.1 Charakterisierung der Umsatzsteuer

Die USt zählt formal zu den Verkehrsteuern, da sie an Vorgänge des Rechtsverkehrs anknüpft. Wirtschaftlich handelt es sich jedoch um eine allgemeine Verbrauchsteuer. Mit ihr sollen privater und öffentlicher Endverbrauch belastet werden. Im Kern zielt sie damit vorrangig auf die Besteuerung der Einkommensverwendung ab. Die USt ist eine indirekte Steuer, da der Unternehmer als Steuerschuldner sie nach Möglichkeit auf den Verbraucher überwälzt.

Das Abrechnungssystem der USt erklärt das vereinfachte Beispiel, in dem die Unternehmer P, G und E sowie der private Endverbraucher V mitwirken:

Der Produzent P erstellt ein Erzeugnis, das er zum Netto-Preis von 1.000 EUR zzgl. der USt (19 %) von 190 EUR, also für insgesamt 1.190 EUR an den Großhändler G veräußert. Die in Rechnung gestellte USt von 190 EUR muss P an das Finanzamt abführen. G verkauft die Ware für netto 2.000 EUR zzgl. der USt (19 %) von 380 EUR zum Brutto-Preis von 2.380 EUR an den Einzelhändler E. Gegen seine USt-Schuld aus dem Verkauf an E von 380 EUR verrechnet G die ihm durch P belastete USt von 190 EUR im Wege des sog. Vorsteuerabzugs. Seine Zahllast gegenüber dem Finanzamt beträgt somit 190 EUR (380 ./. 190). E verkauft den Gegenstand für netto 3.000 EUR zzgl. der USt (19 %) von 570 EUR zum Brutto-Preis von 3.570 EUR an den privaten Endverbraucher V. Im Abrechnungsverkehr mit dem Finanzamt verrechnet E seine USt-Schuld von 570 EUR mit der von G an ihn belasteten USt von 380 EUR. Auch für E entsteht damit eine Zahllast von 190 EUR (570 ./. 380). V steht außerhalb der Unternehmerkette und muss deshalb die von E auf ihn überwälzte USt selbst tragen. Der Vorsteuerabzug steht ihm nicht zu. Tabellarisch zusammengefasst ergeben sich folgende Größen:

Unternehmer	Einkaufspreis	Verkaufspreis (netto)	Differenz (=Mehrwert)	USt	Vorsteuer	USt-Zahllast	Zahlungen an das Finanzamt (kumuliert)
	EUR	EUR	EUR	EUR	EUR	EUR	EUR
P	0	1.000	1.000	190	0	190	190
G	1.000	2.000	1.000	380	190	190	380
E	2.000	3.000	1.000	570	380	190	570

Zur Funktionsweise der USt lässt sich hiernach festhalten:

1. Die USt wird bei allen Unternehmern erhoben, die am Produktions- und Absatzprozess mitwirken (Allphasen-Umsatzsteuer),
2. durch den Vorsteuerabzug wird die ansonsten eintretende Kumulationswirkung in der Belastung mit USt vermieden. Er bewirkt eine Neutralisierung der auf vorangegangenen Stufen erhobenen USt. Bei jedem Unternehmer kommt es lediglich zu einer Besteuerung des von ihm hervorgebrachten „Mehrwerts". Daraus leitet sich die Bezeichnung „Mehrwertsteuer" ab,
3. die insgesamt vom Endverbraucher zu tragende USt-Belastung (hier: 570 EUR) wird in Teilbeträgen an das Finanzamt abgeführt. Endgültig kann der Fiskus jedoch erst mit dem Endumsatz über die vereinnahmten Beträge verfügen. Würde E nämlich seine Forderung gegen V nicht realisieren können, hätte er einer Vorsteueranspruch von 380 EUR gegen das Finanzamt, ohne dass dem eine USt-Zahllast gegenüberstünde.
4. Die USt hat keine Auswirkungen auf die Kosten bei den Unternehmern gehabt. Die Gewinne ergeben sich stets als Differenzen zwischen den Verkaufs- und Einkaufspreisen nach ihren Nettowerten.

Rechtsgrundlagen der USt sind das Umsatzsteuergesetz (UStG) sowie die Umsatzsteuer-Durchführungsverordnung (UStDV). Sie werden durch die Verwaltungsanweisung der Umsatzsteuer-Richtlinien 2005 (UStR 2005) ergänzt.

5.2 Problembereiche der Umsatzsteuer

Während bei den Ertragssteuern ein zu versteuerndes Einkommen oder ein Gewerbeertrag ermittelt werden, die Grundlage für die Anwendung eines Steuersatz darstellen, werden für umsatzsteuerliche Zwecke jeweils einzelne Geschäfte („Umsätze") untersucht.

Schematisiert stellen sich die umsatzsteuerlichen Problemfelder mit den sie erschließenden Fragen wie folgt dar:

Steuergegenstand (ist der Umsatz steuerbar, § 1 UStG?)

Steuerbefreiungen (ist der Umsatz möglicherweise steuerbefreit, § 4 UStG?)

Bemessungsgrundlage (wonach bemisst sich die USt, § 10 UStG?)

Steuersatz (§ 12 UStG)

=	(Ausgangs-) Umsatzsteuer
./.	Vorsteuer (= Eingangs-Umsatzsteuer) (ist der Unternehmer zum Vorsteuerabzug berechtigt?)
=	verbleibende Steuerschuld (Zahllast) bzw. Erstattungsanspruch

5.3 Steuergegenstand (§ 1 UStG)

Diese Problemstellungen finden sich in der Inhaltsübersicht des UStG wieder. Der Aufbau des Gesetzes weist eine logische und an der Bearbeitungsweise ustl. Fragen ausgerichtete Struktur auf.

5.3 Steuergegenstand (§ 1 UStG)

5.3.1 Lieferungen und sonstigen Leistungen (§ 1 Abs. 1 Nr. 1 UStG)

Den Steuergegenstand der USt bilden Verkehrsvorgänge, die als Umsätze bezeichnet werden. Dazu zählen als erste Gruppe die Lieferungen und sonstigen Leistungen. Dazu nachrangige Ergänzungstatbestände sind die „unentgeltlichen Wertabgaben". Hinzu kommen die Einfuhr von Gegenständen aus dem Drittlandsgebiet und der innergemeinschaftlicher Erwerb (vgl. S. 91 f.).

Steuerbare Umsätze			
Lieferung, § 1 Abs. 1 Nr. 1 UStG	sonstige Leistung, § 1 Abs. 1 Nr. 1 UStG	Einfuhr aus Drittland, § 1 Abs. 1 Nr. 4 UStG	innergemeinschaftlicher Erwerb, §§ 1 Abs.1 Nr. 5, 1a UStG
Ergänzungstatbestände (unentgeltliche Wertabgaben)			
Unentgeltliche Lieferungen § 3 Abs. 1b UStG	Unentgeltliche sonstige Leistungen § 3 Abs. 9a UStG		

Zur steuerlichen Erfassung (Steuerbarkeit) der Umsätze kommt es nur, wenn sämtliche der in § 1 UStG aufgeführten Tatbestandsmerkmale erfüllt sind. Gemeinsame Merkmale gelten für Lieferungen und sonstige Leistungen: Sie müssen von einem Unternehmer, im Rahmen seines Unternehmens gegen Entgelt im Inland vorgenommen worden sein, um der USt zu unterliegen.

Den Unternehmer kennzeichnet es, dass er selbständig eine wirtschaftliche Tätigkeit ausübt, mit der nachhaltig Einnahmen erwirtschaftet werden sollen (§ 2 Abs. 1 Satz 1 UStG). Die erforderliche Nachhaltigkeit einer gewerblichen oder beruflichen Tätigkeit ist gegeben, wenn sie als planmäßiges Handeln erfolgt und sich wie das Verhalten eines Händlers am Markt darstellt.

Beispiele: selbständiger Einzelhändler, selbständiger Freiberufler, gewerbliches Unternehmen in der Rechtsform einer GmbH u.a.

Ein Unternehmer kann mehrere Betriebe unterhalten oder freiberufliche Tätigkeiten ausüben. In umsatzsteuerlicher Betrachtung bilden sie jedoch ein einheitliches Unternehmen (Grundsatz der Unternehmenseinheit nach § 2 Abs. 1 Satz 2 UStG). Zwischen den einzelnen Betrieben erfolgende Transaktionen stellen als sog. Innenumsätze keine steuerbaren Umsätze dar. Steuerbare Umsätze können erst vorliegen, wenn Leistungen gegenüber einem anderen Beteiligten erbracht werden, der außerhalb des Unternehmens steht. Für das gesamte Unternehmen sind alle Umsätze zusammen zurechnen und in einer einheitlichen Umsatzsteuervoranmeldung oder -jahreserklärung zu deklarieren.

Das UStG soll nur den unternehmerischen Bereich des Unternehmers erfassen. Aktivitäten, die nicht im Rahmens des Unternehmens durchgeführt werden, lösen keine USt aus.

Beispiel: Ein Rechtanwalt gibt seinen alten Fernseher beim Kauf eines neuen Modells in Zahlung. Dieser Verkauf stellt keinen umsatzsteuerbaren Vorgang dar, da die Rückgabe des Gebrauchtfernsehers nicht den unternehmerischen Bereich des Rechtsanwaltes betrifft. Vielmehr handelt der Rechtsanwalt wie jeder andere Nichtunternehmer im Rahmen seiner Privatsphäre.

Als entgeltlich gilt ein Vorgang, wenn er zwischen zwei (unterschiedlichen) Beteiligten abgewickelt wird, wobei sich die Leistung des Unternehmers und die Gegenleistung wechselseitig bedingen. An der Entgeltlichkeit fehlt es z.B. bei Erbschaften, Schenkungen und echtem Schadensersatz.

Der deutschen USt unterliegen nur die im Inland ausgeführten Leistungen. Aus umsatzsteuerlicher Sicht werden das Inland, das übrige Gemeinschaftsgebiet (die anderen EU-Staaten) sowie Drittländer unterschieden. Zum Inland gehört das Hoheitsgebiet der Bundesrepublik Deutschland abzüglich bestimmter Sondergebiete wie z.B. Freihäfen, Insel Helgoland u.a. (§ 1 Abs. 2 UStG).

Nach Klärung der den beiden Leistungsarten gemeinsamen Tatbestandsmerkmale müssen nun die Lieferungen von den sonstigen Leistungen unterschieden werden. Ustl. Auswirkungen hat der Unterschied zwischen ihnen hinsichtlich des Ortes der Leistung, bei Steuerbefreiungsvorschriften und teilweise bei den Steuersätzen.

Lieferungen bestehen in der „Verschaffung der Verfügungsmacht an einem Gegenstand" (§ 3 Abs. 1 UStG). Regelmäßig geschieht das durch die Übertragung des Eigentums. Bei beweglichen Gegenständen also mittels Einigung und Übergabe bzw. durch Übergabesurrogate. Aber auch die Einräumung des bloßen wirtschaftlichen Eigentums ohne Übergang des rechtlichen stellt eine Lieferung dar (z.B. Verkauf unter Eigentumsvorbehalt).

Der Ort der Lieferung ist abhängig davon, ob der Gegenstand bei der Lieferung bewegt wird, d.h. entweder befördert oder versendet wird (§ 3 Abs. 6 UStG). Typische Beförderungsfälle liegen vor, wenn der Unternehmer die Ware entweder persönlich zum Abnehmer bringt oder sie durch einen Mitarbeiter dorthin bringen lässt. Gleiches gilt bei persönlicher Abholung durch den Abnehmer oder dessen Mitarbeiter. Versendungen liegen vor, wenn Abnehmer oder Lieferer den Transport durch einen selbständigen Beauftragten ausführen lassen (§ 3 Abs. 6 Satz 3 UStG). Im Falle bewegter Lieferungen ist der Ort des Beginns der Beförderung oder Versendung maßgeblich (§ 3 Abs. 6 Satz 1 UStG).

Beispiel:

Ein Maschinenhersteller in Würzburg verkauft eine Werkzeugmaschine an einen Abnehmer in Basel. Der Verkäufer lässt den Transport durch einen selbständigen Spediteur ausführen, der die Maschine vom Firmengelände in

5.3 Steuergegenstand (§ 1 UStG)

Würzburg abholt. Bei diesem Versendungskauf ist der Ort der Lieferung dort, wo die Versendung beginnt (§ 3 Abs. 6 S. 1 UStG). Die Versendung beginnt gem. § 3 Abs. 6 S. 4 UStG mit der Übergabe der Sache an den selbständigen Spediteur, d. h. in Würzburg. Obwohl die Maschine in die Schweiz verkauft wird, ist der Ort der Lieferung durch § 3 Abs. 6 UStG ins Inland „vorverlegt", so dass es sich um einen steuerbaren Umsatz handelt.

Wird der zu liefernde Gegenstand nicht bewegt, wie das bei Übergabesurrogaten möglich ist, oder bei der Lieferung von Grundstücken den Regelfall darstellt, kommt es darauf an, wo sich der Gegenstand zum Zeitpunkt der Verschaffung der Verfügungsmacht befindet (§ 3 Abs. 7 UStG). Anwendungsfälle liegen in der Vereinbarung eines Besitzkonstituts (§ 930 BGB) oder der Abtretung des Herausgabeanspruchs (§ 931 BGB). In gleicher Weise wird der Eigentumsübergang mittels Übergabe von sog. Traditionspapieren (z.B. Lagerschein, Konossement) behandelt.

Abzustellen ist dabei auf den Übergang des rechtlichen, ersatzweise des wirtschaftlichen Eigentums.

Beispiel:

V und K mit jeweiligem Geschäftssitz in Frankfurt am Main einigen sich über den Verkauf einer Partie Pelze, welche in einem Lagerhaus in Hamburg eingelagert ist. Die Traditionspapiere werden von V an K übergeben. Gem. § 3 Abs. 7 UStG ist der Ort der Lieferung dort, wo sich die Ware zur Zeit des Eigentumsübergangs, also bei Übergabe der Traditionspapiere befindet. Das ist Hamburg.

Typische Anwendungsfälle der sonstigen Leistungen sind Dienstleistungen wie sie von Steuerberatern, Rechtsanwälten, Ärzten, Werbeagenturen u.a. erbracht werden. Ebenso zählen zu ihnen Vermietungsleistungen, Beförderungsleistungen (z.B. durch die Deutsche Bahn AG), Vermittlungsleistungen (z.B. durch Handelsvertreter) und die Darlehensgewährung. Grundsätzlich bestimmt sich der Ort der Ausführung von sonstigen Leistungen nach dem „Unternehmersitzprinzip". Sie erfolgt dort, wo der leistende Unternehmer sein Unternehmen betreibt bzw., wo sich seine leistende Betriebsstätte befindet (§ 3a Abs. 1 UStG). Durch ein differenziertes System von Sonderregelungen wird allerdings vielfach ein davon abweichender Leistungsort festgelegt. Für die Lösung praktischer Fälle empfiehlt sich als Reihenfolge der Arbeitsschritte:

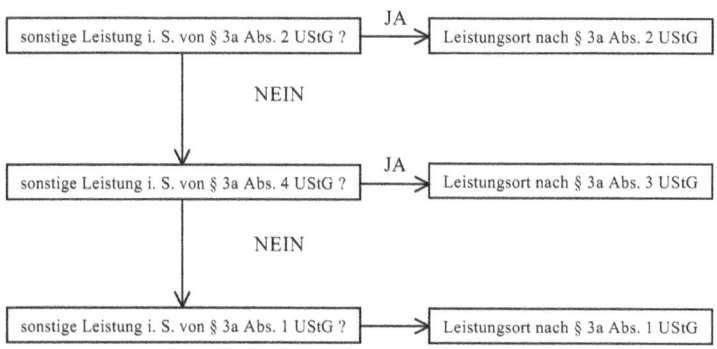

Abweichungen von der Grundnorm ergeben sich z.B. für die von einem Steuerberater gegenüber einem anderen Unternehmer erbrachten berufstypischen Leistungen. Sofern sie für das Unternehmen des Leistungsempfängers erbracht werden, wird die sonstige Leistung dort ausgeführt, wo der Empfänger sein Unternehmen betreibt („Empfängersitzprinzip"). Das kann bei ausländischen Mandanten zu der Konsequenz führen, dass der Vorgang in Deutschland nicht steuerbar ist.

5.3.2 Unentgeltliche Wertabgaben (§ 3 Abs. 1b, Abs. 9a UStG)

Sofern der Unternehmer Leistungen für sein Unternehmen bezieht, steht ihm dafür grundsätzlich der Vorsteuerabzug zu. Verwendet er jedoch anschließend diese Leistungen für außerunternehmerische (private) Zwecke, muss er umsatzsteuerlich wie jeder andere Endverbraucher behandelt werden; d.h. die Waren oder Leistungen, die er für sich selbst entnimmt, müssen mit Umsatzsteuer belastet werden. Ansonsten entstünde eine Besteuerungslücke. Das zu verhindern ist die Aufgabe der o.g. Ergänzungstatbestände.

Bei der Gegenstandsentnahme (§ 3 Abs. 1 b Nr. 1 UStG) erfolgt die willentliche Entnahme von Gegenständen durch den Unternehmer aus dem Unternehmensbereich für außerunternehmerische Zwecke. Das geschieht z.B. bei einem Einzelhändler, der seinem Geschäft Waren zur privaten Nutzung oder den eigenen Konsum entnimmt. Dem gleich gestellt sind die unentgeltliche Zuwendung von Gegenständen an Mitarbeiter für deren privaten Bedarf sowie die unentgeltliche Zuwendung von Gegenständen für Zwecke der Unternehmens. Voraussetzung für die Steuerbarkeit der unentgeltlichen Abgabe ist es, dass die Gegenstände zum Vorsteuerabzug berechtigt haben (§ 3 Abs. 1b Satz 2 UStG). Der Leistungsort befindet sich dort, wo der Unternehmer sein Unternehmen betreibt (§ 3f UStG). Grundsätzlich kommen bei Entnahme und Zuwendungen von Gegenständen die Steuerbefreiungen nach § 4 UStG in Betracht.

Für außerunternehmerische Belange kann der Unternehmer ferner Gegenstände nutzen, die zum Unternehmensvermögen gehören, oder sonstige Leistungen durch seinen Betrieb vornehmen lassen (§ 3 Abs. 9a UStG). Zu denken ist hier an einen Rechtsanwalt, der einen ihn privat betreffenden Prozess über seine Kanzlei führt oder den Inhaber einer Kfz-Werkstatt, der im eigenen Betrieb den PKW seiner Ehefrau reparieren lässt. Der Leistungsort bestimmt sich wiederum nach dem Sitzort des Unternehmers (§ 3f UStG). Steuerbefreiungsvorschriften sind prinzipiell anwendbar.

5.3.3 Einfuhr (§ 1 Abs. 1 Nr. 4 UStG)

Weiterhin unterliegt die Einfuhr von Gegenständen im Inland der USt in Form der Einfuhrumsatzsteuer (EUSt). Dazu bedarf es einer tatsächlichen Warenbewegung aus dem Drittlandsgebiet in das Inland. Mit dem Tatbestand der Einfuhr soll verhindert werden, dass ausländische Waren aus einem Drittland unversteuert an den inländischen Letztverbraucher gelangen. Die Einfuhrumsatzsteuer bewirkt, dass Auslands- und Inlandswaren gleichmäßig mit USt belastet werden. Ihre Verwaltung erfolgt durch die Zollbehörden (Hauptzollämter). Für die entrichtete ESt steht dem Unternehmer ggf. der Vorsteuerabzug zu (§ 15 Abs. 1 S. 1 Nr. 2 UStG).

Als bewegte Lieferung weist die Einfuhr regelmäßig einen Lieferort außerhalb des Inlands auf (§ 3 Abs. 6 UStG). Über die Sonderregelung nach § 3 Abs. 8 UStG wird der Lieferort allerdings in das Inland verlegt. Sofern nämlich der Lieferer oder sein Beauftragter Schuldner der EUSt ist, gilt die Lieferung als im Inland ausgeführt. Maßgeblich dafür sind die Lieferbedingungen. Wurde z.B. „verzollt und versteuert" geliefert, tritt der Lieferer als Zollbeteiligter auf und schuldet die EUSt. Die Regelung bezweckt die Absicherung der EUSt auf den vollen Wert der Lieferung und verwaltungstechnische Erleichterungen.

Beispiele für die Anwendung der Verlagerung des Lieferorts in das Inland finden sich in A 31 UStR.

5.4 Steuerbefreiungen (§§ 4, 4b, 5 UStG)

Wenn alle Tatbestandsmerkmale dafür erfüllt sind, dass ein Umsatz der USt unterliegt, spricht man davon, dass er steuerbar ist. Ob es allerdings zu seiner steuerlichen Erfassung kommt, ist vom Vorliegen einer Steuerbefreiung abhängig. Steuerbefreiungsvorschriften sind vorrangig aus wirtschafts-, sozial- und kulturpolitischen Gründen eingeführt worden. In engem Zusammenhang mit der Steuerbefreiung der Ausgangsumsätze steht der Vorsteuerabzug für die empfangenen Leistungen. Entsprechend sind Steuerbefreiungen der Ausgangsumsätze zu unterscheiden bei denen:

- der Vorsteuerabzug zulässig ist,
- der Vorsteuerabzug durchgängig ausgeschlossen ist,
- der Vorsteuerabzug zwar zunächst ausgeschlossen ist, es dem leistenden Unternehmer jedoch offen steht, auf die Steuerbefreiung zu verzichten (Option für die Umsatzbesteuerung nach § 9 UStG).

Zur ersten Gruppe zählen vor allem die Befreiungen für Exporte und damit verbundene Leistungen in Drittländer sowie innergemeinschaftliche Lieferungen. Sie unterliegen nach dem Bestimmungslandprinzip bei der Einfuhr der USt des importierenden Staates. Um die Exportfähigkeit der inländischen Unternehmen zu erhalten, muss hier eine doppelte Belastung mit USt vermieden werden. Für die Erstellung der exportierten Leistungen steht dem Unternehmer deshalb der Vorsteuerabzug zu, während seine Exportleistung gleichzeitig steuerbefreit ist.

Wichtige Steuerbefreiungen der zweiten Gruppe beziehen sich auf rein inländische Sachverhalte wie z.B. heilberufliche (z.B. ärztliche), soziale und kulturelle (z.B. Theater, Orchester) sowie Schul- und Bildungszwecken dienende (z.B. Privatschulen) Leistungen.

Zur dritten Gruppe zählen die wirtschaftlich bedeutsamen Umsätze nach dem Grunderwerbsteuergesetz, im Geld- und Kreditverkehr sowie Vermietungs- und Verpachtungsumsätze, wenn sie gegenüber einem anderen Unternehmer erbracht werden. Vorteilhaft kann der Verzicht auf eine Steuerbefreiung sein, wenn es dadurch gelingt, Vorsteuern geltend zu machen, deren Abzug ansonsten versagt wäre.

Beispiel:

Der Unternehmer V lässt auf seinem Grundstück ein Gebäude errichten. Die Herstellungskosten betragen 4,0 Mio. EUR zzgl. 760.000 EUR USt (19 %). Ab Fertigstellung vermietet V die Räume an andere Unternehmer für unternehmerische und steuerpflichtige Zwecke. V verzichtet nun auf die Steuerfreiheit seiner Vermietungsumsätze. Die Mieteinnahmen belaufen sich auf 20.000 EUR (netto) pro Monat zzgl. der darauf anfallenden USt von 3.800 EUR (19 %). Durch die Option für die Besteuerung erlangt V den Vorsteuerabzug und erhält vom Finanzamt die auf den Herstellungskosten lastende USt von 760.000 EUR erstattet. Seine Mieter haben keinen Nachteil daraus, dass V die Vermietungsumsätze der USt unterwirft, da ihnen genau wie V der Vorsteuerabzug zusteht.

5.5 Bemessungsgrundlage (§ 10 UStG)

Die vom Unternehmer auf seine Umsätze geschuldete USt ergibt sich durch Multiplikation der Bemessungsgrundlage mit dem Steuersatz. Für die wichtigsten Umsätze gelten die folgenden Bemessungsgrundlagen:

Art des Umsatzes	Bemessungsgrundlage
Lieferungen und sonstige Leistungen; innergemeinschaftlicher Erwerb	Entgelt (§ 10 Abs. 1 UStG)
unentgeltliche Lieferung	Einkaufspreis oder Selbstkosten (§ 10 Abs. 4 Nr. 1 UStG)
unentgeltliche Dienstleistungen	entstandene Ausgaben (§ 10 Abs. 4 Nr. 2 UStG)

Entgelt ist die Summe aller Aufwendungen, die der Leistungsempfänger tatsächlich tätigt, um die Leistung zu erhalten, jedoch abzüglich der USt. Zahlt ein Mandant also an einen Rechtsanwalt ein Beratungshonorar von insgesamt 4.760 EUR, so beträgt das ustl. Entgelt 4.000 EUR (4.760 EUR / 1,19 = 4.000 EUR).

Bei den unterschiedlichen unentgeltlichen Wertabgaben fehlt es an einem Entgelt. Als Ersatzbemessungsgrundlagen dienen der Wiederbeschaffungspreis im Entnahmezeitpunkt bzw. die Selbstkosten bei eigener Herstellung. Der Leistungseigenverbrauch wird anhand der Ausgaben, die er verursacht hat, bewertet. Aus der Berechnungsbasis sind dabei diejenigen Kosten auszuscheiden, bei denen der Vorsteuerabzug nicht möglich war.

Mit Hilfe einer Mindestbemessungsgrundlage werden ungerechtfertigte Steuervorteile bei verbilligten Leistungen des Unternehmers an Gesellschafter bzw. ihm nahe stehende Personen verhindert (§ 10 Abs. 5 UStG).

5.6 Steuersätze (§ 12 UStG)

Im UStG werden zwei Steuersätze unterschieden. Der Regelsteuersatz von 19 v.H. (seit 1.1.2007) auf die Bemessungsgrundlage ist zu verwenden, solange nicht der ermäßigte Satz von 7 v.H. zur Anwendung kommt. Die niedrigere Besteuerung erfolgt aus wirtschafts- und sozialpolitischen Gründen im wesentlichen bei land- und forstwirtschaftlichen Erzeugnissen, Lebensmitteln (außer Verzehr an Ort und Stelle), Verlagserzeugnissen (z.B. Bücher, Zeitschriften) sowie Kunstgegenständen und Sammlungen (§ 12 Abs. 2 UStG). In der Anlage 2 zum UStG sind die Gegenstände, deren Lieferung, Einfuhr, innergemeinschaftlicher Erwerb bzw. deren Vermietung dem ermäßigten Steuersatz unterliegen, aufgeführt.

5.7 Erteilung einer Rechnung (§§ 14, 14a UStG)

Über die von ihm erbrachten Leistungen muss der Unternehmer - zumindest wenn er an andere Unternehmer für deren unternehmerische Zwecke leistet - eine Rechnung ausstellen. Das gilt auch für bestimmte Leistungen gegenüber privaten Endverbrauchern (§ 14 Abs. 2 Nr. 1 UStG). Diese Rechnung ist für den Leistungsempfänger eine der Voraussetzungen, um den Vorsteuerabzug in Anspruch nehmen zu können. Es ist im einzelnen geregelt, welche Angaben eine Rechnung zu enthalten hat (§ 14 Abs. 4 UStG). Vereinfachungsmöglichkeiten bestehen für sog. Kleinbetragsrechnungen (Gesamtrechnungsbetrag incl. USt bis 150 EUR). Hier reicht es z.B. aus, wenn statt des Steuerbetrags der angewendete Steuersatz angegeben wird (§ 33 UStDV).

Rechnungen können in unterschiedlicher Form erstellt werden. Neben der ursprünglichen Schriftform kommen die Übermittlung auf elektronischem Weg oder der elektronische Datenaustausch (EDI) in Betracht. Elektronische Rechnungen z.B. in Form von E-Mails müssen durch qualifizierte elektronische Signatur bzw. eine solche mit Anbieter-Akkreditierung abgesichert sein (§ 14 Abs. 3 UStG).

Erweiterten Anforderungen haben Rechnungen über innergemeinschaftliche Warenlieferungen zu genügen (§ 14a UStG).

5.8 Vorsteuerabzug (§ 15 UStG)

5.8.1 Abzugsfähigkeit der Vorsteuer

Der Vorsteuerabzug gibt dem Leistungsempfänger die Möglichkeit, die ihm für bezogene Leistungen von anderen Unternehmern in Rechnung gestellte Umsatzsteuer als Vorsteuer abzuziehen (§ 15 Abs. 1 Nr. 1 UStG). Mit dem Vorsteuerabzug soll die Kostenneutralität der Umsatzsteuer innerhalb der Unternehmerkette bewirkt werden. Der Abzug der Vorsteuer beim Leistungsempfänger bestimmt sich in einem mehrstufigen Schema. Die einzelnen Schritte sind auf S. 84 aufgeführt.

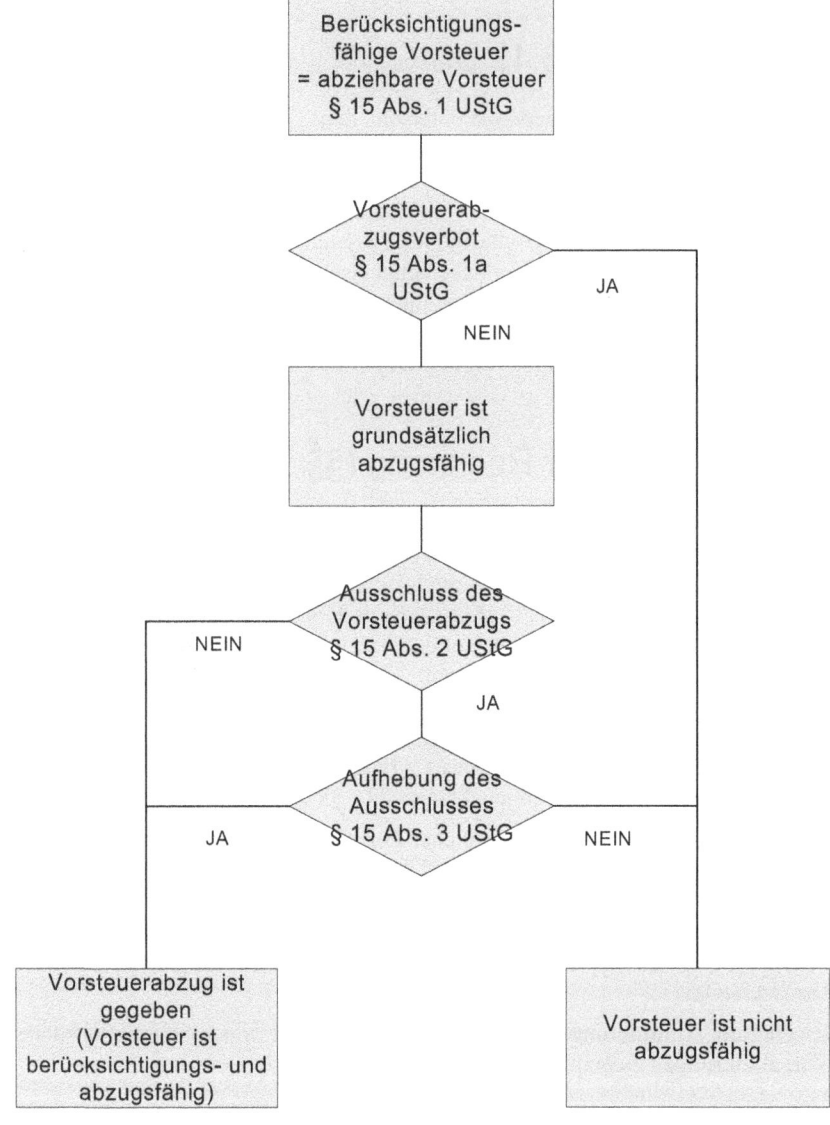

Als berücksichtigungsfähig und damit abziehbar gilt die Vorsteuer, wenn folgende Voraussetzungen erfüllt sind: Die Leistung muss von einem Unternehmer für das Unternehmen des Leistungsempfängers ausgeführt worden sein. Seine Berechtigung zum Vorsteuerabzug muss der Leistungsempfänger durch Vorlage der Rechnung i.S. des § 14 UStG nachweisen.

Hinsichtlich des Merkmals eines Leistungsbezugs für das Unternehmen sind Leistungen, die gleichzeitig unternehmerische wie nichtunternehmerische Bezüge aufweisen, klärungsbedürftig. Bei der Lieferung vertretbarer Sachen und sonstigen Leistungen erfolgt eine sofortige Aufteilung des Vorsteuerbetrags in einen nichtabziehbaren und einen abziehbaren Anteil (A 192 Abs. 21 Nr. 1

5.8 Vorsteuerabzug (§ 15 UStG)

UStR). Für einheitliche Gegenstände steht dem Unternehmer ein Wahlrecht zu. Er kann sie gänzlich oder teilweise dem Unternehmensvermögen oder insgesamt seinem nichtunternehmerischen Bereich zuordnen. In der Ausübung des Wahlrechts besteht keine Bindung an die ertragsteuerliche Behandlung als Betriebs- oder Privatvermögen. Aus der Zuordnung ergeben sich umsatzsteuerliche Konsequenzen für den Vorsteuerabzug und eine spätere Veräußerung des Gegenstands sowie die Entnahme und Nutzung für unternehmensfremde Zwecke. Einzelheiten dazu sind in A 192 Abs. 21 Nr. 2 UStR aufgeführt.

Trotz zunächst gegebener Abziehbarkeit der Vorsteuer kann ein Abzugsverbot zur Versagung des Vorsteuerabzugs führen (§ 15 Abs. 1a UStG). Derartige Abzugsverbote beziehen sich vorrangig auf Aufwendungen, deren Abzug als Betriebsausgabe durch einkommensteuerliche Vorschriften versagt ist.

Nach Durchlaufen der ersten beiden Prüfungsschritte gilt die Vorsteuer als grundsätzlich abzugsfähig. Zum Ausschluss des Vorsteuerabzugs kann es jetzt in Zusammenhang mit Steuerbefreiungen der Ausgangsleistungen kommen. Sofern nämlich die Vorsteuer auf Leistungsbezügen lastet, ist ihr Abzug ausgeschlossen, wenn diese Eingangsleistungen dazu dienen, steuerfreie Umsätze zu erbringen (§ 15 Abs. 2 UStG). Folglich steht einem niedergelassenen Arzt, der steuerbefreite ärztliche Leistungen erbringt (§ 4 Nr. 14 UStG) der Vorsteuerabzug beim Erwerb eines Röntgengeräts nicht zu.

Für eine Reihe genau bestimmter Fälle wird der nach § 15 Abs. 2 UStG eintretende Ausschluss des Vorsteuerabzugs wieder aufgehoben (§ 15 Abs. 3 UStG). Das gilt z.B. für Ausfuhrlieferungen sowie innergemeinschaftliche Lieferungen, um die Konkurrenzfähigkeit der deutschen Erzeugnisse zu erhalten.

Die VoSt ist in dem Voranmeldungszeitraum geltend zu machen, in dem erstmals sämtliche Voraussetzungen des Vorsteuerabzugs gegeben sind. Technisch geschieht das innerhalb der USt-Voranmeldung durch Verrechnung mit der USt-Schuld.

5.8.2 Aufteilung und Berichtigung des Vorsteuerabzugs

Nicht in allen Fällen sind die Eingangsumsätze ausschließlich mit solchen Ausgangsumsätzen verbunden, die entweder zum Vorsteuerabzug berechtigen oder ihn versagen. Vielmehr sind Leistungsbezüge vorzufinden, die mit beiden Arten von Umsätzen in Verbindung stehen. Dann bedarf es der Aufteilung von Vorsteuerbeträgen. Dadurch wird die Vorsteuer teilweise abzugsfähig, teilweise ist ihr Abzug versagt (§ 15 Abs. 4 UStG). Zur Aufteilung bedarf es einer sachgerechten Schätzung, die anhand geeigneter Maßstäbe vorzunehmen ist. Sinnvolle Aufteilungsschlüssel lassen sich z.B. aus der betrieblichen Kostenrechnung ableiten. Bei Gebäuden kommt eine Aufteilung der Vorsteuern nach dem Verhältnis der Nutzflächen (A 208 Abs. 2 UStR) oder der Ausgangsumsätze in Betracht.

Beispiel:

Die Eheleute G. und E. Prudent lassen auf einem ihnen bereits gehörenden Grundstück in der Innenstadt von Einbeck durch einen Bauträger ein Gebäude errichten. Es umfasst drei gleich große Wohnungen. Der Werklohn für die Errichtung des Gebäudes beläuft sich auf 535.500 EUR. Darin ist die gesetzliche Umsatzsteuer (19 %) von 85.500 EUR enthalten. Das Gebäude ist zum 1.10.2007 bezugsfertig geworden.

Die Wohnung im Erdgeschoss wird an einen Orthopäden vermietet, der dort seine Praxis betreibt. Das erste Stockwerk bezieht ein Rechtsanwalt mit seiner Kanzlei. Die im zweiten Stock gelegene Wohnung mietet eine Lehrer mit seiner Familie für eigene Wohnzwecke. Alle Mietverhältnisse beginnen zum 1.10.2007.

Nach Option für die Umsatzbesteuerung der Vermietung an den Rechtsanwalt (§ 9 UStG) können die Eheleute Prudent die anteilig auf die Vermietung dieser Wohnung angefallene Vorsteuer geltend machen. In Aufteilung nach dem Verhältnis der Nutzflächen entspricht das einem Drittel und damit einem Betrag von 28.500 EUR. Ein weiter gehender Vorsteuerabzug ist ausgeschlossen.

Über den Vorsteuerabzug ist im Zeitpunkt des Leistungsbezugs abschließend zu entscheiden.

Sofern sich die Bedingungen für den Vorsteuerabzug bei Gegenständen des Anlagevermögens in der Folgezeit ändern, käme es zu einem unzutreffenden Vorsteuerabzug. Das kann sich zu Gunsten wie zu Ungunsten des Steuerpflichtigen auswirken. Über eine Berichtigung erfolgt in derartigen Fällen eine Anpassung des Vorsteuerabzugs an die veränderten Verhältnisse (§ 15a UStG). Korrekturen erfolgen lediglich während des Berichtigungszeitraums, der bei Gebäuden 10 Jahre und bei anderen Wirtschaftsgütern max. 5 Jahre umfasst.

Beispiel:

Im vorangegangenen Beispiel zieht der Lehrer am 31.12.2008 aus der Wohnung im Hause der Eheleute Prudent aus. Ab dem 1.1.2009 wird die Wohnung als Büro an einen Immobilienmakler unter Verzicht auf die Steuerbefreiung nach § 4 Nr. 12 Buchst. a UStG vermietet.

Hier liegt eine Änderung der für den Vorsteuerabzug maßgeblichen Verhältnisse während des Berichtigungszeitraums vor. Den Eheleuten Prudent steht ab dem 1.1.2009 auf Grund der auf zwei Drittel der Nutzfläche erweiterten steuerpflichtigen Vermietung ein entsprechend erhöhter Vorsteuerabzug zu. Die notwendige Vorsteuerkorrektur beläuft sich für das Jahr 2009 auf 2.850 EUR (jahresbezogener Vorsteuerbetrag: 85.500 EUR / 10 = 8.550 EUR. Anstieg der zum Vorsteuerabzug berechtigenden Vermietung von 1/3 auf 2/3 von 2.850 EUR auf 5.700 EUR).

Die notwendige Berichtigung des Vorsteuerabzugs in Höhe von 2.850 EUR ist in die Voranmeldung vorzunehmen, die für den Monat Januar 2009 erstellt wird (A 214 Abs. 1 UStR).

5.9 Besteuerungsverfahren

5.9.1 Grundzüge des Verfahrens

Die USt ist eine Veranlagungssteuer. Im Unterschied etwa zur ESt gilt bei ihr das Prinzip der Selbstveranlagung. Der Unternehmer muss nach Ablauf des Kalenderjahrs (= Veranlagungszeitraum) eine Jahreserklärung abgeben. Darin errechnet er aufgrund der getätigten Umsätze sowie der angefallenen Vorsteuern die Steuerschuld bzw. den Erstattungsanspruch.

Durch die sog. USt-Voranmeldung wird die ansonsten jahresbezogene Besteuerung in zeitlicher Hinsicht ergänzt. Im Rhythmus der Voranmeldungszeiträume (i.d.R. der Kalendermonat) sind USt-Voranmeldungen beim Finanzamt einzureichen (§ 18 UStG). Analog zur Jahreserklärung wird in ihnen die monatliche Zahllast errechnet, die durch Vorauszahlungen zu tilgen ist.

Hierfür gilt es zu klären, wann die USt entstanden ist, um sie dem richtigen Voranmeldungszeitraum zuordnen zu können. Zu unterscheiden ist dafür zwischen den Besteuerungsarten der Soll- und Ist-Besteuerung. In der gewerblichen Wirtschaft erfolgt die Besteuerung i.d.R. als sog. Soll-Besteuerung nach den vereinbarten Entgelten (§ 16 Abs. 1 UStG). Dabei entsteht die USt für Leistungen mit Ablauf des Voranmeldungszeitraums, in dem sie erbracht wurden (§ 13 Abs. 1 Nr. 1 Buchst. a UStG). Unabhängig vom Zahlungseingang seitens des Kunden muss der leistende Unternehmer die USt ggf. vorfinanzieren.

Beispiel:

Fliesenlegermeister F hat Ende Mai eine Baustelle abgeschlossen und dem Bauherrn die Rechnung über 11.900 EUR übersendet. In der USt-Voranmeldung für den Monat Mai muss F den Umsatz anmelden und 1.900 EUR Umsatzsteuer an das Finanzamt abführen. Die Zahlungspflicht besteht unabhängig davon, wann er die Rechnung erstellt und sein Kunde bezahlt.

Das Prinzip der Sollbesteuerung wird allerdings bei Anzahlungen durchbrochen. Hier entsteht die Umsatzsteuer mit Ablauf des Voranmeldungszeitraums, in dem das Entgelt vereinnahmt wurde (§ 13 Abs. 1 Br. 1 Buchst. a S. 4 UStG).

Beispiel:

Bauunternehmer B hat es übernommen, für den Auftraggeber A ein Gebäude zu errichten. Nach Fertigstellung des Kellers ist eine Abschlagszahlung vereinbart. B erstellt die Anforderung der Abschlagszahlung über 20.000 EUR zuzüglich der USt (19 %) von 3.800 EUR unter dem Datum vom 28.9.2007. A zahlt den Gesamtbetrag von 23.800 EUR am 16.10.2007.

Die USt für die erhaltene Anzahlung entsteht im Oktober 2007. B muss sie in seiner Voranmeldung für den Oktober 2007 erklären und schuldet aus dem Vorgang den Betrag von 3.800 EUR an USt.

Bei der Ist-Besteuerung, die auf vereinnahmten Entgelten beruht, entsteht die USt mit Ablauf des Voranmeldungszeitraums, in dem das Entgelt vereinnahmt wurde (§ 13 Abs. 1 Nr. 1 Buchst. b UStG). Dieses Verfahren ist für kleinere Gewerbetreibende und alle Freiberufler anwendbar (§ 20 UStG).

Die USt-Voranmeldung ist bis zum 10. Tag nach Ablauf des Voranmeldungszeitraums abzugeben (§ 18 Abs. 1 S. 1 UStG). Ebenfalls zu diesem Termin sind die ermittelten Vorauszahlungen zu leisten (§ 18 Abs. 1 S. 3 UStG). Eine Dauerfristverlängerung um einen Monat ist bei Entrichtung einer Sondervorauszahlung möglich (§§ 46 bis 48 UStDV). Sie beläuft sich auf 1/11 der Summe der Vorauszahlungen für das Vorjahr. Die Sondervorauszahlung wird mit Vorauszahlung für den Dezember eines Jahres verrechnet.

USt-Voranmeldungen und Jahreserklärung sind formal Steueranmeldungen mit dem Charakter von Steuererklärungen (§§ 150 Abs. 1, 168 AO). Der Steuerfestsetzung durch Steuerbescheid bedarf es nur, wenn das Finanzamt von den Steueranmeldungen abweichen will. Steueranmeldungen im Bereich der USt sind auf elektronischem Weg zu übermitteln. Seitens der Finanzverwaltung wird die dafür erforderliche Software zur Verfügung gestellt.

5.9.2 Kleinunternehmer (§ 19 UStG)

Das UStG erlegt dem Unternehmer weitgehende Pflichten auf. Der daraus resultierende Verwaltungsaufwand ist jedoch nur bei Unternehmen einer gewissen Größe gerechtfertigt. Daher ist der sog. Kleinunternehmer von der Umsatzsteuer entbunden. Derjenige Unternehmer, dessen Umsatz im Vorjahr geringer als 17.500 EUR war und der im laufenden Jahr wahrscheinlich weniger als 50.000 EUR erzielen wird, gilt als Kleinunternehmer (§ 19 Abs. 1 UStG). Sollte sich die Umsatzschätzung für den laufenden Zeitraum als falsch erweisen, bleibt es für das laufende Jahr dennoch bei der Kleinunternehmerregelung (A 246 Abs. 3 UStR). Die Regelung betrifft z.B. Existenzgründer, deren Geschäftsvolumen noch sehr gering ist oder Personen, die nebenberuflich einer selbständigen Tätigkeit nachgehen. Der Kleinunternehmer wird umsatzsteuerlich wie ein Nichtunternehmer behandelt. Er braucht auf seine Lieferungen und Leistungen keine USt abzuführen, darf aber auch keinen Vorsteuerabzug geltend machen und ist nicht zum gesonderten USt-Ausweis in Rechnungen berechtigt. Er unterliegt nicht dem Voranmeldungsverfahren, ist jedoch zur Abgabe einer vereinfachten Jahreserklärung verpflichtet.

Der Kleinunternehmer hat allerdings das Recht, zur Umsatzsteuer zu optieren und dann wie ein Regelunternehmer mit Umsatzsteuerpflicht und Vorsteuerabzugsmöglichkeit behandelt zu werden. Diese Option wird er dann wahrnehmen, wenn er Investitionen vornehmen will, auf denen Vorsteuern lasten. An die Option ist er für 5 Jahre gebunden.

Beispiel:

Arbeitnehmer A will im Nebenruf als Handelsvertreter tätig sein. Der Umfang des Geschäfts wird im ersten Jahr der Tätigkeit sicherlich unter 17.500 EUR liegen. A muss aber zunächst eine Büroeinrichtung mit PC-Anlage, einen PKW u.a. anschaffen. Da auf den Eingangsrechnungen Vorsteuer lastet, wird die Option zur USt sinnvoll sein, denn sie führt dazu, dass A diese Vorsteuern vom Finanzamt erstattet bekommt. Nunmehr muss er zwar seinerseits Umsatzsteuer zahlen, da er diese jedoch seinen Kunden in Rechnung stellt, wird er dadurch nicht belastet.

5.9.3 Steuerschuldnerschaft des Leistungsempfängers (§ 13b UStG)

Steuerschuldner der USt ist im Regelfall der leistende Unternehmer (§ 13a Abs. 1 Nr. 1 UStG). Abweichend davon tritt für bestimmte steuerpflichtige Umsätze die Steuerschuldnerschaft des Leistungsempfängers ein, sofern er Unternehmer ist (§ 13b UStG). Erfasst werden von dieser Regelung vorrangig Werklieferungen und sonstige Leistungen, die im Ausland ansässige Unternehmer im Inland erbringen. Dadurch soll das Steueraufkommen gesichert werden.

Der leistende ausländische Unternehmer hat eine Rechnung ohne Ausweis der USt zu erteilen und auf die Steuerschuldnerschaft des Leistungsempfängers hinzuweisen. Danach muss der Leistungsempfänger die USt berechnen und anmelden. Die Steuer entsteht mit Ausstellung der Rechnung spätestens jedoch mit Ablauf des auf die Ausführung der Leistung folgenden Kalendermonats.

Entsprechend den allgemeinen Regeln steht dem Leistungsempfänger der Vorsteuerabzug für die nach § 13b Abs. 2 UStG geschuldete USt zu (§ 15 Abs. 1 Nr. 4 UStG).

Beispiel:

Die Baldi OHG, Dortmund, beauftragt die in London ansässige Anwaltskanzlei McLaw & Partners (McL & P), sie in Fragen ihrer internationalen Expansionsstrategie zu beraten. Nachdem die Beratungsleistungen im Juni 2007 abgeschlossen worden sind, stellt McL & P der Baldi OHG ihre Rechnung über 80.000 EUR (netto) mit Datum vom 21.6.2007.

McL & P erbringen eine steuerpflichtige Leistung, da sich der Leistungsort im Inland befindet (§ 3a Abs. 3 und 4 UStG) befindet. Alle weiteren Voraussetzungen zur Anwendung der Umkehrung der Steuerschuldnerschaft nach § 13b UStG sind gegeben. Folglich hat die Baldi OHG auf Grund der ihr erteilten Rechnung für den Voranmeldungszeitraum Juni 2007 die USt in Höhe von 15.200 EUR (80.000 EUR x 19 v.H. = 15.200 EUR) anzumelden. Gleichzeitig steht ihr der Vorsteuerabzug nach § 15 Abs. 1 Nr. 4 UStG zu.

5.10 Aufzeichnungspflichten (§ 22 UStG)

Das UStG legt verschiedene zusätzliche Aufzeichnungspflichten fest, die über die allgemeinen Anforderungen nach Abgabenordnung und Handelsgesetzbuch hinausgehen. Sie dienen dazu, die vom Unternehmer vorgenommenen Steuerberechnungen auf einfache Weise nachvollziehbar und überprüfbar zu machen. Ganz überwiegend lassen sich die besonderen ustl. Aufzeichnungspflichten durch eine zweckentsprechende Ausgestaltung der Buchführung erfüllen.

Im einzelnen gelten folgende Anforderungen:
- Aufzeichnung der vereinbarten Entgelte für die Ausgangsleistungen. Dabei ist nach steuerpflichtigen und steuerfreien Umsätzen zu unterscheiden. Die steuerpflichtigen sind ggf. nach den anzuwendenden Steuersätzen zu trennen. Bei der Ist-Besteuerung treten an die Stelle der vereinbarten die vereinnahmten Entgelte. Umsätze, für deren Besteuerung optiert wurde, sind ebenfalls gesondert aufzuführen.
- Aus Gründen der Vollständigkeit der Erfassung der Geschäftsvorfälle bedarf es außerdem der Aufzeichnung der nichtsteuerbaren Umsätze.
- Aufzeichnung der vereinnahmten Entgelte (= Anzahlungen) für noch nicht erbrachte Leistungen. Auch hier hat eine Trennung nach steuerpflichtigen - ggf. getrennt nach Steuersätzen - und steuerbefreiten Vorgängen zu erfolgen.
- Kenntlich zu machen sind die Bemessungsgrundlagen für den unentgeltliche Wertabgaben.
- Nachträgliche Änderungen der Bemessungsgrundlage (z.B. durch Abzug von Skonto) sind aufzuzeichnen.

Der Vorsteuerabzug ist verbunden mit der Aufzeichnung:
- der Entgelte für die steuerpflichtigen Eingangsumsätze,
- der darauf entfallenden Vorsteuerbeträge; eine Trennung nach Steuersätzen ist hier nicht erforderlich und
- der Entgelte und zugehöriger Umsatzsteuer bei den geleisteten Vorauszahlungen.

5.11 Innergemeinschaftlicher Warenverkehr

5.11.1 Grundlagen

Seit dem 1.1.1993 bilden die Staaten der Europäischen Union einen gemeinsamen Markt. Ohne Behinderung durch Staats- und Zollgrenzen sollen Waren und Dienstleistungen ausgetauscht werden. Folglich dürfen grenzüberschreitende Lieferungen im Gemeinschaftsgebiet nicht länger als Ein- und Ausfuhren behandelt werden. Diese Begriffe gelten nur noch im Verhältnis zu Drittstaaten. Damit entfällt auch die Möglichkeit, Importe im Bestimmungsland der Einfuhrumsatzsteuer zu unterwerfen. Gleichwohl wollten die importierenden Staaten nicht auf das mit den vormaligen Einfuhren verbundene Aufkommen an USt verzichten. Um das zu erreichen, wurden die Tatbestände des innergemeinschaftlichen Erwerbs und der innergemeinschaftlichen Lieferung eingeführt. Sie gewährleisten für eine Übergangszeit die Fortgeltung des Bestimmungslandprinzips beim innergemeinschaftlichen Warenverkehr. Danach erfolgt die Belastung mit USt nach den Verhältnissen des Importstaats, dem auch ihr Aufkommen zusteht.

5.11 Innergemeinschaftlicher Warenverkehr

Der grenzüberschreitende Warenverkehr zwischen dem Inland (= Deutschland) und den übrigen Staaten der EU untergliedert sich wie folgt:

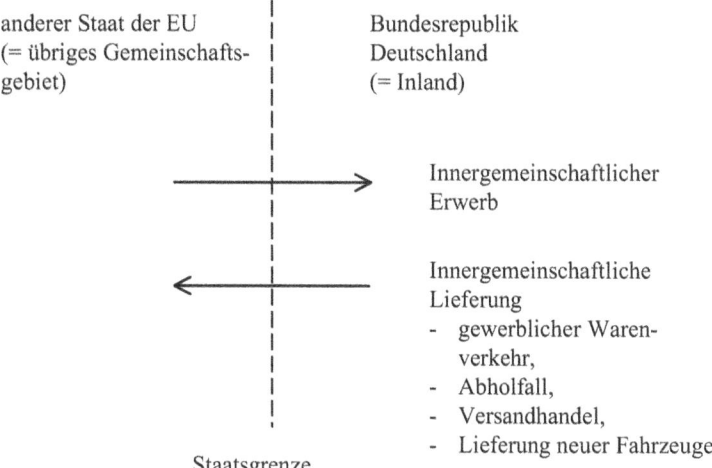

Die Pfeile verdeutlichen die Richtung der Warenbewegung

Grenzüberschreitende Lieferungen innerhalb der Europäischen Union

5.11.2 Innergemeinschaftlicher Erwerb (§§ 1 Abs. 1 Nr. 5; 1a UStG)

Als eigener Tatbestand unterliegt der im Inland und gegen Entgelt erfolgende innergemeinschaftliche Erwerb der USt. In seiner Grundkonstellation erfordert er eine Warenbewegung von einem Mitgliedstaat der EU in einen anderen (= innergemeinschaftliche Warenbewegung). Weiterhin müssen Erwerber und Lieferer Unternehmer sein. Erwerb und Lieferung erfolgen für und im Rahmen des jeweiligen Unternehmens.

Während sich mit der Entgeltlichkeit des Vorgangs keine besonderen Probleme ergeben, wirft der Ort des innergemeinschaftlichen Erwerbs spezielle Fragen auf. Er liegt dort, wo sich der gelieferte Gegenstand am Ende der Beförderung oder Versendung befindet (§ 3d UStG). Unerheblich ist es, von wem die Warenbewegung ausgeführt wird. Damit tritt eine von der bewegten Lieferung abweichende Situation ein. Hier läge der Lieferort dort, wo der Transport beginnt (§ 3 Abs. 6 Satz 1 UStG).

Die Besteuerung des innergemeinschaftlichen Erwerbs erfolgt also beim Abnehmer. Im Gegensatz zur regulären Konstellation wird die USt auf Lieferungen hier im Eingangs- und nicht im Ausgangsbereich des Unternehmens erhoben.

Der innergemeinschaftliche Erwerb erfährt eine Erweiterung in der Erfassung des innergemeinschaftlichen Verbringens (§ 1a Abs. 2 UStG). Dabei werden Gegenstände innerhalb eines Unternehmens aus einem anderen EU-Mitgliedstaat in das Inland verbracht. Betroffen sind Gegenstände des Anlagesowie des Umlaufvermögens, die endgültig im Inland verbleiben sollen.

Aus den beiden Varianten des innergemeinschaftlichen Erwerbs resultiert für den Erwerber eine USt-Schuld. Andererseits besteht für die Erwerbsteuer die Möglichkeit des Vorsteuerabzugs (§ 15 Abs. 1 Nr. 3 UStG). Da Steuerschuld (§ 13 Abs. 1 Nr. 6 UStG) und der Vorsteuerabzug im selben Zeitpunkt entstehen, fallen sie in den selben Voranmeldungszeitraum und neutralisieren sich ggf. in ihren finanziellen Auswirkungen. Damit führt der innergemeinschaftliche Erwerb zunächst nicht zu einer Umsatzsteuerzahllast. Sobald aber die Ware den unternehmerischen Bereich verlässt, ist der entsprechende Umsatz zu versteuern. Da die innergemeinschaftlichen Grenzkontrollen weggefallen sind, hätte der Staat ohne diesen Steuertatbestand keinen Überblick darüber, wie viele Waren über die Grenzen bewegt werden.

Im Gegensatz zur EUSt, deren Verwaltung den Zollbehörden obliegt, wird die Erwerbsteuer von den Finanzbehörden verwaltet.

5.11.3 Innergemeinschaftliche Lieferungen

Vom Standpunkt des Lieferers aus betrachtet, stehen dem innergemeinschaftlichen Warenbezug die entsprechenden Lieferungen gegenüber. Sie können als sog. gewerblicher Warenverkehr, Abhol- oder Versendungsfall ausgestaltet sein. Maßgeblich für die Bestimmung der einschlägigen Variante ist die Person des Abnehmers. Hiervon abhängig ergeben sich unterschiedliche Rechtsfolgen hinsichtlich des Orts der Lieferung und damit des Staates der Besteuerung sowie möglicher Steuerbefreiungen.

Im gewerblichen Warenverkehr erfolgen Lieferungen, sofern der Vorgang beim Abnehmer als innergemeinschaftlicher Erwerb zu behandeln ist (§ 6a UStG). Derartige Lieferungen sind im Herkunftsland von der USt befreit (§ 4 Nr. 1 b UStG). Es wird also das gleiche Ergebnis erreicht wie bei Ausfuhrlieferungen in Drittstaaten. Der Lieferer muss zur Beanspruchung der Steuerfreiheit umfangreiche Dokumentationspflichten erfüllen. Sie umfassen die Erteilung einer besonderen Ausgangsrechnung (§ 14a UStG), buch- und belegmäßige Nachweise (§ 6a Abs. 3 Satz 1 UStG i.V.m. §§ 17a bis 17c UStDV) sowie die Darstellung in der Zusammenfassenden Meldung.

Die Voraussetzungen des innergemeinschaftlichen Erwerbs sind bei grenzüberschreitenden Lieferungen vor allem an Privatpersonen nicht erfüllt. Im Abholfall sorgt der Abnehmer für den Transport der Ware. Der Ort der Lieferung liegt im Inland (§ 3 Abs. 6 UStG). Eine Steuerbefreiung ist nicht gegeben, so dass die Lieferung in Deutschland der USt unterliegt.

Beim Versandhandel erfolgt die Warenbewegung durch den Lieferer. Bedingt durch eine Fiktion wird der Lieferort in das Bestimmungsland verlegt (§ 3c UStG). Dort ist der Vorgang dann grds. steuerpflichtig. Zur Verlagerung des

5.11 Innergemeinschaftlicher Warenverkehr

Ortes der Lieferung in das Bestimmungsland kommt es allerdings nur, sofern die dortigen Lieferschwellen überschritten werden. Für die einzelnen Mitgliedstaaten der EU sind die einschlägigen Lieferschwellen in A 42j Abs. 3 UStR aufgeführt.

5.11.4 Zusätzliche Dokumentationspflichten

Der innergemeinschaftliche Warenverkehr ist für die beteiligten Unternehmen mit einer Vielzahl von Dokumentationspflichten verbunden. Sie sind darauf ausgerichtet, trotz Wegfalls der Grenzkontrollen die vollständige steuerliche Erfassung der Transaktionen sicherzustellen.

Zunächst muss der eine innergemeinschaftliche Lieferung ausführende Unternehmer darüber eine besondere Rechnung ausstellen (§ 14a UStG). Hierin ist deutlich zu machen, dass es sich um eine steuerbefreite i.g. Lieferung handelt. Des weiteren ist die USt-Identifikationsnummer des Abnehmers anzugeben. Zur Erlangung der Steuerbefreiung bedarf es dann noch ergänzender buch- und belegmäßiger Nachweise (§§ 17a, 17c UStDV).

I.g. Lieferungen sind ferner in ihrer Summe in der monatlichen USt-Voranmeldung auszuweisen.

Als weiteres Instrument zur Überwachung des i.g. Warenverkehrs wurde die Zusammenfassende Meldung geschaffen (§ 18a UStG). Sie ist quartalsweise von Unternehmern, die i.g. Warenlieferungen ausführen, beim Bundeszentralamt für Steuern abzugeben. Darin sind die zusammengefassten Bemessungsgrundlagen der während des Berichtsquartals erfolgten Warenlieferungen an die einzelnen Empfänger aufzuführen.

Diese Informationen werden auf Grundlage der EWG-Amtshilfe-Verordnung an die zentralen Behörden in den Bestimmungsländern weitergeleitet. Damit ergibt sich die Möglichkeit zu überprüfen, ob die Abnehmer die bei ihnen auftretenden innergemeinschaftlichen Erwerbe ordnungsgemäß versteuert haben. Dazu können die USt-Voranmeldungen der Erwerber mit den Zusammenfassenden Meldungen der Lieferer verglichen werden.

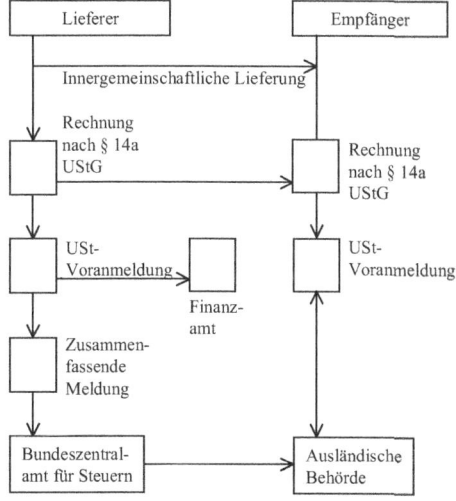

5.12 Umsatzsteuerliche Organschaft

Zur Steuerbarkeit von Leistungen ist es erforderlich, dass sie von einem Unternehmer erbracht werden. Dazu bedarf es der Selbständigkeit des Handelnden. An der Selbständigkeit fehlt es, wenn eine Kapitalgesellschaft von einem anderen Unternehmen beherrscht wird. Eine derartige Beherrschungssituation mit der Konsequenz einer Organschaft ist ustl. bei finanzieller, wirtschaftlicher und organisatorischer Eingliederung der Organgesellschaft in das Unternehmen des Organträgers gegeben (§ 2 Abs. 2 Nr. 2 UStG).

Aufgrund der fehlenden Selbständigkeit der Organgesellschaft ist ausschließlich der Organträger umsatzsteuerlicher Unternehmer. Es besteht nur ein den gesamten Organkreis umfassendes Unternehmen. Deshalb sind sämtliche Umsätze, die Organgesellschaften mit Geschäftspartnern außerhalb des Organkreises (sog. Dritte) tätigen, dem Organträger zuzurechnen. Sämtliche Leistungen zwischen Organträger und Organgesellschaften sowie Organgesellschaften untereinander sind nicht steuerbare Innenumsätze. Der Organträger ist Steuerschuldner für alle vom Organkreis getätigten Umsätze. Das gilt auch in den Fällen, in denen die Organgesellschaften für die von ihnen erbrachten Leistungen eigene Rechnungen unter gesondertem Ausweis der Umsatzsteuer ausstellen. Wegen der ihr fehlenden Unternehmereigenschaft ist die Organgesellschaft nicht zum Vorsteuerabzug berechtigt. Nur der Organträger kann aus den an Organgesellschaften ausgestellten Eingangsrechnungen den Vorsteuerabzug ausüben.

In ihren Auswirkungen ist die ustl. Organschaft auf das Inland beschränkt. Lediglich die inländischen Unternehmensteile bilden ein Unternehmen. Der Leistungsaustausch mit und von ausländischen Unternehmensteilen ist wie zwischen selbständigen Unternehmen zu beurteilen.

Nur den Organträger treffen Erklärungs- und Zahlungspflichten. Lediglich er hat Voranmeldungen und Jahreserklärungen abzugeben und Voraus- bzw. Abschlusszahlungen zu leisten. Es ist jeweils eine Voranmeldung oder Erklärung für den gesamten Organkreis abzugeben. Allerdings haben Organgesellschaften vierteljährlich ihre innergemeinschaftlichen Warenlieferungen in einer Zusammenfassenden Meldung dem Bundeszentralamt für Steuern mitzuteilen (§ 18a Abs. 1 S. 7 UStG).

Infolge der ustl. Organschaft ergeben sich Kostenvorteile aus organisatorischen Vereinfachungen und der Vermeidung von Bewertungsproblemen bei innerkonzernlichen Umsätzen. Finanzierungs- und Liquiditätsvorteile stehen dagegen eher im Hintergrund.

5.13 Hinweise zur Bearbeitung von Fällen und Klausuren zur USt

USt-Klausuren bestehen häufig aus einer Reihe von Sachverhalten, die aus umsatzsteuerlicher Sicht beurteilt werden sollen. Deren Beurteilung konkreti-

5.13 Klausuren zur USt

siert sich vorrangig in den Fragen, in welcher Höhe USt und abziehbare Vorsteuer anfallen.

Bearbeitungstechnisch bietet es sich an, allgemeine Fragen in einer einleitenden Vorbemerkung zu klären. Dazu gehören folgende Gesichtspunkte:

1. Begründung bzw. Ablehnung der Unternehmereigenschaft der handelnden Personen,
2. Umfang des jeweiligen Unternehmens,
3. Modalitäten der Besteuerung (Regelbesteuerung oder Kleinunternehmer). Hier ist bereits darauf hinzuweisen, ob nach vereinbarten oder vereinnahmten Entgelten versteuert wird und wann die Steuerschuld entsteht.

In der anschließenden Diskussion der Einzelsachverhalte ist zunächst auf die Ausgangs- und erst anschließend auf die Eingangsumsätze einzugehen. Ursächlich dafür ist die Abhängigkeit des Vorsteuerabzugs von der Verwendung der Ausgangsumsätze.

Für die Ausgangsumsätze sind zu untersuchen:

1. Prüfung der Steuerbarkeit

1.1 Leistungsgeber und -empfänger
1.2 Art der Leistung
1.3 Ort der Leistung
1.4 Entgeltlichkeit der Leistung
1.5 Erbringung der Leistung im Rahmen des Unternehmens
1.6 Steuerbarkeit von unentgeltlichen Wertabgaben.

Das Ergebnis der Untersuchung der Steuerbarkeit ist eindeutig zu benennen („der Vorgang ist steuerbar" bzw. „nicht steuerbar").

Verursachend für das Entstehen einer USt-Schuld ist vorrangig der eigene Leistungsausgang des Unternehmers. In wenigen besonderen Fällen ist jedoch der leistungsempfangende Unternehmer Schuldner der USt. Das gilt für Einfuhren (§ 1 Abs. 1 Nr. 4 UStG), den innergemeinschaftlichen Erwerb (§ 1 Abs. 1 Nr. 5 UStG) sowie die Umkehrung der Steuerschuldnerschaft (§ 13b UStG). Im Anschluss an die mögliche Steuerbarkeit von Lieferungen und sonstigen Leistungen sind diese besonderen Tatbestände zu untersuchen.

2. Prüfung der Steuerpflicht

Hier ist zu prüfen, ob eine Steuerbefreiung nach § 4 UStG in Betracht kommt. Sofern das der Fall ist, müssen die Möglichkeit einer Option (§ 9 UStG) und ihre Ausübung geklärt werden. Weiterhin ist festzuhalten, wie sich die Steuerbefreiung auf den Vorsteuerabzug auswirkt.

3. Bemessungsgrundlage

Die Bemessungsgrundlage ist mit ihrer präzisen gesetzlichen Regelung aus dem § 10 UStG zu benennen und zu quantifizieren.

4.   Steuerbetrag und -entstehung

Auf die Bemessungsgrundlage ist der Steuersatz anzuwenden (§ 12 UStG). Dabei ist nach Regelsteuersatz und ermäßigtem Steuersatz zu unterscheiden (§ 12 Abs. 2 UStG mit Anlage 2 zum UStG).

Durch Multiplikation von Bemessungsgrundlage und Steuersatz ergibt sich der Steuerbetrag.

Mit der Bestimmung des Entstehungszeitpunkts der USt werden die Ausführungen zur USt im Ausgangsbereich abgeschlossen.

Bei der Eingangsumsatzsteuer sind einleitend die Bedingungen für den Vorsteuerabzug zu überprüfen. Die Möglichkeit des ergänzenden Ausschlusses des Vorsteuerabzugs wegen vorsteuerschädlicher Ausgangsumsätze war bereits in Zusammenhang mit Steuerbefreiungen der Ausgangsumsätze angesprochen worden.

Weiterhin können Fragen der Aufteilung der Vorsteuer und ihrer Berichtigung von Bedeutung sein.

5.14 Musterfall mit Lösungshinweisen

1. Sachverhalt

Die MaBau AG unterliegt bei der USt der Regelbesteuerung (Soll-Besteuerung; zum Vorsteuerabzug berechtigt). Für die Abgabe der monatlichen USt-Voranmeldungen wurde eine Dauerfristverlängerung i.S. von § 46 UStDV erteilt. In der Finanzbuchhaltung der Gesellschaft werden für den Juni 2007 folgende vorläufige Monatsverkehrszahlen ausgewiesen:

(1) Konto Nr.	(2) Beschreibung	(3) vorläufige (saldierte) Monatsverkehrszahl EUR	(4) Änderung aufgrund der Geschäftsvorfälle 1 bis 3 EUR	(5) endgültige (saldierte) Monatsverkehrszahl EUR
1571	Abziehbare Vorsteuer 7 %	10.000 S		
1573	Abziehbare Vorsteuer aus innergemeinschaftlichem Erwerb 19 %	380.000 S		
1576	Abziehbare Vorsteuer 19 %	1.500.000 S		
1771	Umsatzsteuer 7 %	0		
1773	Umsatzsteuer aus innergemeinschaftlichem Erwerb 19 %	380.000 H		
1775	Umsatzsteuer 19 %	7.600.000 H		
1781	USt-Vorauszahlung 1/11	0		

(1) Konto Nr.	(2) Beschreibung	(3) vorläufige (saldierte) Monatsverkehrszahl	(4) Änderung aufgrund der Geschäftsvorfälle 1 bis 3	(5) endgültige (saldierte) Monatsverkehrszahl
		EUR	EUR	EUR
3425	Innergemeinschaftlicher Erwerb; Vor- und UmsatzSt jeweils 19 %.	2.000.000 S		
8120	Steuerfreie Umsätze § 4 Nr. 1a UStG	5.000.000 H		
8125	Steuerfreie innergemeinschaftliche Lieferungen	10.000.000 H		
8300	Erlöse 7 %	0		
8400	Erlöse 19 %	40.000.000 H		

Nachfolgende Geschäftsvorfälle sind buchhalterisch noch nicht erfasst worden:

1. Lieferung vom 30.6.2007 einer Drehbank vom Typ D100 zum Preis von 200.000 EUR (netto) an einen Abnehmer in der Schweiz. Entsprechend den Vereinbarungen des Kaufvertrags versendet die Ma-Bau AG die Maschine mit der Deutschen Bahn AG von Bielefeld aus nach Basel.

2. Lieferung vom 29.6.2007 eines Fräszentrums vom Typ F200 zum Preis von 400.000 EUR (netto) an einen Abnehmer in Belgien. Der Kunde holt die Maschine am 29.10.2007 mit eigenem Fahrzeug in Bielefeld ab.

3. Eingang einer Sendung Stahlbleche von einem italienischen Lieferanten am 28.6.2007 zum Rechnungspreis von 3.000.000 EUR. Der Lieferant hat die Bleche durch eine Spedition von Turin nach Bielefeld transportieren lassen.

2. Aufgaben

1. Beurteilen Sie bitte die Geschäftsvorfälle 1 bis 3 aus umsatzsteuerlicher Sicht!

5.14 Musterfall mit Lösungshinweisen

2. Bilden Sie die Buchungssätze zu den o.g. Geschäftsvorfällen unter Verwendung der im Sachverhalt vorgegebenen Konten!
3. Tragen Sie die Auswirkungen der Geschäftsvorfälle in die Spalte 4 der Kontentabelle ein!
4. Erstellen Sie die Umsatzsteuer-Voranmeldung für den Oktober 2007!
5. Bis zu welchem Termin ist die USt-Voranmeldung beim Finanzamt abzugeben?
6. Bis zu welchem Termin ist die USt-Vorauszahlung zu leisten?

3. Lösungshinweise

(1) Konto Nr.	(2) Beschreibung	(3) vorläufige (saldierte) Monatsverkehrszahl EUR	(4) Änderung aufgrund der Geschäftsvorfälle 1 bis 3 EUR	(5) endgültige (saldierte) Monatsverkehrszahl EUR
1571	Abziehbare Vorsteuer 7 %	10.000 S		10.000 S
1573	Abziehbare Vorsteuer aus innergemeinschaftlichem Erwerb	380.000 S	(3) 570.000 S	950.000 S
1576	Abziehbare Vorsteuer 19 %	1.500.000 S		1.500.000 S
1771	Umsatzsteuer 7 %	0		
1773	Umsatzsteuer aus innergemeinschaftlichem Erwerb 19 %	380.000 H	(3) 570.000 H	950.000 H
1775	Umsatzsteuer 19 %	7.600.000 H		7.600.000 H

(1) Konto Nr.	(2) Beschreibung	(3) vorläufige (saldierte) Monatsverkehrszahl EUR	(4) Änderung aufgrund der Geschäftsvorfälle 1 bis 3 EUR	(5) endgültige (saldierte) Monatsverkehrszahl EUR
1781	USt-Vorauszahlung 1/11			
3425	Innergemeinschaftlicher Erwerb; Vor- und UmsatzSt jeweils 19 %	2.000.000 S	(3) 3.000.000 S	5.000.000 S
8120	Steuerfreie Umsätze § 4 Nr. 1a UStG	5.000.000 H	(1) 200.000 H	5.200.000 H
8125	Steuerfreie innergemeinschaftliche Lieferungen	10.000.000 H	(2) 400.000 H	10.400.000 H
8300	Erlöse 7 %	0		
8400	Erlöse 19 %	40.000.000 H		40.000.000 H

5.14 Musterfall mit Lösungshinweisen

MaBau AG
*** Entwurf ***

Steuernummer: 127/3456/7890
*** Entwurf ***

*** Entwurf ***

Übertragungsprotokoll

Sendedatum: keine Datenübermittlung

Umsatzsteuer-Voranmeldung
Finanzamt Mönchengladbach-Rheydt
Voranmeldungszeitraum
Juni 2007

Übermittelt von:
MaBau AG
Maschinenstraße 1
56789 Bielefeld

	Kz	Bemessungsgrundlage	Kz	Steuer

Anmeldung der Umsatzsteuer-Vorauszahlung

Lieferungen und sonstige Leistungen (einschl. unentgeltlicher Wertabgaben)

Steuerfreie Umsätze mit Vorsteuerabzug

Innergemeinschaftliche Lieferungen (§ 4 Nr. 1 Buchst. b UStG) an Abnehmer mit USt-IdNr.	41	10.400.000		
Weitere steuerfreie Umsätze mit Vorsteuerabzug (z.B. Ausfuhrlieferungen, Umsätze nach § 4 Nr. 2 bis 7 UStG)	43	5.200.000		

Steuerpflichtige Umsätze

zum Steuersatz von 19 %	81	40.000.000		

Innergemeinschaftliche Erwerbe

Steuerpflichtige innergemeinschaftliche Erwerbe

zum Steuersatz von 19 %	89	5.000.000		

Abziehbare Vorsteuerbeträge

Vorsteuerbeträge aus Rechnungen von anderen Unternehmern (§ 15 Abs. 1 Satz 1 Nr. 1 UStG), aus Leistungen im Sinne des § 13a Abs. 1 Nr. 6 UStG (§ 15 Abs. 1 Satz 1 Nr. 5 UStG) und aus innergemeinschaftlichen Dreiecksgeschäften (§ 25b Abs. 5 UStG)			66	1.510.000,00
Vorsteuerbeträge aus dem innergemeinschaftlichen Erwerb von Gegenständen (§ 15 Abs. 1 Satz 1 Nr. 3 UStG)			61	950.000,00
Verbleibende Umsatzsteuer-Vorauszahlung bzw. verbleibender Überschuss			83	6.090.000,00

Dieser Protokollausdruck ist nicht zur Übersendung an das Finanzamt bestimmt. Die Angaben sind auf ihre Richtigkeit hin zu prüfen. Sofern eine Unrichtigkeit festgestellt wird, ist eine berichtigte Steueranmeldung abzugeben.

5.15 Literaturhinweise zu Kapitel 5

Ahrens, Björn O. „Verzicht auf Steuerbefreiungen nach § 9 UStG (Option)" in: SteuerStud, 2004, S. 504 ff.

Cremer, Udo „Innergemeinschaftlicher Erwerb und innergemeinschaftliche Lieferung" in: SteuerStud, 2004, S. 647 ff.

Eckert, Karl-Hermann „Die Zusammenfassende Meldung nach § 18a UStG" in: BBK, Nr. 13/2007, S. 693 ff. (Fach 6, S. 1369 ff.)

Hoffrichter-Dahl, Gabriele; Moecker, Udo „Umsatzsteuer" 7., neu bearbeitete und erweiterte Auflage, München 2006

Rösemeier, Hans-Otto „Grundsätze des Vorsteuerabzugs" in: SteuerStud, 2002, S. 88 ff.

Tetzlaff, Gunnar; Pockelwald, Robert „Die sog. Versandhandelsregelung (§ 3c UStG)" in: SteuerStud 2007, S. 271 ff.

Völkel, Dieter; Karg, Helmut „Umsatzsteuer" 19. neubearbeitete Auflage, Stuttgart 2006

Walkenhorst, Ralf „Gesamtdarstellung Umsatzsteuer" in SteuerStud, Beilage 3/2005

Zugmaier, Oliver „Besteuerung der Kleinunternehmer nach § 19 UStG" in: SteuerStud, 2006. S. 120 ff.

6 Erbschaftsteuer

6.1 Charakterisierung der Erbschaftsteuer

Die Erbschaft- und Schenkungsteuer stellt eine Erbanfallsteuer dar, die den Erwerb eines Vermögens von Todes wegen und auch die Schenkung unter Lebenden mit Steuern belastet. Das Steueraufkommen steht den Bundesländern zu.

Die Erbschaftsteuer ist von jeher eine „politische Glaubensfrage". Während zahlreiche Länder (die meisten Schweizer Kantone, Portugal, wahrscheinlich Österreich) diese Steuer ersatzlos streichen, hält Deutschland aus allgemeinen Verteilungsgrundsätzen weiter daran fest.

Dabei sind die Argumente gegen die Steuer durchaus gewichtig. Zunächst sind die Fragen, wie Vermögensgegenstände zu bewerten sind, kaum lösbar. So gibt es sicherlich keine objektiv korrekte Antwort auf die Frage nach dem Wert eines Einzelunternehmens oder nach dem Wert eines unbebauten Grundstücks, das sich seit 100 Jahren im Familienbesitz befindet und nie am Markt angeboten wurde. Gemessen am Verwaltungsaufwand ist das Steueraufkommen von 4,1 Mrd EUR nicht besonders ergiebig. Hinzu kommt, dass das vererbte Vermögen meist beim Erblasser bereits versteuert wurde, so dass die Erbschaftsteuer zu einer Doppelbelastung führt.

Nach einer Verfahrensdauer von fünf Jahren hat das Bundesverfassungsgericht aufgrund einer Vorlage des BFH das geltende Erbschaft- und Schenkungsteuerrecht für verfassungswidrig erklärt (Beschluss vom 07.11.2006, AZ 1 BvL 10/02). Gleichwohl soll die geltende Rechtslage bis zum Ergehen einer Neuregelung, spätestens bis zum 31.12.2008, weitergelten.

Das Verfassungsgericht sah einen Verstoß gegen die Gleichheit, Art. 3 GG, da die Bewertung von Vermögensgegenständen oft von Zufällen abhängt. Weiterhin regelt das aktuelle Recht die Privilegierung der Vermögensarten Betriebsvermögen, landwirtschaftliches Vermögen, Grundvermögen und Beteiligungen an Kapitalgesellschaften an mehreren Stellen im Gesetz. Der Gesetzgeber darf zwar einzelne Vermögensarten aus politischen Gründen begünstigen, er hat dies aber in einem einheitlichen und übersichtlichen Kapitel zu regeln; so die wesentliche Begründung des Beschlusses.

Andererseits darf der Gesetzgeber durchaus einzelne Vermögensarten steuerlich bevorzugen. Wenn durch Schenkung oder Erbschaft ein Unternehmen übertragen wird, kann eine hohe Erbschaftsteuerbelastung die Existenz des gesamten Betriebes in Frage stellen. In diesem Fall ist nicht nur der Erbe, sondern auch seine Arbeitnehmer und ihre Arbeitsplätze betroffen. Daher ist es sicherlich sinnvoll, bei Weiterführung des Betriebs die Erbschaftsteuer zu erlassen oder abzuschmelzen.

Wie diese Gesetzesänderung aussehen könnte, ist zum Zeitpunkt der Drucklegung noch nicht absehbar.

Die Politik hat mehrfach erklärt, dass die aktuelle Rechtslage bis 31.12.2008 aufrecht erhalten werden soll, damit die Bürger bei Regelung der Vermögensübertragung in die nächste Generation eine langfristige Planungsmöglichkeit haben.

Aus diesem Grund erfolgt hier die Darstellung des zur Zeit geltenden Rechtssystems.

6.2 Steuerpflicht (§§ 1 - 9 ErbStG)

6.2.1. Steuerpflichtige Vorgänge

§ 1 ErbStG regelt, dass sämtliche Erwerbe von Todes wegen als steuerpflichtige Vorgänge zu erfassen sind. Der Erwerb von Todes wegen betrifft die Erbschaft, § 1922 BGB: mit dem Tode einer Person geht dessen Vermögen als Ganzes auf einen oder mehrere Personen (Erben) über. Die Erben treten rechtlich und wirtschaftlich in die Fußstapfen des Erblassers, sie übernehmen uno actu sämtliche aktiven und passiven Wirtschaftsgüter. Daneben fällt auch das Vermächtnis unter die erbschaftsteuerpflichtigen Vorgänge (§§ 2147 BGB).

Beispiel:

Der verwitwete Erblasser hinterlässt zwei Kinder. Die Kinder sollen Erbe des gesamten Vermögens werden, sie sollen aber an die langjährige Haushälterin H. eine goldene Schmuckschatulle herausgeben. In diesem Fall werden die Kinder Erben, sie treten in sämtliche Rechtspositionen des Erblassers ein. Die Haushälterin hingegen hat gegen die Erbengemeinschaft einen Herausgabeanspruch auf die Schatulle. H ist nur Vermächtnisnehmerin, § 2147 BGB. Die H steht also wie ein fremder Gläubiger den Erben gegenüber. Für Fragen der Erbschaftsteuer werden beide Rechtsfiguren gleich behandelt.

Gemäß § 1 Ziff. 2 ErbStG fallen auch sämtliche Schenkungen unter Lebenden unter die Erbschaftsteuerpflicht.

6.2.2. Zugewinnausgleich des überlebenden Ehegatten

Haben Eheleute keinen Ehevertrag abgeschlossen, so leben sie im gesetzlichen Güterstand der Zugewinngemeinschaft. Dies heißt, dass jeder Eigentümer der von ihm mit in die Ehe gebrachten Wirtschaftsgüter ist und bleibt und auch Eigentümer dessen wird, was er selbst erwirbt. Entgegen weit verbreiteter Ansicht hat jeder Ehegatte eine eigene Eigentums- und Vermögenssphäre. Erst bei Auflösung der Ehe, sei es durch Tod, sei es durch Scheidung, hat ein Zugewinnausgleich stattzufinden. Dieser Ausgleich wird berechnet, indem beide Eheleute ihr Anfangsvermögen dem Endvermögen gegenüberstellen. Derjenige der Partner, der nach Abzug von Schulden den höheren Zugewinn erzielt hat, muss dem anderen Ehepartner die Hälfte des Hinzugewonnenen als Zugewinnausgleich herausgeben.

6.2 Steuerpflicht (§§ 1 - 9 ErbStG)

§ 5 ErbStG regelt, dass dieser tatsächliche Zugewinnausgleich nicht unter die erbschaftsteuerlichen Erwerbe fällt.

6.2.3 Vor- und Nacherbschaft

Das BGB regelt das Rechtsinstitut der Vor- und Nacherbschaft (§ 2100 BGB). Der Erblasser kann verfügen, dass nach seinem Tode zunächst ein Vorerbe das hinterlassene Vermögen erhalten soll. Erst beim Tode des Vorerben oder bei einem sonstigen Bedingungseintritt soll das Vermögen (das vom Erblasser stammt) an den Nacherben übergehen.

Beispiel:

Erblasser E hat in seinem Testament angeordnet, dass zunächst seine überlebende Ehefrau F Vorerbin seines Nachlasses werden soll und erst nach deren Tod sein Sohn Sc aus erster Ehe zur Erbschaft über seinen Anteil berufen sein soll. Damit ist F zunächst befreite Vorerbin, sie kann die Früchte des Vermögens genießen, sie ist aber in ihrer eigenen Testierfreiheit bezüglich dieses Teils des Vermögens eingeschränkt.

Schaubild

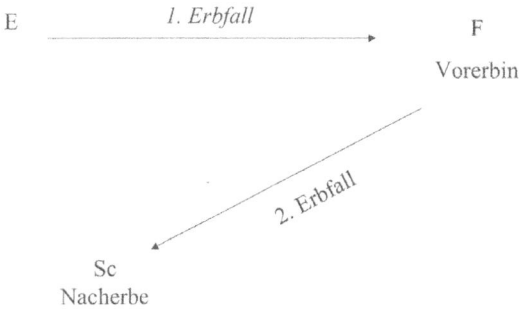

§ 6 ErbStG regelt, dass es sich bei beiden Erbfällen um steuerpflichtige Erbfälle handelt, je nach Größe des hinterlassenen Vermögens muss also zunächst F Erbschaftsteuer zahlen, und nach dem Tode der F der Sohn Sc für dasselbe Vermögen noch einmal.

6.2.4 Wertermittlung

Die Berechnung des Nachlasswertes richtet sich nach §§ 10 ff. ErbStG. Demnach ist Bargeld mit seinem Nennwert anzusetzen; Wertpapiere werden mit dem Kurswert am Todestag bzw. Übertragungstag angesetzt. Besonderheiten gelten für Immobilien, seien es bebaute oder unbebaute Grundstücke. Die Immobilienbewertung erfolgt nach der sogenannten Bedarfsbewertung, deren Grundsätze in Kapitel 7 detailliert dargestellt sind. § 13 a ErbStG legt fest, dass die Bewertung von Betriebsvermögen besonders begünstigt wird. Bei Betriebsvermögen wird das Kapitalkonto als Ausgangswert zugrunde gelegt und nach Abzug eines besonderen Freibetrags von EUR 225.000 mit nur 65 % angesetzt. Diese Begünstigung ist ganz enorm, denn im Kapitalkonto sind sämtliche stillen Reserven des Unternehmens ja bereits „versteckt". Hat z.B. der Erblasser kurz vor seinem Tode noch Sonderabschreibungen geltend gemacht, so sind die Wirtschaftsgüter nur mit dem niedrigeren Buchwert erbschaftsteuerlich zu erfassen. An dieser Stelle bietet sich daher auch erhebliches Gestaltungspotential für die Übertragen von Betriebsvermögen unter Lebenden. Diese 2-fach-Begünstigung (Buchwertansatz und besonderer Freibetrag) ist maßgebender Grund für die eingangs dargestellte Entscheidung des Verfassungsgerichts

§ 10 ErbStG regelt den Schuldenabzug. Gem. § 10 Abs. 5 ErbStG sind sämtliche Nachlassverbindlichkeiten von den aktiven Wirtschaftsgütern abzuziehen; die Kosten der Bestattung können pauschal mit 10.300 EUR abgesetzt werden.

Gem. § 13 ErbStG werden bestimmte Vermögenswerte steuerfrei gestellt. So ist z.B. der Hausrat bis 41.000 EUR beim Erwerb durch Personen der Steuerklasse I steuerfrei. Für andere bewegliche, körperliche Gegenstände besteht ein weiterer Freibetrag von 10.300 EUR. Wenn man den rapiden Wertverlust von bewegliche Sachen berücksichtigt (Möbel, Elektroartikel, KfZ), dürfte mit diesen Freibeträgen in der Vielzahl der Fälle die bewegliche Habe des Erblassers erbschaftsteuerfrei auf die nächste Generation übertragen werden.

6.2.5 Berechnung der Steuer

Als steuerlicher Erwerb gilt die Bereicherung des Erwerbers, soweit sie nicht steuerfrei gestellt ist. § 15 ErbStG teilt die Erwerber in Steuerklassen ein, wobei sich die Steuerklasse nach der verwandtschaftlichen Nähe zum Erblasser bzw. Schenker richtet. Die Steuerklasse ist auch maßgebend für die Freibeträge des § 16 ErbStG.

Steuerklassen und Freibeträge		
Steuerklasse	Personen	Freibetrag ,in Euro:
I	Ehepartner	307.000
	Kinder und Stiefkinder	205.000
	Enkelkinder nur, wenn der Elternteil verstorben ist	205.000
	Alle anderen Enkel, Stiefenkel, Urenkel	51.200
	Eltern und Großeltern bei Erwerb von Todes wegen	51.200
II	Eltern / Großeltern bei Zuwendung unter Lebenden	10.300
	Geschwister	10.300
	Nichten und Neffen	10.300

6.2 Steuerpflicht (§§ 1 - 9 ErbStG)

Steuerklasse	Personen	Freibetrag (in EUR)
Noch II	Stiefeltern	10.300
	Schwiegerkinder, Schwiegereltern	10.300
	Geschiedene Ehepartner	10.300
III	Alle übrigen Erben und Beschenkten	5.200

§ 17 ErbStG gewährt nun für besondere Fälle noch einen weiteren Versorgungsfreibetrag bei Erwerb von Todes wegen.

Die Steuersätze ergeben sich aus der folgenden Tafel nach § 19 ErbStG.

Steuersätze gem. § 19 ErbStG

Wert des steuerpflichtigen Erwerbs (§10 ErbStG) bis einschl. Euro	Vomhundertsatz in der Steuerklasse		
	I	II	III
52.000,00 €	7	12	17
256.000,00 €	11	17	23
512.000,00 €	15	22	29
5.113.000,00 €	19	27	35
12.783.000,00 €	23	32	41
25.565.000,00 €	27	37	47
über 25.565.000,00 €	30	40	50

Beispiel:

Nach dem Tode des Erblassers erbt sein Kind 500.000 EUR in bar. Wie hoch ist die Erbschaftsteuer?

Erbschaft:	500.000 EUR
Freibetrag:	./. 205.000 EUR
	295.000 EUR

Erbschaftsteuer: 295.000 EUR x 15 v.H. = 44.250 EUR

Bei der Anwendung der Steuersätze ist zu beachten, dass bei einem Prozentsatzsprung eine Glättung vorgenommen wird, um übermäßige Härten zu vermeiden.

Auch die Lebenspartner einer nichtehelichen Lebensgemeinschaft fallen in Steuerklasse III. Dies hat zur Folge, dass sie nur den (minimalen) Freibetrag von 5.200 EUR geltend machen können und dass sich die Erbschaftsteuer nach der höchsten Steuerklasse richtet. Dabei kommt es nicht darauf an, ob diese nichteheliche Lebensgemeinschaft erst kurze Zeit bestanden hat oder möglicherweise schon seit 20 Jahren besteht und der eine Partner den anderen bis zum Lebensende gepflegt hat. Diese ungünstige Besteuerung können die Partner nur durch Eingehung der Ehe verhindern.

Bei Berechnung der Erbschaftsteuer ist weiter zu beachten, dass Erwerbe innerhalb von 10 Jahren zusammengerechnet werden (§ 14 ErbStG).

Diese bedeutet, dass alle 10 Jahre durch Schenkung die Steuerfreibeträge ausgenutzt werden können.

Anhand der Berechnungsbeispiele wird nunmehr auch deutlich, was der Begriff Besteuerung des „Erbanfalls" genau bewirkt: Beim Tode der Eltern liegt sowohl beim Tode des Vaters, als auch beim Tode der Mutter, ein separater Erbfall vor. Damit kann jedes Kind sowohl nach dem Vater als auch nach der Mutter den Freibetrag von EUR 205.000 und die günstige Steuerklasse I in Anspruch nehmen.

Dadurch ergeben sich innerhalb einer Familie sehr günstige Gestaltungsmöglichkeiten.

6.2.6 Steuerschuldner und Steuererhebung

Bei Schenkungen unter Lebenden ist zu beachten, dass gem. § 20 ErbStG sowohl der Erwerber als auch der Schenker als Steuerschuldner zur Bezahlung der Erbschaftsteuer herangezogen werden können.

Gehört zum Erwerb Betriebsvermögen oder land- und forstwirtschaftliches Vermögen, ist dem Erwerber die darauf entfallende Erbschaftsteuer auf Antrag bis zu 10 Jahre zu stunden, soweit dies zur Erhaltung des Betriebs notwendig ist. Damit will der Gesetzgeber dem Umstand Rechnung tragen, dass bei Übertragung von Betriebsvermögen die Erbschaftsteuer als Substanzsteuer eine hohe Belastung für den Unternehmer darstellt, aber nie zur Gefährdung des gesamten Betriebs führen darf.

6.3 Literaturhinweise zu Kapitel 6

Kussmann, Manfred; Wochner, Georg „Schenken, Erben, Steuern", 7. Auflage, Berlin 2007

Ramb, Jörg „Grundzüge des Erbschaft- und Schenkungsteuerrechts" in: SteuerStud 2003, S. 540 ff., 568 ff., 638 ff. und 2004, S. 27 ff., 78 ff.

Woitke, Thomas „Einführung in das Erbschaft- und Schenkungsteuerrecht" in: SteuerStud 2003, S. 307 ff.

7 Bewertungsgesetz

7.1 Bedeutung und Anwendung des Bewertungsgesetzes

Für unterschiedlichste steuerliche Zwecke ist der Wert von Gütern zu ermitteln, um in Geld bewertete Steuerbemessungsgrundlagen zur Verfügung zu stellen. Zentrale Aufgabe des BewG ist es, das Bewertungsproblem einheitlich für mehrere Steuerarten zu lösen. Sofern verschiedene Steuergesetze die Bewertung eines Objekts erforderlich machen, sollen die dafür benötigten sachlichen Regelungen im BewG zusammengefasst werden. Das ist allerdings nur ansatzweise gelungen. Denn bewertungsrelevante Vorschriften finden sich außer im BewG im EStG, UStG und HGB.

Vorschriften zur Bewertung enthalten die ersten beiden Teile des BewG. In ihrem jeweiligen Geltungsbereich grenzen sich die Teile 1 und 2 zunächst nach Steuerarten gegeneinander ab. Innerhalb der vier Abschnitte des zweiten Teils wird nach Vermögensarten und Belegenheitsort differenziert. So gelten die Allgemeinen Bewertungsvorschriften des ersten Teils für nahezu alle Steuern, die von Finanzämtern verwaltet werden (§ 1 Abs. 1 BewG). Mit Hilfe einer Anwendungsreihenfolge ist festgelegt, welche Bewertungsregel auf ein konkretes Bewertungsproblem anzuwenden ist. Danach wird die Anwendbarkeit des 1. Teils des BewG in zwei Fällen durchbrochen (§ 1 Abs. 2 BewG). Sofern nämlich im 2. Teil des BewG eine eigenständige Regelung vorgesehen ist, genießt sie Vorrang gegenüber dem 1. Teil. Weiterhin weisen die Bewertungsvorschriften in Einzelsteuergesetzen Vorrang gegenüber sämtlichen Vorgaben des BewG auf. Die besonderen Bewertungsvorschriften des 2. Teils des BewG gelten nach Vorgabe der jeweiligen Einzelsteuergesetze (§ 17 Abs. 1 BewG).

Im Zuge einer Bewertung sind Bewertungsgegenstand, Bewertungsmaßstab und -methode, die persönliche Zurechnung sowie der Bewertungszeitpunkt zu klären. Bewertungsgegenstand ist die wirtschaftliche Einheit. Dabei auftretende Abgrenzungsfragen sind fallbezogen zu entscheiden oder ergeben sich aus den Vorschriften zur Einheitsbewertung (§ 2 BewG). Grundlegende Bewertungsmaßstäbe des BewG sind der gemeine Wert (§ 9 BewG), der Teilwert (§ 19 BewG), der Ertragswert (§ 36 und 78-82 BewG) und der Steuerbilanzwert. Der gemeine Wert ist als fiktiver Einzelveräußerungspreis einschließlich der USt zu verstehen. Er ist allgemein bei Bewertungsproblemen anzuwenden, falls keine abweichende Regelung besteht. Abgeleitete Bewertungsmaßstäbe stellen für bestimmte Wirtschaftsgüter wie Wertpapiere, Kapitalforderungen und wiederkehrende Leistungen eine Konkretisierung des gemeinen Werts dar (§§ 11 bis 15 BewG). Als Bewertungsmethoden werden die Verfahren zur Ermittlung des Werts einzelner Wirtschaftsgüter sowie im Zuge der Einheitsbewertung bezeichnet. Sie dienen einer rationellen Wertfindung in Massenverfahren.

7.2 Einheitsbewertung

Der zweite Teil des BewG trifft zunächst eine Unterscheidung zwischen den drei Vermögensarten des land- und forstwirtschaftlichen Vermögens, des Grund- sowie des Betriebsvermögens. Die Zuordnung eines Bewertungsobjekts zur zutreffenden Vermögensart ist steuerlich bedeutsam, denn Bewertungsmaßstäbe und -methoden unterscheiden sich zwischen den Vermögensarten. Für den inländischen Grundbesitz (Betriebe der Land- und Forstwirtschaft, Grundstücke und Betriebsgrundstücke) sind in einem förmlichen Verfahren Einheitswerte festzustellen (§ 19 Abs. 1 BewG). Nach Wegfall von Vermögen- und Gewerbekapitalsteuer ist die Einheitsbewertung z.Zt. nur noch für Grundsteuer (§ 13 GrStG) und GewSt (§ 9 Nr. 1 GewStG) von Bedeutung.

Die Ergebnisse des Verfahrens werden in einem Einheitswertbescheid festgestellt. Er enthält Angaben zum Wert, der Art sowie der Zurechnung des zu bewertenden Gegenstands. In der Artfeststellung wird die Vermögensart angegeben, der die wirtschaftliche Einheit angehört sowie ggf. die Grundstücksart (s.u.) bezeichnet. Generelle Wertermittlungen sind zu den Hauptfeststellungszeitpunkten vorzunehmen (§ 21 BewG). Erforderliche Anpassungen an veränderte Verhältnisse erfolgen durch Fortschreibungen (§ 22 BewG) und Nachfeststellungen (§ 23 BewG).

Einheitswerte für Betriebe der Land- und Forstwirtschaft setzen sich aus einem Wirtschafts- und einem Wohnteil zusammen (§ 34 BewG). Für den Wirtschaftsteil wird der Wirtschaftswert in einem vereinfachenden Verfahren als Ertragswert ermittelt (§§ 36 - 46 BewG). Die Bewertung des Wohnteils (= Wohnungswert) folgt den Regelungen für Mietwohngrundstücke im Ertragswertverfahren (§ 47 BewG). Wirtschafts- und Wohnungswert bilden zusammen den Einheitswert (§ 48 BewG).

Bei der Ermittlung von Einheitswerten für Grundstücke ist zunächst zwischen unbebauten und bebauten Grundstücken zu unterscheiden. Unbebaute Grundstücke sind mit ihrem gemeinen Wert zu bewerten. Zur Bestimmung der Quadratmeterpreise werden bei den Finanzämtern Kaufpreissammlungen geführt. Sie geben die Wertverhältnisse zum 1.1.1964, dem letzten Hauptfeststellungszeitpunkt für Grundstücke, wider. Bebaute Grundstücke werden mit Hilfe des Ertragswert- oder Sachwertverfahrens bewertet. Die Bewertungsvorschriften treffen eine Unterteilung in sechs Arten von Grundstücken (§ 75 BewG): Mietwohn-, Geschäfts-, gemischt genutzte Grundstücke, Ein- und Zweifamilienhäuser sowie sonstige Grundstücke. Über die Zuordnung zur einschlägigen Grundstücksart bestimmt sich das anzuwendende Bewertungsverfahren. Weiterhin knüpfen zahlreiche Parameter der Berechnungen an die Grundstücksarten an. Der Wert bebauter Grundstücke ist grundsätzlich im Wege des Ertragswertverfahrens zu ermitteln. Es sieht die Multiplikation der Jahresrohmiete mit einem Vervielfältiger vor. Der dabei errechnete Wert wird korrigiert um Zu- und Abschläge für besondere wertbeeinflussende Umstände (§§ 81 f. BewG). Die Jahresrohmieten richten sich nach dem Stand vom 1.1.1964. Bestimmend für die Vervielfältiger sind Grundstücksart, Bauart und -ausführung, Baujahr und Einwohnerzahl der Lagegemeinde. Nach dem Sachwertverfahren sind die sonstigen Grundstücke (z.B. Clubhäuser, Turnhallen u.a.) sowie besonders aufwendig gestaltete Ein- und Zweifamilienhäuser (sog. Luxusvillen) zu bewerten (§§ 83 ff. BewG). Dazu werden Bodenwert (s.o.) und Normalherstellungswerte von Gebäuden und Außenanlagen nach verschiedenen Korrekturen zum Grundstückswert zusammengefasst.

Die für Grundstücke des Grundvermögens geltenden Bewertungsregeln sind auch für betriebliche Grundstücke anzuwenden, die keinen Betrieb der Land- und Forstwirtschaft bilden (§ 99 Abs. 3 BewG).

7.3 Bewertung für Zwecke der Erbschaft- und Schenkungsteuer

Speziell für Zwecke der Erbschaft- und Schenkungsteuer ist eine realistische und zeitnahe Wertermittlung der Bereicherung des Erwerbers erforderlich. Das ErbStG stellt dafür keine eigenen Bewertungsregeln bereit, sondern verweist auf die Regelungen des BewG (§ 12 ErbStG). Mit seinem Beschluss vom 7.11.2006 (1 BvL 10/02) stellt das BVerfG allerdings fest, dass die Erhebung der ErbSt mit einheitlichen Steuersätzen auf den Wert des Erwerbs gegen das GG verstößt. Ursächlich dafür ist die unterschiedliche und damit gleichheitswidrige Bewertung in einzelnen Vermögensarten. Das gilt insbesondere für Betriebsvermögen, Grundvermögen und Anteile an Kapitalgesellschaften, deren Steuerwerte z.T. weit unterhalb der tatsächlichen Werte liegen. Die Bewertung habe sich durchgängig am gemeinen Wert zu orientieren. Sämtliche Bewertungsverfahren müssen in ihren Ergebnissen annähernd die aktuellen Marktwerte der Bewertungsobjekte wiedergeben. Die gegenwärtigen Bewertungsregeln dürfen längstens bis zum 31.12.2008 angewendet werden. Bis dahin muss der Gesetzgeber eine Neuregelung schaffen. Der Verfasser wird nach Abschluss des Gesetzgebungsverfahrens eine Darstellung der neuen Rechtslage und Übungsfälle auf seiner Internetseite zur Verfügung stellen.

Die geltenden Regelungen zur Bewertung des Grundbesitzes sowie des Betriebsvermögens für die speziellen Zwecke der Erbschaft- oder Schenkungsteuer sind nachfolgend dargestellt.

Im Zuge einer Bedarfsbewertung werden bei land- und forstwirtschaftlichen Betrieben deren Grundbesitzwerte sowie die Grundstückswerte bei Grundvermögen und Betriebsgrundstücken ermittelt. Sie beruhen seit dem 1.1.2007 auf den Verhältnissen des Besteuerungszeitpunktes (§ 138 Abs. 1 BewG). Zur Bedarfsbewertung von Grundstücken des Grund- und Betriebsvermögens ist zwischen unbebauten und bebauten Grundstücken zu unterscheiden. Der Grundstückswert unbebauter Grundstücke ergibt sich durch Multiplikation der Grundstücksfläche mit dem um 20 v.H. reduzierten Bodenrichtwert (§ 145 Abs. 3 BewG). Für die Ermittlung der Bodenrichtwerte sind die bei den Gemeinden gebildeten Gutachterausschüsse zuständig. Von den Finanzämtern sind deren Bewertungsergebnisse zu übernehmen. Bebaute Grundstücke sind regelmäßig nach der Ertragswertmethode zu bewerten. Ausgang der Berechnungen ist der „errechnete Wert", der sich durch Kapitalisierung der aktuellen Jahresrohmiete mit dem Vervielfältiger von 12,5 ergibt (§ 146 Abs. 2 BewG). Er ist um eine Alterswertminderung von jährlich 0,5 v.H. (maximal 25 v.H.) zu reduzieren (§ 146 Abs. 4 BewG). Der als Zwischensumme ermittelte Ausgangswert führt nach einem Zuschlag von 20 v.H. bei Wohngrundstücken mit einer oder zwei Wohnungen (§ 146 Abs. 5 BewG) zum Ertrags- und Grundstückswert.

Bei Gewerbegrundstücken lässt sich häufig keine Miete ermitteln. Dann muss der Grundstückswert durch die Zusammenfassung der Werte von Grund und Boden sowie Gebäuden errechnet werden (§ 147 BewG). Der Bodenwert ist hier wie bei unbebauten Grundstücken zu bestimmen, wobei sich der Abschlag jedoch auf 30 v.H. beläuft. Der Wert von Gebäuden ist aus der Steuerbilanz zu übernehmen.

Es bleibt dem Steuerpflichtigen vorbehalten, einen niedrigeren Verkehrswert des Grundstücks nachzuweisen (§ 138 Abs. 4 BewG).

Im Betriebsvermögen bildet der einzelne Gewerbebetrieb den Gegenstand der Bedarfsbewertung. Die bewertungsrechtliche Abgrenzung orientiert sich an der einkommensteuerlichen Zuordnung der positiven und negativen Wirtschaftsgüter. Die Wertermittlung des Betriebsvermögens erfolgt mit Hilfe einer Vermögensaufstellung. In ihr wird der Wert des gewerblichen Betriebs ermittelt, indem die Summe der Werte der Besitzposten (Rohbetriebsvermögen) um die betrieblichen Schuldposten (Summe der Schuldposten) vermindert wird. Zur Bewertung wird weitgehend auf die Wertansätze der Steuerbilanz zurückgegriffen (§ 109 BewG). Ausnahmen gelten für Betriebsgrundstücke und Beteiligungen. So sind Betriebsgrundstücke mit ihren Bedarfswerten anzusetzen (s.o.).

Beteiligungen sind abhängig von der Rechtsform des Beteiligungsunternehmens zu bewerten. Der Wert von Beteiligungen an Personengesellschaften ergibt sich aus dem Ansatz der Kapitalkontos in der Gesellschaft (§ 97 Abs. 1a BewG mit R 115 ErbStR). Für Anteile an Kapitalgesellschaften sind deren Börsenkurse maßgeblich. Bei nicht börsennotierten Gesellschaften sind die gemeinen Werte von Anteilen aus zeitnahen Veräußerungen abzuleiten. Liegen solche Werte nicht vor, ist die Bewertung nach dem Stuttgarter Verfahren vorzunehmen. Hierbei handelt es sich um eine Schätzmethode, in die Gesichtspunkte von Substanz- und Ertragsbewertung einfließen (R 96 ff. ErbStR). Aus dem Verhältnis von betrieblichem Vermögen zum gezeichneten Kapital ergibt sich der prozentuale Vermögenswert. Die bereinigten und gewichteten Erträge der letzten drei Jahre bilden in Relation zum Nennkapital den Ertragshundertsatz. Beide werden zur Ermittlung des gemeinen Werts zusammengefasst. Durch die Berücksichtigung der Erfolgskomponente liegen die Unternehmenswerte besonders ertragstarker Kapitalgesellschaften deutlich höher als bei vergleichbaren Personengesellschaften, die auf einer reinen Substanzbewertung beruhen.

Die Werte der übrigen Vermögenswerte bestimmen sich bei der Ermittlung der Bereicherung des Erwerbers (§ 10 ErbStG) nach den allgemeinen bewertungsrechtlichen Vorschriften gem. §§ 9 ff. BewG (§ 12 Abs. 1, 2 ErbStG).

8 Abgabenordnung

8.1 Funktion der Abgabenordnung

Die AO regelt das gesamte Verfahren der Besteuerung. Sie enthält die maßgebenden Normen über den Verfahrensablauf sowie Rechte und Pflichten des Bürgers gegenüber den Finanzbehörden. Die AO gilt für sämtliche durch Bundesgesetz geregelten Steuerarten. Sie wird daher als „Mantelgesetz" bezeichnet. Mathematisch formuliert, ist die AO vor die Klammer gezogen:

AO x (EStG; UStG; KStG; ...)

Dadurch, dass der Gesetzgeber das Verfahren an einer Stelle für alle Steuerarten geregelt hat, wird die Rechtsstellung des Bürgers bezüglich sämtlicher Steuern leicht erkennbar. Die Einzelsteuergesetze sind übersichtlicher, da sie nur die materielle Rechtslage behandeln müssen.

8.2 Besteuerungsverfahren

Das Besteuerungsverfahren lässt sich grob in die auf S. 114 abgebildeten Abschnitte einteilen.

8.2.1 Ermittlungsverfahren

8.2.1.1 Grundzüge des Verfahrens

Die Finanzbehörden haben die Steuern gleichmäßig und gesetzmäßig festzusetzen (§ 85 AO). Auf der Basis des Gleichheitsgrundsatzes aus Art. 3 GG müssen die Finanzämter die Steuern bei allen Bürgern gleichmäßig erheben und sich dabei an Recht und Gesetz halten.

Ein Sachbearbeiter im Veranlagungsbezirk hat jährlich zwischen 1.000 und 1.200 Steuerfälle, die oftmals Bezüge zu ESt, USt und GewSt aufweisen, zu bearbeiten. Bei diesem Massenverfahren liegt es in der Natur der Sache, dass er nicht jede Einzelerklärung bis ins Detail überprüfen kann. Daher steht ihm ein weitgehendes Entscheidungsrecht zu, wieweit er Einzelfälle durchprüft und an welchen Stellen er die Angaben des StPfl. übernimmt (§ 88 AO). Der Beamte muss ein Konzept entwickeln, in welchen Erklärungen er gründlich nachforscht. Dabei wird er in Fällen inhaltlicher Ungereimtheiten (z.B. baut der StPfl. ein Haus, obwohl er über Jahre nur sehr niedrige Einkünfte versteuert hat und auch keine Schenkung oder Erbschaft den plötzlichen Wohlstand erklären kann), bedeutender Abweichungen gegenüber Vorjahren oder erstmals auftauchender Dauersachverhalte (z.B. beim Bau eines Mietshau-

Abgabe der Steuererklärung

Ermittlungsverfahren
In diesem Verfahrensstadium werden die Besteuerungsgrundlagen ermittelt. Es wird geklärt, welche Sachverhalte der StPfl. verwirklicht hat und wie sie steuerlich zu beurteilen sind. Im Regelfall wird die Steuererklärung im Finanzamt an Hand der beigefügten und sonst herbeigezogenen Belege und Beweismittel geprüft.

Festsetzungsverfahren
Wenn sämtliche Besteuerungsgrundlagen feststehen, wird die Steuer durch einen bindenden Steuerbescheid (Verwaltungsakt) gegenüber dem Stpfl. Festgesetzt. Mit diesem VA legt die Behörde fest, wie sie die verwirklichten Sachverhalte steuerlich würdigt und in welcher Höhe Steuern entstanden sind. Der Steuerbescheid ist das zentrale Rechtsinstitut der AO. Sofern der StPfl. einverstanden ist und ihn nicht anficht, erwächst der Bescheid in Bestandskraft. Dies bedeutet, dass er befolgt werden muss und von der Behörde vollzogen und vollstreckt werden kann.

Erhebungs- und Vollstreckungsverfahren
Zahlt der Stpfl. bei Fälligkeit der Steuer nicht, hat die Behörde den Steueranspruch zwangsweise beizutreiben. Zu diesem Zweck kann das Finanzamt Forderungen pfänden (z.B. Gehalt, Bankguthaben), bewegliche Sachen und Immobilien versteigern lassen sowie Konkursanträge stellen.

Einspruchs- und Klageverfahren
Ist der Stpfl. mit seinem Steuerbescheid nicht einverstanden, hat er zunächst bei der Behörde, von der der Bescheid kommt, Einspruch einzulegen. Erst wenn die Behörde den Einspruch zurückweist, ist der Rechtsweg zum Finanzgericht eröffnet.

Änderung von bestandskräftigen Steuerbescheiden
Unter engen Voraussetzungen ist die nachträgliche Änderung von bereits bestandskräftigen Steuerbescheiden möglich.

8.2 Besteuerungsverfahren

ses wird die AfA-Bemessungsgrundlage für die kommenden Jahre ermittelt) exakter prüfen. Neben diesen Kriterien, bei denen es auf das prüferische Gespür des Sachbearbeiters ankommt, erfolgt die Auswahl der prüfungswürdigen Fälle im Arbeitnehmerbereich in einigen Bundesländern durch Vorgaben aus der EDV: Auf Grund der Verordnung über die elektronische Übermittlung von Steuerdaten vom 28.01.2001 haben die Bürger die Möglichkeit, die Einkommensteuererklärung auf elektronischem Weg einzureichen. Bei diesem „ELSTER"- Verfahren (elektronische Steuererklärung) kann der Bürger seine Angaben authentifizieren, das heißt mit einer besonderen Form der elektronischen Signatur versehen; damit ist er nicht mehr verpflichtet, die Steuererklärung in Papierform einzureichen. Anhand bestimmter Kennzahlen gibt nun ein maschineller Risikofilter dem Sachbearbeiter vor, welche Steuererklärungen auffällig und damit prüfungswürdig sind. Daneben wird noch eine Zufallsauswahl getroffen. Die Angaben aus Steuererklärungen, die weder auffällig waren, noch durch Zufallsauswahl zur Überprüfung gelangen, sind dann ohne weiteres zu übernehmen.

In dieser Art der Schwerpunktbildung der Überprüfung liegt kein Verstoß gegen die Gleichmäßigkeit der Besteuerung, da der StPfl. nicht voraussehen kann, wie intensiv gerade seine Erklärung überprüft werden wird. Er muss daher in jedem Fall um größtmögliche Exaktheit und Ehrlichkeit bemüht sein.

Bei der Sachverhaltsaufklärung darf die Finanzbehörde nicht einseitig zu Lasten des StPfl. ermitteln. Vielmehr müssen auch die für die Beteiligten günstigen Umstände ermittelt werden (§ 88 AO).

8.2.1.2 Mitwirkungspflichten im Veranlagungsverfahren

Zwar werden die Besteuerungsgrundlagen von Amts wegen ermittelt, doch obliegen dem StPfl. weitgehende Mitwirkungspflichten (§ 90 AO). Diese Pflichten erfüllt er primär durch die Abgabe von Steuererklärungen und Steueranmeldungen (§§ 56 ff. EStDV; § 18 Abs. 1 und Abs. 3 UStG). Dabei hat er sämtliche Sachverhalte wahrheitsgemäß offen zu legen und die erforderlichen Angaben gegenüber dem Finanzbeamten zu machen. Auch die kaufmännische Buchführungspflicht ist durch die AO als steuerliche Pflicht übernommen (§ 140 AO), wobei der Kreis der buchführungspflichtigen Unternehmer gegenüber dem Handelsrecht noch erweitert wurde (§ 141 AO).

Ergänzend kennt das deutsche Recht folgende Beweismittel:

- Vorlage von Belegen, Verträgen, Geschäftspapieren etc. (Urkundsbeweis nach § 97 AO). So kann das Finanzamt den StPfl. auffordern, Quittungen über gekaufte Fachbücher vorzulegen.

- Benennung von Zeugen (Zeugenbeweis nach § 93 AO). Dabei ist zu beachten, dass Zeugen erst dann auf Betreiben des Finanzamtes vernommen werden sollen, wenn die Sachverhaltsaufklärung durch den StPfl. keinen Erfolg verspricht (§ 93 Abs.1 Satz 3 AO). Dem Sachbearbeiter des Veranlagungsbezirks liegen z.B. Erkenntnisse über Betriebseinnahmen eines StPfl. vor. Der StPfl. streitet ab, diese Einnahmen erzielt zu haben. In diesem Fall könnte ein Mitarbeiter der kontoführenden Bank als Zeuge über die Kontobewegungen vernommen werden. Entgegen weit verbreiteter Ansicht wird der StPfl. in diesem Fall nicht durch das „Bankgeheimnis" geschützt (§ 30a Abs. 5 AO i.V.m. § 93 AO). Vielmehr hat der Bankmitarbeiter, wie jeder andere Zeuge auch, ein wahrheitsgemäße Aussage zu machen.

Ein Zeugnisverweigerungsrecht steht den Angehörigen des StPfl. sowie Berufsgeheimnisträgern (Ärzte, Priester, Steuerberater, Rechtsanwälte u.a.) zu.

- Duldung des Betretens von Grundstücken (Augenscheinsbeweis nach §§ 98, 99 AO).
- Sachverständigengutachten (§ 96 AO).

Ein Gewerbetreibender nutzt z.B. seinen Lagerplatz nicht mehr für betriebliche Zwecke, sondern bebaut ihn mit einem Einfamilienhaus, in das seine Tochter mit ihrer Familie einzieht. Über den Verkehrswert des Lagerplatzes bei Entnahme aus dem Betriebsvermögen besteht Streit zwischen dem Finanzamt und dem StPfl. Nunmehr wird ein Sachverständiger beauftragt, ein Wertgutachten über Grund und Boden zu erstellen.

Das Bankgeheimnis des § 30a AO regelt, dass die Finanzverwaltung von den Banken keine Mitteilungen von Kontoständen der Kunden zum Zwecke der allgemeinen Überwachung fordern darf. Weiterhin darf ein Betriebsprüfer, der die Buchhaltungsunterlagen der Bank kontrolliert, keine Kontrollmitteilungen (siehe unten - § 30a Abs. 3) ausstellen. Andererseits muss der Bankangestellte im Einzelfall über die Kontobewegungen der Bankkunden auf Aufforderung des Finanzamtes als Zeuge Rede und Antwort stehen.

Mit Einführung des § 93b AO zum 1.0.2005 wurde das Bankgeheimnis weiter ausgehöhlt: Das Finanzamt hat seither die Möglichkeit, das Bestehen von Kontoverbindungen zwischen sämtlichen Banken und deren Kunden in Deutschland abzurufen. Dabei kann die Verwaltung allerdings nur auf die Stammdaten zugreifen; diese Stammdaten geben darüber Auskunft, ob eine Kontoverbindung besteht. Allerdings gewährt die AO dem Finanzbeamten dieses Recht nur dann, wenn der Kontenabruf zur Festsetzung der Steuern erforderlich ist und eine Rückfrage beim StPfl. keinen Erfolg verspricht. Die einzelnen Kontobewegungen müssen dann in einem zweiten Schritt durch den StPfl. offengelegt werden.

8.2.1.3 Mitwirkungspflichten bei der Außenprüfung

Eine Sonderform der Sachverhaltsermittlung stellt die Außenprüfung dar (§§ 193 ff AO). Ihr Sinn wird deutlich, wenn man sich vergegenwärtigt, dass große Unternehmen nicht in der Lage sind, ihr Rechnungswesen beim Finanzamt zu präsentieren. Es ist einleuchtend, dass der Prüfer sich zum Unternehmen hinbewegen muss, um dessen Rechenwerk zu prüfen.

Da diese Außenprüfung für das zu prüfende Unternehmen einen gewichtigen Eingriff darstellt, sind die Rechte und Pflichten der Beteiligten an einer Außenprüfung detailliert geregelt. Eine Außenprüfung ist bei Gewerbetreibenden, Land- und Forstwirten und Freiberuflern zulässig (§ 193 Abs. 1 AO). Es sind

8.2 Besteuerungsverfahren

also Steuerpflichtige betroffen, die in irgendeiner Form Betriebseinnahmen und -ausgaben erfassen müssen und für die niemand Abzugssteuern (z.B. Lohnsteuer) einbehält.

Will das Finanzamt bei anderen Personen als diesen Berufsgruppen eine Außenprüfung durchführen, muss es begründen, welche Sachverhalte der Aufklärung bedürfen und warum eine Aufklärung an Amtsstelle nicht zweckmäßig ist (§ 193 Abs. 2 Nr. 2 AO).

Zuständig für die Außenprüfung sind im Finanzamt besondere Abteilungen (Betriebsprüfungsstellen - BP). In einigen Bundesländern gibt es spezielle Finanzämter für Prüfungsdienste.

Obwohl Betriebsprüfer für den Staat sehr effektive Beamte sind - im Durchschnitt erzielt ein Betriebsprüfer im Jahr mehr als 500.000 EUR an Mehrsteuern - gibt es, gemessen an der Zahl der prüfungswürdigen Betriebe, wenige Prüfer. Nachdem in den neunziger Jahren die Betriebsprüfungsstellen personell aufgestockt wurden, ging die Zahl in der Zeit zwischen 2000 und 2004 leicht zurück. Wie einer Mitteilung der Bundesregierung, BT Drucksache 16 / 5804 vom 21.06.2007 zu entnehmen ist, plant der Bund, die Anzahl der Bundesprüfer beim Zentralamt für Steuern von derzeit 130 Personen auf 630 Personen zu erhöhen.

Genau wie im Innendienst ist auch im Außendienst eine Auswahl der Prüfungsfälle vorzunehmen. Nach der Betriebsprüfungsordnung (BPO) soll gewährleistet werden, dass zumindest Großbetriebe (z.B. börsennotierte Aktiengesellschaften) jährlich geprüft werden. Die übrigen Unternehmen (Mittel- und Kleinbetriebe) werden meist nach den obenbeschriebenen Grundsätzen zur Prüfung ausgewählt. Der BFH hat allerdings auch ein Losverfahren als Auswahlmodus als rechtmäßig angesehen. In dem entschiedenen Fall wurde ein Unternehmen mehrfach hintereinander gezogen, während die Konkurrenzunternehmen von der BP verschont blieben. Das Gericht sah darin keinen Verstoß gegen den Gleichheitsgrundsatz. Ihm kam es entscheidend darauf an, dass jedes Unternehmen mit der Außenprüfung rechnen müsse und sich auch nach gerade abgeschlossener Prüfung nicht in der Sicherheit wiegen dürfe, für einige Zeit „Ruhe vor dem Finanzamt" zu haben.

Zur Durchführung der Prüfung hat der Prüfer das Recht, die Geschäftsräume zu betreten und zu besichtigen. Er hat Anspruch auf einen geeigneten Raum, mit Heizung, Licht und Stromanschluss. Von einer Tasse Kaffee abgesehen, muss er jede weitere Bewirtung ablehnen.

Der Prüfer darf nicht einseitig gegen den StPfl. ermitteln, sondern hat auch die Besteuerungsgrundlagen zugunsten des StPfl. zu prüfen (§ 199 AO). Während der Prüfung hat der StPfl. oder eine benannte Person Auskünfte zu erteilen und das gesamte Rechnungswesen dem Prüfer offen zu legen (§ 200 AO).

Gemäß § 147 Abs. 7 AO steht dem Betriebsprüfer das Recht zu, auf die gespeicherten Daten und das Datenverarbeitungssystem des StPfl. unmittelbar zuzugreifen. Daneben kann er den StPfl. auffordern, Daten nach seinen Vorgaben auszuwerten und herauszugeben.

Hierdurch ergeben sich ungeahnte Prüfungsmöglichkeiten: Während in früheren Jahren zum Beispiel das Kassenbuch nur über einige Tage nachgerechnet wurde, kann der Betriebsprüfer seither das Kassenbuch für den gesamten Prüfungszeitraum per Knopfdruck kontrollieren und eventuelle Fehlbeträge sondieren.

Eine völlig neue Methode ist der „Chi^2 - Test". Dieser kommt regelmäßig bei Betrieben zur Anwendung, die einen hohen Bargelddurchfluss haben. Nach den anerkannten Regeln der Statistik muss nämlich jede Ziffer im Kassenbuch gleichmäßig häufig vorkommen. Auf der anderen Seite hat jeder Mensch bestimmte „Lieblingszahlen". Derjenige, der also sein Kassenkonto manipuliert, benutzt unwillkürlich seine Lieblingsziffern häufiger. Mit dieser Methode, die in den Niederlanden entwickelt wurde, kamen Krankenkassenprüfer den Falschabrechnungen eines Arztes auf die Spur. Nachdem der Bundesgerichtshof für Strafsachen diese Methode ebenfalls anwendet, gehen auch die ersten Finanzgerichtsurteile davon aus, dass Auffälligkeiten aus diesem Test zumindest eine starke Indizwirkung für Buchhaltungsmängel entfalten.

Noch nicht geklärt ist die Frage, wie weit der Datenzugriff der Finanzverwaltung geht. So hat das Finanzgericht Neustadt/ Weinstraße entschieden, dass das Herausgabeverlangen nicht unbegrenzt befolgt werden muss. Der Steuerpflichtige ist nach diesem Urteil nicht dazu verpflichtet, dem Betriebsprüfer zusätzlich zur Herausgabe der Daten die Lesemöglichkeit von reinen Kostenstellenträgern einzuräumen. Als Begründung führt das Gericht aus, dass der Datenzugriff die Betriebsprüfungsabläufe vereinfachen, aber nicht die Kompetenzen der Verwaltung ausweiten soll (1 K 1743 / 05; Revision ist zugelassen).

Im gesamten Betriebsprüfungsverfahren geht die AO von einem offenen und partnerschaftlichen Verhältnis zwischen Betriebsprüfer und StPfl. aus. So soll der Prüfer den StPfl. laufend über seine Erkenntnisse unterrichten, damit dieser sich darauf einstellen und Gegenpositionen aufbauen kann und nicht bei der Schlussbesprechung von den Feststellungen überrollt wird (§ 199 Abs. 2 AO).

Die BP wird in der Regel mit einer Schlussbesprechung abgeschlossen. Spätestens zu diesem Zeitpunkt muss der Prüfer alle gefundenen Erkenntnisse offen legen und dem StPfl. rechtliches Gehör gewähren.

Im Anschluss an die BP wird der BP-Bericht durch den Innendienst ausgewertet und ein Änderungsbescheid erlassen.

Eine Besonderheit der Betriebsprüfung stellen die Kontrollmitteilungen dar (§ 194 Abs. 3 AO). So ist es dem Prüfer erlaubt, während der Prüfung Mitteilungen an Finanzämter anzufertigen, bei denen Geschäftspartner des Unternehmens, das gerade geprüft wird, steuerlich geführt werden.

8.2 Besteuerungsverfahren

Beispiel:

Bei der BP des Bauträgers B stellt der Prüfer fest, dass Handwerksmeister H im Jahr 03 an der Baustelle des B für 50.000 EUR Handwerksleistungen erbracht hat. Er schreibt eine Kontrollmitteilung darüber aus, die er an das für H zuständige Finanzamt übersendet. Dort kann kontrolliert werden, ob H diese Einnahmen versteuert hat.

Beispiel:

Bei der Prüfung eines Getränkehändlers stellt der Prüfer fest, dass Gastwirt G Getränke im Wert von 20.000 EUR gekauft und bar bezahlt hat. Auch in diesem Fall darf er eine Kontrollmitteilung versenden, damit die Umsätze des G geprüft und der Wareneinsatz nachkalkuliert werden kann.

Mit den Kontrollmitteilungen verfügt die Finanzverwaltung über ein sehr effektives Instrument zur externen Verprobung.

8.2.1.4 Wirtschaftliche Betrachtungsweise (§§ 39 - 42 AO)

Ziel der Steuergesetze ist es, wirtschaftliche Vorgänge so zu besteuern, wie sie sich tatsächlich zutragen. Für die Besteuerung kommt es nicht darauf an, ob das durchgeführte Geschäft sittenwidrig ist oder gegen ein gesetzliches Verbot verstößt (§ 40 AO).

Beispiel:

Der StPfl. erzielt hohe Gewinne aus illegalem Rauschgifthandel oder aus dem Verkauf strafbar erworbener Hehlerware. Selbstverständlich sollen diese Gewinne auch durch Besteuerung abgeschöpft werden. Damit wird das gesetzeswidrige Verhalten dem gesetzmäßigen Verhalten für steuerliche Zwecke gleichgestellt.

Dieser Grundsatz findet sich bereits im Römischen Recht. Als Kaiser Vespasian (69-79 n. Chr.) eine Sondersteuer für öffentliche Bedürfnisanstalten einführte, geriet er unter mächtige Kritik. Daraufhin nahm er eine aus dieser Steuer stammende Münze und hielt sie dem Kritiker unter die Nase. Dieser musste feststellen, dass man dem Geld seine Herkunft nicht anmerken konnte. Vespasians Ausspruch „pecunia non olet" (Geld stinkt nicht) hat auch heute offensichtlich noch Gültigkeit.

Die genannten Prinzipien spiegeln sich in der Behandlung von Scheingeschäften und missbräuchlichen Steuergestaltungen wider (§ 41 Abs. 2 AO). Schließen z.B. die Parteien ein Geschäft nur zum Schein ab, dann ist dies für die Besteuerung ohne Belang. Der Besteuerung wird das tatsächlich gewollte und nur nach außen verdeckte Rechtsgeschäft zugrunde gelegt. So hat die Finanzverwaltung das Recht, Rechtsgeschäfte, die zwar nach BGB nicht zu beanstanden sind, weil sie wirksam zustande gekommen sind und auch nicht nur zum Schein abgeschlossen wurden, für Besteuerungszwecke nicht anzuerkennen (§ 42 AO). Ein solcher Missbrauch von rechtlichen Gestaltungen liegt immer dann vor, wenn das Geschäft derart ungewöhnlich, umständlich und unangemessen ist, dass es bei vernünftiger Gestaltung der Verhältnisse nicht oder nicht in der realisierten Form abgeschlossen worden wäre.

Beispiel:

Der StPfl. betreibt ein Steuerbüro. Die EDV-Anlage hat er von seinem 1 ½-jährigen Kind gemietet. Das Kind hat bereits eigenes Vermögen, mit dem die Anlage gekauft wurde. Sämtliche Verträge sind formwirksam nach BGB und werden von den Beteiligten exakt durchgeführt. (Der steuerliche Effekt des Mietvertrags liegt darin, dass beim Kind als Steuersubjekt ein Grundfreibetrag und die niedrige Progression des ESt-Tarifs ausgenutzt werden). Der BFH hat diesem Vertrag die Anerkennung unter Hinweis auf § 42 AO versagt. Es gäbe keinen wirtschaftlich vernünftigen Grund, weshalb der Vater nicht direkt die EDV-Anlage kaufe und als Eigentümer nutze. Die Einschaltung des Kleinkindes als Vermieter ist so umständlich und ungewöhnlich, dass offenkundig das Kind nur als Objekt zur Steuerumgehung missbraucht wird.

§ 42 AO soll die Grauzone zwischen legaler Steuervermeidung und der strafrechtlich relevanten Hinterziehung abdecken. In jedem Einzelfall sind die Verhältnisse an Hand der Kriterien der Rechtsprechung zu prüfen.

8.2.2 Festsetzungsverfahren

Nach Ermittlung der Besteuerungsgrundlagen ist die Steuer durch Steuerbescheid festzusetzen (§ 155 AO). Der Bescheid ergeht in der Rechtsgestalt eines Verwaltungsakts (§ 118 AO). Der VA ist die wichtigste Handlungsform der öffentlichen Verwaltung. Von der Frage, ob die Behörde durch VA gehandelt hat, hängen weitreichende Konsequenzen ab. Legt der Bürger gegen den VA keinen Einspruch ein, wird dieser bestandskräftig. Er kann von der Behörde vollzogen und vollstreckt werden (§ 251 AO). Dies gilt selbst dann, wenn er rechtswidrig oder fehlerhaft ist. Ein VA wird mit dem Inhalt wirksam, mit dem er bekannt gegeben ist (§ 124 AO).

Wegen dieser Konsequenzen muss bei jedem Behördenhandeln zuerst dessen Rechtscharakter geklärt sein. Beim Handeln der Finanzverwaltung lassen sich Verwaltungsakte relativ eindeutig von anderen Formen des Handelns (z.B. Abschluss eines zivilrechtlichen Kaufvertrags) abgrenzen. Der Steuerbescheid stellt eine „hoheitliche Maßnahme" dar, denn durch Steuerbescheide erfüllt die Behörde gerade die ihr zugewiesene Aufgabe als Teil der Exekutivgewalt. Wenn allerdings der Behördenleiter einen PC für seine Sekretärin kauft, dann handelt er nicht hoheitlich, denn er schließt als Vertreter der Behörde einen zivilrechtlichen Kaufvertrag. Sollten aus diesem Vertrag irgendwelche Leistungsstörungen erwachsen (Verzug, Sachmängel, etc.), kann die Behörde nicht durch ihre eigenen Vollstreckungsorgane die Rechte durchsetzen, sondern muss gerichtliche Hilfe in Anspruch nehmen.

Weiterhin ist es erforderlich, dass ein „Einzelfall" auf dem Gebiet des „öffentlichen Rechts" geregelt wird. Mit dem Steuerbescheid wird die Steuerschuld einer bestimmten Steuerart für ein bestimmtes Jahr gegenüber dem StPfl. verbindlich festgesetzt. Aus diesem Grund gehen vom Steuerbescheid unmittelbare Rechtswirkungen aus.

Weitere Verwaltungsakte sind z.B. die Festsetzung von Zinsen, Verspätungszuschlägen oder die Durchführung von Vollstreckungshandlungen.

8.2 Besteuerungsverfahren

Im Gegensatz dazu gehen von bloßen vorbereiteten Maßnahmen noch keine unmittelbaren Rechtswirkungen aus. Wenn der StPfl. lediglich aufgefordert wird, Belege einzureichen oder ihm ein Betriebsprüfungsbericht übersandt wird, befindet sich das Verfahren noch im Vorstadium des VA.

Um Rechtsfolgen eintreten zu lassen, muss der VA dem Betroffen wirksam bekannt gegeben sein (§ 122 AO). Der Behörde steht es frei, den VA durch die Post förmlich gegen Empfangsquittung (Postzustellungsurkunde) überbringen zu lassen. Da es sich aber beim Besteuerungsverfahren um ein Massenverfahren handelt, ist dieser Weg für die Vielzahl der Fälle zu umständlich und zu teuer. Deshalb wird in der Regel die Zustallung durch einfachen Brief gewählt. In diesem Fall gilt der (innerhalb der Bundesrepublik) am dritten Tag nach Aufgabe als bekannt gegeben (§ 122 Abs. 2 AO). Mit dieser Fiktion wird dem Umstand Rechnung getragen, dass Briefe im Regelfall ein bis drei Tage bis zum Empfänger unterwegs sind. Sollte der Bescheid überhaupt nicht zugegangen sein oder der Adressat dies auch nur behaupten, so trifft die Behörde die Beweislast über den Zugang. Dieser Beweis ist allerdings nicht möglich. Daher muss in diesen Fällen der Bescheid erneut bekanntgegeben werden. Aus Gründen der Verwaltungsvereinfachung in Massenverfahren ging der Gesetzgeber dieses Risiko bewusst ein.

Mit Bekanntgabe entfaltet der VA seine Wirkung.

8.2.3 Einspruchs- und Klageverfahren

Der Betroffene steht dem VA nicht wehrlos gegenüber. Er hat das Recht, dagegen Einspruch einzulegen (§ 347 AO). Dadurch wird die erlassende Behörde gezwungen, den Bescheid in vollem Umfang zu überprüfen (§ 367 Abs. 2 AO). Dieses Prinzip, dass die Verwaltungsbehörde, von der der VA stammt, sich zunächst selbst im Einspruchsverfahren mit ihrer Entscheidung auseinandersetzen muss, ist im gesamten öffentlichen Recht zu finden. Es dient der Selbstkontrolle der Behörde; sie kann unterlaufene Fehler beseitigen oder sich der Rechtsauffassung des Einspruchsführers anschließen, ohne dass der Fall einem Gericht vorzulegen ist. Ebenso ist es möglich, dass der StPfl. sich durch eine Einspruchentscheidung überzeugen lässt und den Steuerbescheid nunmehr akzeptiert.

Im Einspruchsverfahren können vom StPfl. auch Argumente und Beweismittel angeführt werden, die bislang nicht Gegenstand der Entscheidung waren. Der Einspruchsführer kann auch Sachverhalte oder Unterlagen präsentieren, die er bislang schlicht vergessen hatte. Gemäß § 367 Abs. 2 AO ist die gesamte Sache erneut aufzurollen. Der Fall bleibt dann bis zur Bestandskraft der Entscheidung in alle Richtungen offen. Daher wird das Einspruchsverfahren auch als „verlängertes Festsetzungsverfahren" bezeichnet.

Bleibt die Behörde bei ihrer Auffassung, wird sie den Einspruch zurückweisen. In der Einspruchsentscheidung ist ebenso eine Verböserung zu Lasten des StPfl. denkbar, wenn dieser zuvor darauf hingewiesen wurde. Der Rechtsbehelfsführer kann dann seinen Einspruch zurücknehmen und damit selbst für den Eintritt der Bestandskraft der ursprünglichen Entscheidung sorgen.

Beispiel:

Der StPfl. hat gegen seinen Einkommensteuerbescheid Einspruch eingelegt, da der Beamte Werbungskosten in Höhe von 300 EUR fälschlicherweise nicht anerkannt hatte. Nunmehr stellt sich heraus, dass der Bescheid an einem weiteren Fehler leidet, der sich zu Gunsten des Bürgers in Höhe von 700 EUR auswirkt. Der Beamte hat nun den StPfl. auf die im Raum stehende Verböserung hinzuweisen. Durch eine Rücknahme des Einspruchs erreicht der Bürger dann zumindest noch dass sein Status Quo gesichert wird.

Nach der Einspruchsentscheidung erfolgt der weitere Rechtschutz vor dem zuständigen Finanzgericht. Solange Einspruch bzw. Klage schweben, kann keine Bestandskraft eintreten, so dass alle Maßnahmen bis zur letztinstanzlichen Gerichtsentscheidung aufhebbar bleiben.

Die Erfolgsaussichten des Einspruchs werden immer in zwei Schritten geprüft: der Einspruch muss zulässig und begründet sein. Eine wesentliche Zulässigkeitsvoraussetzung ist das Einhalten der Einspruchsfrist. Die Einspruchsfrist beträgt einen Monat nach Bekanntgabe des Steuerbescheids (§ 355 AO). Setzt sich der Bürger nicht gegen den Bescheid zur Wehr, weil z.B. die Steuererklärungsgemäß veranlagt wurde, tritt mit Ablauf der Rechtsbehelfsfrist Bestandskraft und damit Rechtsfriede ein. Der Bescheid wird ebenfalls bestandskräftig, wenn der Adressat zwar nicht einverstanden ist, aber dennoch die Frist verstreichen lässt. Die Einspruchsfrist kann nicht verlängert werden. Daher ist die korrekte Fristberechnung von elementarer Bedeutung.

Die Berechnung der Einspruchsfrist richtet sich nach § 108 Abs. 1 AO i.V.m. § 188 BGB. Sie erfolgt praktischerweise in zwei Schritten:

1. Schritt: Beginn der Frist

Die Einspruchsfrist ist eine sog. Ereignisfrist. Sie beginnt mit Ablauf des Ereignistages. Ereignistag ist der Tag der Bekanntgabe des Bescheids. Die Bekanntgabe erfolgt mit dem Zugang, § 122 AO. Mit seinem Urteil vom 14.10.2003 hat der BFH diese Norm neu ausgelegt; grundsätzlich gilt die 3-Tage-Regel, wonach der Zugang am dritten Tag nach Aufgabe zur Post fingiert wird. Dies gilt auch bei tatsächlich früherem Zugang.

Sollte der dritte Tag nach Aufgabe zur Post auf einen Samstag, Sonntag oder Feiertag fallen, beginnt die Frist nicht mit Ablauf dieses Tages sondern mit Ablauf des kommenden Werktages (BFH, DStR 2003, 2015).

Falls der Bescheid beim StPfl. gar nicht eingeht, ist er nicht wirksam und muss erneut zugestellt werden. Im Zweifel hat die Behörde den Zugang nachzuweisen, was bei Zustellung mit einfachem Brief unmöglich ist.

2. Schritt: Ende der Frist

Dazu gelten einige grundlegende Regeln (§ 181 BGB):

- die Ereignisfrist endet immer mit Ablauf des Tages, der dem Ereignistag entspricht, bzw. dieselbe Nummer trägt wie dieser,
- beginnt die Frist an einem Monatsende, entspricht das Monatsende des Folgemonats dem Ereignistag (Beginn: 31.3.; Ende: 30.4.) und

8.2 Besteuerungsverfahren

- fällt das rechnerische Ende der Frist auf einen Samstag, Sonntag oder gesetzlichen Feiertag, endet die Frist mit Ablauf des kommenden Werktages.

Ist die Rechtsbehelfsfrist versäumt, wird der Einspruch ohne Prüfung der materiellen Rechtsfragen als unzulässig verworfen. In Ausnahmefällen bleibt die Möglichkeit der „Wiedereinsetzung in den vorigen Stand", wenn den StPfl. an der Fristversäumnis keinerlei Verschulden trifft (§ 110 AO). Das kann der Fall sein, wenn der StPfl. durch eine plötzlich eingetretene schwerwiegende Krankheit oder durch einen Verkehrsunfall gehindert ist, seinen Rechtsbehelf anzubringen. Schlichtes Vergessen oder ein Irrtum über die Rechtslage gehen allerdings zu Lasten des Bürgers. Er muss gegenüber dem Finanzamt glaubhaft machen, dass ihn kein Verschulden trifft.

Durch das Einlegen des Einspruchs wird zwar die Bestandkraft des Bescheids gehemmt, der Bürger kann aber die Pflicht zur Steuerzahlung nicht hinausschieben, § 361 Abs. 1 AO. Die Steuern werden also trotz eingelegten Einspruchs zur Zahlung fällig und der Einspruch entfaltet keinen Suspensiveffekt. Mit dieser Regelung wird verhindert, dass der rechtsuntreue StPfl. gegen einen korrekten Bescheid den (kostenfreien) Rechtsbehelf einlegt, um sich einen Zahlungsaufschub zu verschaffen.

Falls ernstliche Zweifel an der Rechtmäßigkeit des Steuerbescheids bestehen, kann das Finanzamt auf Antrag allerdings die Vollziehung des Steuerbetrags aussetzen, § 361 Abs. 2 AO. Die Vollziehung soll allerdings nur gegen Sicherheitsleistung ausgesetzt werden.

Ein Problem der täglichen Praxis des Steuerberaters stellen die „Masseneinsprüche" dar: Seit der Mitte der neunziger Jahre hat das Bundesverfassungsgericht mehrfach Steuergesetze wegen verfassungswidrigen Inhalts aufgehoben. Ebenso hat der EuGH mehrfach deutsche Steuergesetze wegen Verstoßes gegen europäisches Recht aufgehoben. In diesen Fällen ergeht der Steuerbescheid also entsprechend dem Gesetzeswortlaut und scheint auf den ersten Blick rechtmäßig zu sein. Da allerdings die zugrunde liegende Gesetzeslage nicht verfassungsgemäß ist, kann dieser Bescheid keine Rechtmäßigkeit haben. Wenn der StPfl. in diesen Fällen seinen Steuerbescheid allerdings nicht anficht, tritt Bestandskraft ein, so dass der VA grundsätzlich nicht mehr geändert werden kann.

Der StPfl. – insbesondere sein Steuerberater – müssen folglich die Rechtsprechung sehr genau beobachten, ob derartige grundsätzliche Verfahren oder Musterprozesse anhängig sind. In diesem Fall muss gegen den Steuerbescheid Einspruch eingelegt werden, selbst wenn er erklärungsgemäß ergangen ist und der Gesetzeslage entspricht. Durch diesen Einspruch wird der Fall „offen gehalten"; nur dann kann der Bürger von einer Entscheidung des Verfassungsgerichts in derartigen grundsätzlichen Fragen profitieren.

Dieses Offenhalten von Steuerfällen kostet den Steuerberater sehr viel Arbeit, da er ja immer die neuesten Prozesse kennen und auf seinen jeweiligen Fall anwenden muss. Der Gesetzgeber könnte durch eine Änderung der Gesetzeslage hier wesentlich zur Vereinfachung des Steuerrechts beitragen; er hat aber daran offensichtlich kein Interesse: Falls der jeweilige Musterprozess zu einer

Aufhebung der gesetzlichen Regelung führt, muss der Fiskus nur diejenigen Parallelbescheide ändern, die durch Einspruch offengehalten wurden. Die Bescheide der „braven" Bürger, die nicht angefochten wurden, sind wegen der Bestandskraft nicht zu ändern. Somit erspart sich der Staat hohe Steuerrückzahlungen – und der „ehrliche und schlecht beratene Steuerzahler ist - wieder einmal - der Dumme".

Der Einspruch führt dazu, dass der gesamte Fall offen bleibt und der StPfl. auch nach Jahr und Tag mit weiteren Argumenten das Finanzamt überziehen kann. Zur Sicherung des Rechtsfriedens wurden daher mit dem JStG 2007 in § 367 AO die Absätze 2a und 2b eingeführt; danach hat das Finanzamt die Möglichkeit, Teileinspruchsentscheidungen zu erlassen.

8.2.4 Nachträgliche Änderung bestandskräftiger Steuerbescheide

Als rechenaufwendiges Massenverfahren ist das Besteuerungsverfahren vergleichsweise fehleranfällig. Nach Eintritt der Bestandskraft sind Steuerbescheide allerdings nicht mehr änderbar. Daher besteht ein ständiges Spannungsverhältnis zwischen der materiellen Richtigkeit der Steuerbescheide und dem Streben nach Bestandskraft und Rechtsfrieden. Diesen Zielkonflikt löst der Gesetzgeber mit den Korrekturnormen (§§ 129, 172 ff AO.) Bestandskräftige Steuerbescheide sollen nur unter engen Voraussetzungen geändert werden. So können Schreib-, Rechenfehler und ähnliche offenbare Unrichtigkeiten jederzeit berichtigt werden (§ 129 AO). Das Finanzamt wird dadurch ermächtigt, typische mechanische Versehen, wie verschreiben und verrechnen jederzeit zu korrigieren. Sofern der StPfl. ein berechtigtes Interesse an der Korrektur hat, muss der Bescheid geändert werden.

Beispiel:

Der Finanzbeamte hat sich beim Erfassen der Einnahmen aus Vermietung und Verpachtung vertippt. Statt 23.600 EUR hat er 32.600 EUR eingegeben. Der Fehler fällt dem StPfl. erst nach Ablauf der Rechtsbehelfsfrist auf. Da der Bescheid einen Rechenfehler (Zahlendreher) enthält, kann er jederzeit, also auch nach Ablauf der Rechtsbehelfsfrist geändert werden. Der Bescheid ist zu Lasten des StPfl. fehlerhaft, womit dieser ein berechtigtes Interesse an dessen Korrektur hat.

Beispiel:

Der Sachbearbeiter des Finanzamtes hat die Kosten für ein Kinderbuch zum Werbungskostenabzug eines Bankkaufmanns zugelassen, da er die vorgelegten Quittungen nur oberflächlich geprüft hat. Einige Monate nach Erlass des Steuerbescheids fällt ihm der Fehler auf und er will den Bescheid korrigieren. Hier kommt keine Änderung Betracht, da es sich bei dem Fehler nicht um ein mechanisches Versehen, sondern um einen Rechts- oder Denkfehler handelt. Trotz falsch festgesetzter Steuer muss der Bescheid bestehen bleiben.

Neben dieser Änderungsnorm kann die Bestandskraft eines Steuerbescheides nur aufgrund der §§ 172 ff AO durchbrochen werden. Insbesondere § 173 AO weist große praktische Relevanz auf. Diese Norm löst das Problem, dass dem

8.2 Besteuerungsverfahren

Finanzamt bei Erlass eines Steuerbescheides oft gar nicht alle Tatsachen, die den Steuerfall ausmachen, bekannt sind.

Beispiel:

Die Steuererklärung des Beamten Dr. Fleißig für das Jahr 03 ist bestandskräftig. Durch eine Kontrollmitteilung erfährt der Sachbearbeiter im Finanzamt, dass Dr. Fleißig im Jahr 03 8.500 EUR an Vortragshonoraren eingenommen hat. In der Steuererklärung sind nur 2.500 EUR als Honorareinnahmen angegeben.

Es ist einleuchtend, dass die Behörde über ein Instrument zur Änderung dieses Steuerbescheids auch nach Bestandskraft verfügen muss. Deshalb kann ein Bescheid zu Lasten des Bürgers geändert werden, wenn eine Tatsache, die bereits bei seinem Erlass vorlag, erst nachträglich dem Finanzamt bekannt wird (§ 173 Abs.1 Nr. 1 AO). Die Tatsache des Zuflusses der 8.500 EUR liegt bereits im Jahr 03 vor. Sie wurde dem Finanzbeamten aber erst nachträglich, d.h. nach Erlass des Steuerbescheides bekannt.

Die Änderungsvorschrift nach § 173 AO ist nur bei Vorliegen neuer Tatsachen einschlägig. Darunter sind alle Lebenssachverhalte zu verstehen, die sich auf die Höhe der Steuer auswirken wie z.B. das Vorliegen von Betriebseinnahmen oder Werbungskosten. Eine Änderung kommt nicht in Betracht, wenn bei Erlass des Bescheids zwar alle Tatsachen bekannt waren, der Sachbearbeiter aber eine rechtlich falsche Würdigung vorgenommen hat (siehe Beispiel Kinderbucht).

Während § 173 Abs. 1 Nr. 1 AO die Änderung des Steuerbescheids zu Lasten des StPfl. behandelt, regelt § 173 Abs. 1 Nr. 2 AO den Fall, dass nachträglich Tatsachen bekannt werden, die sich zu Gunsten des StPfl. auswirken. Hierbei ist es nicht nur erforderlich, dass die Tatsachen nachträglich bekannt werden, sondern zusätzlich, dass den StPfl. kein grobes Verschulden daran trifft. Der Sinn dieser Regelung liegt darin, dass der StPfl. seine steuerlichen Pflichten von Anfang an ernst nehmen und bei der Erklärung alle Unterlagen berücksichtigen soll. Bei geringer Sorgfalt ist er nicht schutzwürdig. Dann überwiegt das Interesse des Rechtsverkehrs an der Bestandskraft das individuelle Interesse des StPfl. an der materiell korrekten Steuer.

Beispiel:

Der StPfl. X ist für das Jahr 01 bestandskräftig zur ESt veranlagt. Nun erscheint er im Finanzamt und erklärt, er habe aus 01 noch einen Betriebsausgabenbeleg über 3.500 EUR gefunden, den er versehentlich nicht gebucht habe, da er in seiner Schublade verlegt gewesen sei. Der StPfl. hat die im Verkehr gebotene Sorgfaltspflicht in einem außergewöhnlichen Maße (= grob fahrlässig) verletzt, denn es obliegt ihm, bei Erstellen der Buchhaltung und Steuererklärung besonders sorgfältig vorzugehen. Hätte ihn nur einfaches Verschulden getroffen („das kann jedem einmal passieren"), wäre der Beleg zu berücksichtigen gewesen.

Ergänzung des Beispiels Dr. Fleißig (s.o.):

Nachdem die nicht erklärten Betriebseinnahmen von 8.500 EUR unzweifelhaft feststehen, macht Dr. Fleißig geltend, dass ihm Reisekosten in Zusammenhang mit den Vorträgen von 480 EUR entstanden seien. Diese Kosten müssten bei der Gewinnermittlung berücksichtigt werden. Da diese Kosten in unmittelbarem Zusammenhang mit den Betriebseinnahmen stehen, kommt es auf ein Verschulden am nachträglichen Bekannt werden nicht an.

8.2.5 Vorbehalt der Nachprüfung und vorläufige Steuerfestsetzung

Im Steuerrecht gibt es die Besonderheit, dass Bescheide insgesamt unter dem Vorbehalt der Nachprüfung gestellt werden können. Solange der Vorbehalt wirksam ist, können diese Bescheide jederzeit geändert werden (§ 164 Abs. 2 AO). Damit wird dem Umstand Rechnung getragen, dass gerade bei der Steuerfestsetzung von Unternehmen der Staat die Steuern zeitnah festsetzen und einnehmen will. Gleichzeitig soll der Steuerfall im Rahmen einer Außenprüfung überprüft werden können, ohne an die engen Änderungsvoraussetzungen der §§ 172 AO ff gebunden zu sein.

Beispiel:
Die X-AG reicht die KSt-Erklärung für das Jahr 03 ein. Der Sachbearbeiter weiß, dass das Unternehmen jährlich von der Betriebsprüfung geprüft wird. Er setzt also die Steuern gem. § 164 AO erklärungsgemäß fest und vereinnahmt sie. Wenn im Rahmen der Betriebsprüfung Änderungssachverhalte auftauchen, können diese jederzeit durch Änderung des KSt-Bescheids berücksichtigt werden.

Die Vorbehaltsveranlagung bezieht sich nicht nur auf große Unternehmen, sondern der Vorbehalt kann in jeden Steuerbescheid ohne besondere Begründung aufgenommen werden. Allerdings hat der Beamte zu bedenken, dass bei einer Veranlagung gem. § 164 AO auch der StPfl. jederzeit Änderungen beantragen kann, ohne an die Bestandskraft gebunden zu sein.

Will der Sachbearbeiter den Bescheid nur in einer Frage offen halten, die noch nicht abschließend geklärt ist, kann er die Steuern insoweit vorläufig festsetzen (§ 165 AO). In diesem Fall wird der Bescheid mit Ausnahme des vorläufigen Teils bestandskräftig. § 165 Abs. 1, Zif. 2 und 3 werden dann herangezogen, wenn ein Verfahren wegen denkbarer Verfassungswidrigkeit eines Gesetzes beim BGH oder beim Bundesverfassungsgericht anhängig sind. Dann bleibt der VA insoweit änderbar und der StPfl. kann vom Ausgang des Musterprozesses profitieren. Ein einspruch ist in diesem Fall nicht erforderlich (siehe oben 8.2.3)

Zur Prüfung eines Änderungsbescheids in Klausuren oder Berufspraxis empfehlen sich folgende Arbeitsschritte:

1. Steht der Ursprungsbescheid unter Vorbehalt der Nachprüfung (§§ 164, 165 AO)? Dann ist der Bescheid jederzeit änderbar.
2. Leidet der Ursprungsbescheid an einem mechanischen Fehler (§ 129 AO)?
3. Kommt eine Änderung wegen neuer Tatsachen in Betracht (§§ 173 ff AO)?

8.2 Besteuerungsverfahren

8.2.6 Verjährung des Steueranspruchs

Das Rechtsinstitut der Verjährung dient in hohem Maße dem Rechtsfrieden. Für beide Parteien muss klar sein, dass zu irgendeinem Zeitpunkt nicht mehr über längst vergangene Steuerfragen gestritten wird, sondern dass nach einem gewissen Zeitablauf der Steuerbescheid für alle Seiten unabänderbar ist, selbst wenn er an Fehlern leidet.

Während im Zivilrecht die Verjährung nur eine Einrede begründet, die nur zu beachten ist, wenn sich der Beklagte darauf beruft, führt die Verjährung im Steuerrecht zu einem völligen Erlöschen des Anspruchs; sie muss vom Finanzamt kraft Gesetzes beachtet werden.

Es ist zunächst zu unterscheiden, ob Festsetzungsverjährung oder Zahlungsverjährung im Raum steht. Die Zahlungsverjährung betrifft die Verjährung bereits festgesetzter Steuern. Sie beträgt 5 Jahre seit der erstmaligen Fälligkeit des Steueranspruchs.

Beispiel:

Der StPfl. S zahlt seine Steuerschulden, die am 20.05.01 fällig sind, nicht. Vollstreckungsversuche des Finanzamtes bleiben erfolglos, da S über keinerlei Mittel verfügt. Daher legt der Sachbearbeiter die Akte zunächst zur Seite, um später, wenn sich die finanzielle Situation des S gebessert hat, den Anspruch erneut geltend zu machen. Sollte der Beamte die Akte nicht wieder aufrufen, tritt am 31.12.06 die Zahlungsverjährung ein und der Anspruch des Finanzamtes ist endgültig erloschen.

Die Festsetzungsverjährung hingegen betrifft das Recht der Finanzbehörde, die Steuern überhaupt noch festzusetzen. Die Festsetzungsverjährung wird in drei Schritten geprüft:

- Frist
- Beginn der Verjährung
- Ende der Verjährung.

Gemäß § 169 AO gibt es verschiedene Verjährungsfristen. Für Verbrauchssteuern beträgt die Verjährungsfrist nur ein Jahr. Alle übrigen Steuern verjähren grundsätzlich nach 4 Jahren. Für den Fall, dass dem Steuerpflichtigen eine leichtfertige Steuerverkürzung vorzuwerfen ist, beträgt die Verjährungsfrist 5, bei Steuerhinterziehung 10 Jahre. Durch die lange Verjährungsfrist bei Steuerhinterziehung wird sichergestellt, dass in diesen Fällen der Steueranspruch auch nach vielen Jahren noch geltend gemacht werden kann; schließlich dauert es oft Jahre, bis das Delikt der Steuerhinterziehung überhaupt aufgedeckt ist. Insofern stellt der Gesetzgeber mit der langen Verjährungsfrist sicher, dass der Steuerhinterzieher, sofern er entdeckt wird, die Früchte seiner Tat nicht behalten kann.

Der Beginn der Frist hängt gem. § 170 Abs. 2 O davon ab, wann der Steuerpflichtige seine Steuererklärung beim Finanzamt eingereicht hat. Grundsätzlich beginnt die Festsetzungsverjährung mit Ablauf des Jahres, in dem die Erklärung eingereicht wurde. In Fällen, in denen gar keine Erklärung eingereicht wird, beginnt die Verjährung mit Ablauf des dritten Jahres, nach Entstehen der Steuern.

Beispiel:

Der steuerehrliche S. reicht seine Einkommensteuererklärung für 01 am 30.05.02 ein. Die Festsetzungsfrist beträgt gem. § 169 Abs. 2 AO vier Jahre, sie beginnt mit Ablauf des Jahres 02 und endet nach vier Jahren am 31.12.06.

Schaubild

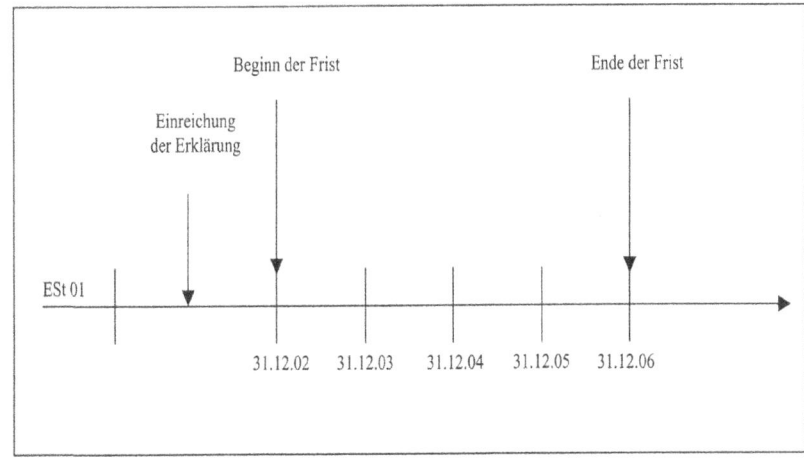

Beispiel:

S reicht die Steuererklärung für 01 nicht im Jahr 02, sondern überhaupt nicht ein. Er glaubt, nicht zur Abgabe einer Steuererklärung verpflichtet zu sein. Die Verjährung beginnt nun gem. § 170 Abs.2 Nr. 1 AO mit Ablauf des Jahres 04 („spätestens jedoch mit Ablauf des dritten Kalenderjahres...") und läuft nach vier Jahren am 31.12.08 ab.

8.2 Besteuerungsverfahren

Schaubild

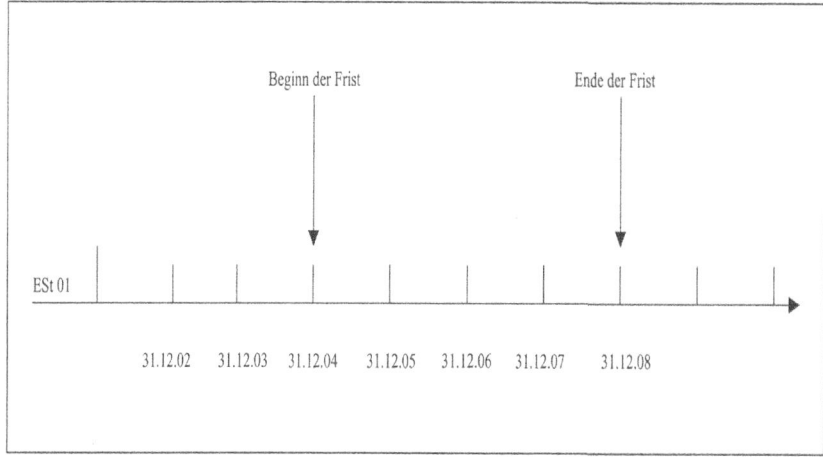

Die Verjährung tritt nicht ein, solange der Ablauf gehemmt ist (§ 171 AO). Aus dem umfassenden Paragraphen 171 seien nur einige Hemmungstatbestände dargestellt:

Beispiel:

Kurz vor dem regulären Verjährungseintritt stellt der Steuerpflichtige einen Antrag auf Änderung seines Steuerbescheids, § 173 AO. § 171 Abs. 3 AO regelt nun, dass, solange über diesen Antrag nicht bindend entschieden ist, die Festsetzungsverjährung nicht eintritt. Dabei ist zu beachten, dass die Verjährungshemmung nur soweit reicht, wie der Antrag gestellt wurde. Mit diesem Tatbestand verhindert der Gesetzgeber, dass der Finanzbeamte durch einfaches Nichtbearbeiten dieses Antrags „in die Verjährung flüchtet".

Durch die Anordnung und den Beginn einer Außenprüfung wird die Verjährung ebenfalls gehemmt (§ 171 Abs. 4 AO). Dadurch trägt der Gesetzgeber dem Umstand Rechnung, dass sich Betriebsprüfungen oft über lange Zeiten erstrecken können. Durch die Ablaufhemmung wird sichergestellt, dass die Betriebsprüfungsergebnisse auch ausgewertet werden können. Wird aber die Betriebsprüfung erst kurz vor Ablauf der regulären Verjährung angeordnet, so fordert das Gesetz, dass auch ernsthaft mit den Prüfungsarbeiten begonnen wird. Der Betriebsprüfer muss sich, für den Steuerpflichtigen erkennbar, ernsthaft mit den Prüfungsunterlagen auseinandergesetzt haben, um den Verjährungstatbestand auch herbeizuführen. Reine Scheinhandlungen, die kurz vor dem rechnerischen Verjährungseintritt noch vorgenommen werden, nur in der Absicht die Verjährung zu unterbrechen, genügen nicht.

In der Praxis ebenso bedeutsam ist die Ablaufhemmung des § 171 Abs. 10 AO. Soweit nämlich ein Grundlagenbescheid geändert wird oder erstmals ergeht, tritt die Festsetzungsverjährung für den Folgebescheid erst nach Ablauf von zwei Jahren nach Bekanntgabe des Grundlagenbescheides ein.

Beispiel:

A ist an der ABC-OHG beteiligt. Für die ABC-OHG wird eine einheitliche und gesonderte Gewinnfeststellung, §§ 179 ff. AO vorgenommen. Die Ergebnisse aus der OHG gehen als Grundlagenbescheid in die Einkommensteuerfestsetzung des A ein und werden bei A als Einkünfte aus Gewerbebetrieb steuerlich erfasst. Der Gewinnfeststellungsbescheid für die ABC-OHG ist gleichzeitig für die Steuerfestsetzung des A ein Grundlagenbescheid, da das Wohnsitzfinanzamt des A an die festgestellten Zahlen gebunden ist. Wenn z. B. die OHG über ihre Gewinnfeststellung mit dem Finanzamt einen jahrelang währenden Rechtsstreit führt, kann zwischenzeitlich für die Einkommensteuerfestsetzung des A. die Festsetzungsverjährung eintreten. In diesem Fall regelt § 171 Abs. 10, dass, soweit es um die festgestellten Gewinne aus der OHG geht, die Festsetzungsverjährung auch für die Einkommensteuer des A gehemmt ist. Die Auswertung des Grundlagenbescheids ist bis zum Ablauf von zwei Jahren nach Bekanntgabe möglich.

8.2.7 Haftung für fremde Steuerschulden

In §§ 69 ff. regelt die AO die Haftung für fremde Steuerschulden. In diesem Kapitel geht es darum, dass Personen, die nicht selbst der Steuerschuldner sind, für die Steuerschulden anderer haften müssen. Der Steuerpflichtige selbst schuldet seine Steuerschuld, weil er selbst die entsprechenden gesetzlichen Tatbestände verwirklicht hat. Mit dem Rechtsinstitut der Haftung treten weitere Personen neben den Steuerschuldner, die für dessen Steuerschulden aufkommen müssen.

In der Praxis hat § 69 AO, Haftung des Vertreters, den größten Anwendungsbereich.

Beispiel:

Die X-GmbH gerät in immer größere Zahlungsschwierigkeiten. Da der Geschäftsführer G keinen weiteren Ausweg mehr sieht, reicht er zwar die Umsatzsteuervoranmeldungen für die X-GmbH fristgemäß und in korrekter Höhe beim FA ein, er überweist aber bei Fälligkeit die Steuerbeträge nicht.

In dieser wirtschaftlich kritischen Situation ist das Verhalten des G sehr leicht zu erklären: während die Lieferanten unbedingt auf Zahlung ihrer Außenstände drängen und er auch den Arbeitnehmern ihren Monatslohn nicht vorenthalten kann, erweist sich die Finanzverwaltung zunächst als etwas geduldigerer Gläubiger. Daher ist es für G zunächst der einfachste Weg die Steuerschulden nicht zu begleichen. Wenn nun die GmbH tatsächlich in Insolvenz fällt und das Finanzamt die festgesetzten Steuerschulden nicht mehr bei der GmbH realisieren kann, regelt § 69 AO die Haftung des Vertreters für vorsätzliche und grob fahrlässige Pflichtverletzungen. Der gesetzliche Vertreter, der Geschäftsführer, tritt also neben den Steuerschuldner (die X-GmbH) und muss für deren Steuerschulden mit seinem Privatvermögen aufkommen. Der gesetzliche Vertreter hat die steuerlichen Pflichten der GmbH nach bestem Wissen und Gewissen zu erfüllen und darf nicht einseitig Gläubiger gegenüber dem Finanzamt bevorzugen. Da durch die Nicht-Zahlung der Steuern die Steuerpflichten nicht erfüllt wurden, ist der Haftungstatbestand erfüllt.

Durch diese Haftung mit dem Privatvermögen für fremde Steuerschulden der vertretenen juristischen Person zwingt der Gesetzgeber Geschäftsführer und Vorstände, auch nach Eintritt der Krise die Steuerschulden zumindest in gleicher Quote zu begleichen, wie auch die anderen Gläubiger befriedigt werden.

§ 69 AO ist für den Geschäftsführer eine „gefährliche Falle", die er nie aus den Augen verlieren darf.

§ 71 AO lässt als Haftungsschuldner den Täter oder Gehilfen einer Steuerhinterziehung zum tatsächlichen Steuerschuldner hinzutreten.

Beispiel:

Um Steuern zu sparen, verabreden der Stpfl. S und sein Buchhalter, nicht alle gewerblichen Einkünfte gegenüber dem Finanzamt zu erklären. Der Buchhalter bereitet für S die Steuererklärungen und Umsatzsteuer-voranmeldungen vor, in denen absprachegemäß gewisse Umsätze nicht erfasst sind.

S schuldet als Steuerschuldner sämtliche, auch die hinterzogenen Steuern. Gemäß § 71 AO tritt aber der Buchhalter neben den tatsächlichen Steuerschuldner als Haftender hinzu. Obwohl der Buchhalter möglicherweise keinen direkten Vorteil aus der Steuerhinterziehung gezogen hat, haftet er für die hinterzogenen Steuern, da er an der Hinterziehungstat als Mittäter, zumindest aber als Gehilfe, teilgenommen hat. Durch § 71 AO will der Gesetzgeber die Steuerhinterziehung, insbesondere gemeinschaftliche Steuerhinterziehung, für sämtliche Beteiligten „unattraktiv" machen. Der Buchhalter ist also nicht nur nach § 370 AO strafbar, sondern er haftet auch noch für die hinterzogenen Steuern, sofern beim Hauptschuldner die Steuern nicht beigetrieben werden können.

8.3 Musterfall mit Lösungshinweisen

1. Sachverhalt und Aufgabe

Ein Steuerbescheid möge die unter 1. bis 5. angegebenen Daten für die Aufgabe zur Post aufweisen. Klären Sie, wann die Einspruchsfrist jeweils endet! Gehen Sie bei der Lösung auf den Zeitpunkt der Bekanntgabe, den Beginn und das Ende der Frist ein! Ein Kalender für das Jahr 03 ist als Anlage beigefügt.

Datum der Aufgabe zur Post:

1. Di., 2. Jan. 03
2. Fr., 26. Jan. 03
3. Do., 1. Febr. 03
4. Mo., 12. März 03
5. Mo., 2. April 03

Anlage: Kalender für das Jahr 03

	Januar					Februar			
Mo.	1	8	15	22	29		5	12	19	26
Di.	2	9	16	23	30		6	13	20	27
Mi.	3	10	17	24	31		7	14	21	28
Do.	4	11	18	25		1	8	15	22	
Fr.	5	12	19	26		2	9	16	23	
Sa.	6	13	20	27		3	10	17	24	
So.	7	14	21	28		4	11	18	25	

	März					April			
Mo.		5	12	19	26		2	9	16	23
Di.		6	13	20	27		3	10	17	24
Mi.		7	14	21	28		4	11	18	25
Do.	1	8	15	22	29		5	12	19	26
Fr.	2	9	16	23	30		6	13	20	27
Sa.	3	10	17	24	31		7	14	21	28
So.	4	11	18	25		1	8	15	22	29
Mo.										30

	Mai				
Mo.		7	14	21	28
Di.	1	8	15	22	29
Mi.	2	9	16	23	30
Do.	3	10	17	24	31
Fr.	4	11	18	25	
Sa.	5	12	19	26	
So.	6	13	20	27	

Karfreitag 13. April

2. *Lösungshinweise*

zu 1: Bekanntgabe: Fr., 5.1.03

Beginn der Frist: Sa., 6.1.03. Für den Beginn der Frist ist es unerheblich, dass er auf einen Samstag fällt

	Ende der Frist:	Mo., 5.2.03 um 24.00 Uhr
zu 2:	Bekanntgabe:	Mo., 29.1.03
	Beginn der Frist:	Di., 30.1.03
	Ende der Frist:	Mi., 28.2.03. Da der Februar nur 28 Tage hat, entspricht der 28.2. als letzter Tag dieses Monats dem 30. und 31. Januar.
zu 3:	Bekanntgabe:	Mo., 5.2.03. Eine Bekanntgabe am Sonntag ist nicht möglich.
	Beginn der Frist:	Di., 6.2.03
	Ende der Frist:	Mo., 5.3.04. Für die Monatsfrist ist es unerheblich, dass der Februar lediglich 28 Tage hat.
zu 4:	Bekanntgabe:	Do., 15.3.03.
	Beginn der Frist:	Fr., 16.3.03
	Ende der Frist:	Di., 17.4.03. Das rechnerische Ende der Frist fällt auf So., den 15.4.03. Das ist der Ostersonntag, so dass das tatsächliche Ende der Frist auf Di., den 17.4.03 fällt.
zu 5:	Bekanntgabe:	Do., 5.4.03
	Beginn der Frist:	Fr., 6.4.03
	Ende der Frist:	Mo., 7.5.03. Da das rechnerische Ende der Frist auf einen Samstag fällt, endet die Frist tatsächlich erst mit Ablauf des nächsten Werktags.

8.4 Literaturhinweise zu Kapitel 8

Ax, Rolf; Grosse, Thomas; Cämmerer, Johannes „Abgabenordnung und Finanzgerichtsordnung", 19., völlig neu bearbeitete Auflage 2007

Helmschrott, Hans; Schaeberle, Jürgen „Abgabenordnung - Grundkurs des Steuerrechts Band 1", 13. neu bearbeitete Auflage, Stuttgart 2006

9 Betriebswirtschaftliche Steuerlehre

9.1 Aufgaben und Konzeption der betriebswirtschaftlichen Steuerlehre

Die betriebswirtschaftliche Steuerlehre ist der Allgemeinen Betriebswirtschaftslehre zuzuordnen. Ihre generelle Aufgabe besteht darin, die Auswirkungen der Besteuerung auf das Unternehmen und die mit ihm in Verbindung stehenden Gruppen zu analysieren. Aus dieser Zielsetzung leiten sich die vier Hauptaufgaben der betriebswirtschaftlichen Steuerlehre ab:

1. Die Vermittlung steuerrechtlicher Grundkenntnisse in den betrieblich bedeutsamen Steuerarten (= Steuernormenlehre).

2. Die Einbeziehung der Besteuerung in die unternehmerische Entscheidungsfindung (= Steuerwirkungslehre). Dabei soll verdeutlicht werden, welche steuerlichen Konsequenzen den unterschiedlichen Handlungsalternativen zuzuordnen sind. Derartige Überlegungen sind sinnvoll nur vor dem Hintergrund hinreichender Kenntnisse des materiellen Steuerrechts anzustellen.

3. Die Optimierung der Entscheidung unter Einfluss der Besteuerung (= Steueroptimierungslehre). Sie soll die unter steuerlichen Erwägungen optimale Handlungsalternative ermitteln. Allerdings ist nicht zu verkennen, dass die Besteuerung nur einen der Parameter darstellt, die innerhalb der Entscheidungsfindung zu berücksichtigen sind. Aufgabe des Entscheidenden bleibt es, unter Berücksichtigung sämtlicher wesentlicher Einflussfaktoren ein Gesamtoptimum zu finden.

4. Die Analyse des Steuerrechts hinsichtlich seiner einzelwirtschaftlichen Auswirkungen.

    Aufbauend auf den Erkenntnissen von Steuerwirkungslehre und -optimierungsanalyse werden die mikroökonomischen Konsequenzen steuerrechtlicher Normen herausgearbeitet. Daraus ergeben sich Ansätze zur Gesetzeskritik und für Vorschläge an den Gesetzgeber zur Reform des Steuerrechts. Sie fließen z. T. unmittelbar über die bei den Ministerien gebildeten Beiräte oder durch Anhörungen von Sachverständigen im Gesetzgebungsverfahren in den politischen Willensbildungsprozess ein. Indirekt nehmen sie publizistisch auf die Meinungsbildung Einfluss.

Der allgemeine Gegenstand der betriebswirtschaftlichen Steuerlehre und ihr daraus abgeleitetes wissenschaftliches Programm bestimmen den Aufbau der Disziplin. Weitgehend akzeptiert ist die Untergliederung nach den Einflüssen der Besteuerung auf das Rechnungswesen der Unternehmung und die Beeinflussung von betrieblichen Aufbauentscheidungen zum Standort und der Rechtsform sowie deren Veränderungen im Zeitablauf. Weiterhin gilt es, die

Besteuerungseinflüsse auf Entscheidungen in den betrieblichen Funktionsbereichen von Investition, Finanzierung, Produktion und Absatz zu verdeutlichen. Daneben hat sich die internationale betriebswirtschaftliche Steuerlehre etabliert. Ihr geht es darum, die Einflüsse der Besteuerung speziell auf grenzüberschreitende Vorgänge zu analysieren.

Anhand dreier ausgewählter Anwendungsfelder soll die Arbeitsweise der betriebswirtschaftlichen Steuerlehre verdeutlicht werden. Für Investitionsentscheidungen, bei der privaten Vermögensanlage sowie der Wahl der Rechtsform wird gezeigt, wie Steuerwirkungen in die Entscheidungsfindung einzubeziehen sind und sie beeinflussen.

9.2 Einfluss der Besteuerung auf ausgewählte Entscheidungen

9.2.1 Besteuerung und Investitionsentscheidungen

Besonders intensiv wurden bisher in der Fachliteratur die Einflüsse der Besteuerung auf Investitionsentscheidungen untersucht. Steuern verändern zunächst die absolute Höhe der Vorteilhaftigkeit einer Investition. Darüber hinaus kann es bei gleichzeitiger Betrachtung von mehreren Investitionsalternativen bei Berücksichtigung der Besteuerung zu einer Veränderung der Rangfolge der Vorteilhaftigkeit der einzelnen Objekte kommen. Unter Einbeziehung der Besteuerung in das Investitionskalkül würde sich also eine andere Alternative als optimal erweisen als es unter Vernachlässigung der Steuereinflüsse der Fall wäre. Deshalb ist es erforderlich, insbesondere die Erfolgsbesteuerung in die Investitionsanalyse einzubeziehen, um Fehlentscheidungen zu vermeiden.

9.2.1.1 Erfolgsbesteuerung im Kapitalwertkalkül

Zur Abbildung von Steuereinflüssen sind vorrangig die dynamischen Verfahren der Investitionsrechnung geeignet. Mit Hilfe des Kapitalwertkriteriums werden absolute und relative Vorteilhaftigkeit einer Investition beschrieben. In seiner Grundform gilt für den Kapitalwert C_0:

$$C_0 = -A_0 + \sum_{t=1}^{T} (E_t - A_t) \cdot (1+i)^{-t}$$

Mit:

A_0: Anschaffungsauszahlung (Investition)

E_t, A_t: objektbezogene Ein- und Auszahlungen des Jahres t

T: 1 ... T = Zeitindex

i: Kalkulationszinssatz

Die Besteuerung beeinflusst die Glieder dieser Formel auf unterschiedliche Weise. So würden die Anschaffungsauszahlungen A_0 durch Grunderwerbsteuer und nichtabziehbare Vorsteuer erhöht werden. Mit den Kostensteuern (Grund-,

9.2 Entscheidungen

Kfz-, Versicherung-, MinöSt) treten neben die übrigen objektbezogenen $A_t^{übr.}$ zusätzliche steuerbedingte Auszahungen A_t^{KoSt}.

Gewerbe- und Körperschaftsteuer als Vertreter der Gewinnsteuern führen zu weiteren Auszahlungen. Sie ermitteln sich in der Grundvariante, indem auf die für beide Steuerarten als identisch vorausgesetzte Bemessungsgrundlage ein kombinierter Steuersatz angewendet wird. Zur Bestimmung der ertragsteuerliche Bemessungsgrundlage B_t bedarf es noch der Periodisierung der Anschaffungsauszahlungen A_0 über die Abschreibungen AfA_t. Die Ertragsteuern S sind dann auf folgende Bezugsgröße zu beziehen:

$$B_t = E_t - A_t^{übr.} - A_t^{KoSt} - AfA_t$$

Der kombinierte Ertragsteuersatz für GewSt und KSt ergibt sich bei identischer Bemessungsgrundlage

als $\quad s = \left[s^{KSt}\left(1 - s^{GewSt}\right) + s^{GewSt} \right]$

Die als gesonderte Auszahlungen zu berücksichtigenden Ertragsteuerzahlungen belaufen sich dann auf:

$$S_t = B_t \cdot s$$
$$S_t = \left(E_t - A_t^{übr.} - A_t^{KoSt} - AfA_t \right) \cdot s$$

Ferner wirkt sich die Besteuerung auf den Kalkulationszins aus. Er hat eine doppelte Aufgabe zu erfüllen. Einerseits macht er zeitlich unterschiedliche Zahlungsströme durch Verzinsung auf einen gemeinsamen Bezugszeitpunkt vergleichbar. Andererseits bezeichnet er die Kosten der Fremdfinanzierung bzw. die Opportunitätskosten aus einer alternativen Verwendung des Anlagebetrags im Falle der Finanzierung mit Eigenkapital. Sofern nun die alternative Anlage von Eigenmitteln zu steuerpflichtigen Erträgen führt oder die Aufnahme von Fremdkapital mit gewinnminderndem Zinsaufwand verbunden ist, bedarf es einer Minderung des Kalkulationszinssatzes um die Effekte aus der Erfolgsbesteuerung. Er wird nunmehr als Nettokalkulationszins $i_s = i \cdot (1 - s)$ formuliert. Dadurch gelingt es, den Kapitalwert als Maßstab für den nach Abzug der Besteuerung verbleibenden Erfolg einer Investition zu verwenden. Unter Einbeziehung von Kosten- und Erfolgssteuern erweitert er sich zu:

$$C_S = -A_0 + \sum_{t=1}^{T} \left(E_t - A_t^{übr.} - A_t^{KoSt} - S_t \right) \cdot \left(1 + i_s\right)^{-t}$$

Beispiel:

Eine Kapitalgesellschaft plant den Erwerb eines beweglichen Anlagegegenstands. Im Zuge der Investitionsanalyse wurden folgende Daten zusammengestellt:

Anschaffungskosten	100.000 EUR
Objektbezogener jährlicher Einzahlungsüberschuss	40.000 EUR
Projektdauer	4 Jahre
Absetzung für Abnutzung	Nach der linearen Methode bei betriebsgewöhnlicher Nutzungsdauer von 4 Jahren
Hebesatz zur Gewerbesteuer	450 v.H.
Körperschaftsteuersatz	25 v.H.
Kalkulationszinssatz	10 v.H.

Es ist der Kapitalwert der geplanten Investition unter Einbeziehung der Besteuerung (C_S) zu bestimmen!

Lösungshinweis:

	t_1 EUR	t_2 EUR	t_3 EUR	t_4 EUR	Summe EUR
$E_t - A_t$	40.000	40.000	40.000	40.000	160.000
$B_t = E_t - A_t - AfA_t$	15.000	15.000	15.000	15.000	60.000
$S_t = B_t \, s$	5.817	5.817	5.817	5.817	23.268
(mit s = 0,38778)					
$E_t - A_t - S_t$	34.183	34.183	34.183	34.183	136.732
$(E_t - A_t - S_t) \, 1,0612^{-t}$	32.212	30.355	28.604	26.953	118.124
A_0					-100.000
C_S					18.124

9.2.1.2 Erfolgsbesteuerung in finanzplanorientierten Investitionsrechnungen

Aufgrund seiner restriktiven Prämissen kann das Kapitalwertkriterium die Wirklichkeit nur unzulänglich abbilden. Die Bedingung des vollkommenen Kapitalmarkts mit einem einheitlichen Zins für Kapitalaufnahme und -anlage stellt vielfach eine unzulässige Vereinfachung dar. Um diese Unzulänglichkeiten zu vermeiden, werden Investitionsrechnungen zunehmend auf der Basis von Finanzplänen vorgenommen. Sie ermöglichen vor allem eine flexiblere

9.2 Entscheidungen

Abbildung der Finanzierungsbedingungen. So erlauben sie es, Tilgungs- und Auszahlungsmodalitäten von zur Objektfinanzierung aufgenommenen Darlehen, unterschiedliche Soll- und Habenzinssätze und während der Planungsdauer auftretende Finanzierungsüberschüsse und -defizite detailliert zu berücksichtigen.

Zur Verdeutlichung der Funktionsweise von vollständigen Finanzplänen soll das Beispiel von S. 138 leicht abgewandelt werden. Ergänzend wird angenommen, dass die Finanzierung des Anlagenerwerbs mittels eines Darlehens von 100.000 EUR erfolgt. Es ist in Raten von 25.000 EUR jeweils zum Jahresende zu tilgen. Der Darlehenszins beträgt 10 v. H. p.a. Aus dem Objekt resultierende Finanzierungsüberschüsse können zu 5 v. H. p.a. angelegt werden. Nachfinanzierungen unterliegen einem Sollzins von 12 v. H. p.a. Sämtliche Zinsen werden zum Jahresende abgerechnet.

	t_1 EUR	t_2 EUR	t_3 EUR	t_4 EUR
Geldvermögen am Anfang des Jahres	0	3.061	7.746	14.105
$E_t - A_t$	40.000	40.000	40.000	40.000
Zinsaufwand Darlehen	10.000	7.500	5.000	2.500
Zinsertrag auf Geldvermögen am Anfang des Jahres	0	153	387	705
$B_t = E_t - A_t - AfA_t +/- Zinsen$	5.000	7.653	10.387	13.205
$S_t = B_t \, s$	1.939	2.968	4.028	5.121
Tilgung Darlehen A_0	25.000	25.000	25.000	25.000
Überschuss der Einzahlungen	3.061	4.685	6.359	8.084
Geldvermögen am Ende des Jahres	3.061	7.746	14.105	22.189

Der Finanzplan ist hier als Partialmodell ausgestaltet, in dem lediglich die durch das Investitionsobjekt ausgelösten Zahlungen aufgeführt sind. Die Vorteilhaftigkeit der Investition lässt sich unmittelbar anhand des Bestands an Geldvermögen am Ende des Jahres 4 (22.189 EUR) ablesen. Er entspricht inhaltlich dem Kriterium des Vermögensendwerts.

9.2.2 Besteuerung und Wahl der Rechtsform

Die Entscheidung über die Wahl der Rechtsform einer Unternehmung ist durch zahlreiche Faktoren beeinflusst. Neben Fragen der Haftung, Leitung, Kapitalbeschaffung, Mitbestimmung, Nachfolgeregelungen u.a. sind die Aspekte der Besteuerung zu beachten. Steuerliche Probleme ergeben sich bei der Gründung eines Unternehmens, der Erfassung seiner laufenden Ergebnisse sowie der Beendigung des unternehmerischen Handelns. In Abhängigkeit von der gewählten Rechtsform auftretende steuerliche Unterschiede lassen sich in einem Normenvergleich aufzeigen. Dabei werden für die wichtigsten steuerlichen Parameter in den betroffenen Steuerarten zwischen den Rechtsformen auftretende Unterschiede als jeweilige Vor- bzw. Nachteile gewürdigt. Der Vergleich erlaubt zwar eine Orientierung und erste Einschätzung der Verhältnisse. Eine Quantifizierung von Teil- und Gesamteffekten ist jedoch nicht möglich. Diese Aufgaben kann eine Veranlagungssimulation erfüllen. Kasuistisch ausgestaltet, zeigt sie für eine gegebene Datenkonstellation die steuerlichen Gesamtbelastungen unterschiedlicher Gestaltungsvarianten auf. Verallgemeinerungen und Sensitivitätsbetrachtungen sind dann über die Variation einzelner Parameter vorzunehmen.

Von Interesse für die weitere Analyse ist hier ausschließlich der Komplex der laufenden Besteuerung. Zunächst gilt es, im Zuge der Aufbauentscheidungen eine in Anbetracht der verschiedenen Anforderungen optimale Gestaltung zu entwickeln. Sie bedarf im Zeitablauf ggf. der Anpassung, wenn sich wesentliche Entscheidungsparameter geändert haben. Ein derartiger Anpassungsbedarf kann z.B. durch grundlegende Änderungen des Steuerrechts ausgelöst werden.

Die Vorgehensweise wird erläutert, indem für eine Fallkonstellation untersucht wird, welche der Gestaltungen als OHG, GmbH & Co. KG oder GmbH unter steuerlichen Gesichtspunkten am günstigsten ist.

1. Sachverhalt

Felicitas Schöne (37 Jahre) und Ute Schatz (35 Jahre) wollen gemeinsam in Mainz-Gonsenheim ein Fotogeschäft betreiben. Beide sollen je zur Hälfte an den Ergebnissen und am Vermögen der Gesellschaft einschließlich der stillen Reserven beteiligt sein. Gegenstand ihres Unternehmens sind die Ausführung von Fotoarbeiten sowie der Handel mit Fotogeräten und -zubehör.

Aus ihren Aktivitäten erwarten die Gesellschafterinnen einen jährliches operatives Ergebnis (EBIT) von 150.000 EUR. Zur Finanzierung ihres Unternehmens bringen die Gesellschafterinnen 100.000 EUR als Eigenmittel auf. Der weitergehende Kapitalbedarf wird mit Hilfe eines langfristigen Fälligkeitsdarlehens, das mit 7 % pro anno zu verzinsen ist, über ein Kreditinstitut finanziert. Daraus resultiert eine jährliche Zinsbelastung von 7.000 EUR.

Der Hebesatz zur GewSt beträgt in Mainz 440 v.H.

Beide Gesellschafterinnen sind nicht verheiratet und konfessionslos. Bei der Ermittlung ihrer zu versteuernden Einkommen sind jeweils Abzüge von 10.000 EUR zu berücksichtigen.

Falls die Gesellschaft in der Rechtsform der GmbH betrieben wird, würden Frau Schatz und Frau Schöne als Gesellschaftergeschäftsführerinnen tätig werden. Ihre angemessenen Geschäftsführergehälter würden jeweils 45.000 EUR betragen. Ein verbleibender Gewinn der GmbH soll vollständig ausgeschüttet werden.

2. Aufgabe

Es ist in Hinblick auf die laufende Belastung mit Ertragsteuern eine Empfehlung an die Gesellschafterinnen auszusprechen, ob sie ihrem Unternehmen die Rechtsform einer Kapital- oder Personengesellschaft geben sollen. Berechnungsbasis sind die steuerlichen Bedingungen des Jahres 2007. Als Personengesellschaften kommen die offene Handelsgesellschaft oder die GmbH & Co. KG in Betracht. In der Variante der GmbH & Co. KG soll davon ausgegangen werden, dass die alleinhaftende GmbH nicht am Kapital der KG beteiligt ist. Aus Vereinfachungsgründen wurde von einer Haftungsvergütung für die GmbH abgesehen. Die GmbH ist mit einem Stammkapital von 25.000 EUR ausgestattet, das sie der KG als Darlehen zum banküblichen Zinssatz zur Verfügung stellt. Bei der Ausgestaltung als Kapitalgesellschaft werden beide Gesellschafterinnen eine angemessene Vergütung als Geschäftsführerinnen von jeweils 45.000 EUR im Jahr erhalten. Ein verbleibender Bilanzgewinn soll an die Gesellschafterinnen ausgeschüttet werden.

3. Ergebnisse

Die den zusammengefassten Ergebnissen zu Grunde liegenden Berechnungen sind der Internetseite des Verfassers zu entnehmen (siehe Vorwort).

	OHG	GmbH & Co. KG	GmbH
	EUR	EUR	EUR
GewSt der OHG	17.672		
ESt der Gesellschafterinnen	21.180		
SolZ auf ESt	1.164		
GewSt der KG		17.672	
KSt der Komplementär-GmbH		358	
SolZ auf KSt		17	
GewSt Komplementär-GmbH		315	
ESt der Gesellschafterinnen		20.446	
SolZ auf ESt		1.124	
KSt der GmbH			10.703
SolZ auf KSt			588
GewSt der GmbH			10.188
ESt der Gesellschafterinnen			19.296
SolZ auf ESt			1.061
Gesamtbelastung mit Steuern	40.016	39.932	41.836

Deutlich werden zunächst die niedrigeren Steuerbelastungen bei den Gestaltungen als Personengesellschaften. Der Vorteil der GmbH & Co. KG resultiert hier aus der Vereinfachung, dass die Gewinne der Komplementär-GmbH dort thesauriert werden. Vernachlässigt werden die in der Realität zusätzlich anfallende Kosten bei der GmbH & Co. KG durch das aufwändigere Rechnungswesen.

Die steuerliche Vorteilhaftigkeit der Personengesellschaften resultiert im wesentlichen aus der GewSt. Über den Freibetrag von 24.500 EUR, die gestaffelten Messzahlen und vor allem die Anrechnung auf die ESt erfahren sie eine Bevorzugung gegenüber den Kapitalgesellschaften. Das wird auch durch die bei Kapitalgesellschaften bestehenden Gestaltungsmöglichkeiten zur Gewinnminderung durch Vergütungen an Gesellschaftergeschäftsführer nicht ausgeglichen. Selbst bei höheren Gewinnen gilt diese Feststellung, wenngleich sich die Vorteile der Personengesellschaften vermindern. Etwas günstiger fällt der Vergleich für Kapitalgesellschaften aus, wenn die Gewinne thesauriert werden. Dabei würde es sich allerdings nur um einen temporären Vorteil handeln. Effekte aus der gewählten Rechtsform ergeben sich weiterhin bei der Refinanzierung der Einlagen. Müssen die Gesellschafter ihre Einlagen fremdfinanzieren, sind die daraus resultierenden Schuldzinsen bei der Gewinnermittlung von Personengesellschaften in voller Höhe berücksichtigungsfähig. Bei Kapitalgesellschaften greift der mit dem Halbeinkünfteverfahren verbundene lediglich hälftige Abzug von Betriebsausgaben. Zusätzlich weisen Personengesellschaften Vorzüge in Verlustsituationen auf, da die entstandenen Verluste mit anderen Einkünften der Gesellschafter unter Beachtung der Restriktionen aus §§ 2 Abs. 3 und 15a EStG verrechnet werden können. Dem hingegen verbleiben Verluste bei der Kapitalgesellschaft und gehen nicht auf die Ebene der Gesellschafter über. Nachteile ergeben sich für Kapitalgesellschaften bei der ErbSt. Durch die Anwendung des Stuttgarter Verfahrens auf die Bewertung nichtnotierter Anteile fließen Ertragsgesichtspunkte in die Bewertung ein. Dadurch liegen die Steuerwerte bei gewinnstarken Kapitalgesellschaften deutlich höher als bei vergleichbaren Personengesellschaften, für die lediglich eine an der Steuerbilanz ausgerichtete Substanzbewertung stattfindet. Durch die Gestaltung als GmbH & Co. KG lassen sich zudem Haftungsbegrenzungen wie bei einer Kapitalgesellschaft erreichen.

9.2.3 Besteuerung und private Vermögensanlage

Zu den beruflichen Aufgaben der Steuerberater gehört es, ihre Mandanten in Fragen der privaten Vermögensanlage zu unterstützen. Die Anlageentscheidungen werden regelmäßig unter der Zielsetzung getroffen, die eigene Steuerbelastung zu reduzieren. Viele Initiatoren stellen gerade die steuerlichen Vorteile der von ihnen kreierten Anlagemodelle in den Vordergrund. Deshalb gilt es, diese Effekte zu analysieren und in einem investitionsanalytischen Rahmen zu betrachten. Die Problemanalyse muss zunächst ein Maß entwickeln, um die Vorteilhaftigkeit der anstehenden Investition z.B. mit Hilfe des Vermögensendwerts oder internen Zinses zu beschreiben. Die Einflüsse aus der Ertragsbesteuerung des Investors sind dabei separiert offen zu legen. Besondere Bedeutung kommt der Einbeziehung risikobezogener Aspekte zu. Sie lassen sich bzgl. der Investitionsrisiken durch die systematische Variation der wesentlichen Parameter mit Hilfe von Sensitivitätsanalysen bewältigen. Den rechtlichen Risiken wäre gesondert Rechnung zu tragen. Im Ergebnis zeigt sich viel-

9.2 Entscheidungen

fach, dass diejenigen Anlageobjekte als kritisch anzusehen sind, deren Vorteilhaftigkeit lediglich auf sog. Steuervorteilen beruht.

Aber auch die klassische Vermögensanlage in Immobilien wird durch den Einfluss der Besteuerung entscheidend geprägt.

Beispiel:

Ein Kapitalanleger beabsichtigt, ein Mehrfamilienhaus zu errichten. Die Wohnungen sollen ausschließlich fremd vermietet werden. Die Gesamtkosten belaufen sich auf 3,0 Mio. EUR (inkl. Grundstück, Baukosten, GrdESt, Notar, Grundbuch). Davon entfallen auf die Baukosten 2,550 Mio. EUR. Die Objektfinanzierung erfolgt zu 25 v.H. mit Eigenkapital (0,75 Mio. EUR). Die Fremdmittel von 2,25 Mio. EUR sind jährlich mit 7,0 v.H. zu verzinsen und 1,0 v.H. zu tilgen. Die anfängliche Jahresmiete beträgt 90.000 EUR. Die jährlichen Bewirtschaftungskosten belaufen sich auf 11.000 EUR.

Der Mandant bittet seinen Steuerberater, ihm eine Rentabilitäts- und Liquiditätsplanung für unterschiedliche steuerliche Konstellationen zu erstellen.

Ohne Einbeziehung der Einkommensbesteuerung des Investors beträgt die Objektrendite im Anfangsjahr 2,6 Prozent [(90.000 ./. 11.000) / 3.000.000] und erreicht damit eine im frei finanzierten Wohnungsbau nicht unübliche Größenordnung.

Das detaillierte Investitionskalkül lässt sich wie folgt entwickeln:

		01	02	03
		TEUR	TEUR	TEUR
Miete		90	90	90
Darlehen:	Jahresanfang	2.250	2.227	2.204
	Tilgung	23	23	23
	Jahresende	2.227	2.204	2.181
Zinsen		158	156	154
Bewirtschaftungskosten		11	11	11
Absetzung für Abnutzung		128	128	128
Verlust aus VuV		./. 207	./. 205	./. 203
Steuerersparnis				
bei Steuersatz 40 v.H.		83	82	81
bei Steuersatz 30 v.H.		62	62	61
Liquidität nach Steuern				
bei Steuersatz 40 v.H.		./. 19	./. 18	./. 17
bei Steuersatz 30 v.H.		./. 40	./. 38	./. 37
Rendite nach Steuern				
bei Steuersatz 40 v.H. (in v.H.)		0,5	0,7	0,8
bei Steuersatz 30 v.H (in v.H.)		./. 2,3	./. 2,0	./. 1,9

Aus den Berechnungen geht hervor, dass die Immobilieninvestition bei stationären Verhältnissen lediglich im Bereich hoher Grenzsteuersätze eine positive Rendite aufweist. Sollte sich die Einkommenssituation im Zeitablauf nicht aufrecht erhalten lassen, kommt es darüber hinaus zu erheblichen Liquiditätsbelastungen des Investors.

9.3 Literaturhinweise zu Kapitel 9

Fischer, Lutz; Kleineidam, Hans J.; Warneke, Perygrin; „Internationale Betriebswirtschaftliche Steuerlehre" 5. neu bearbeitete und erweiterte Auflage, Berlin 2005

Folkers, Cay; Pech, Gerald „Wirkung der Besteuerung auf Investitionsentscheidungen im finanzwissenschaftlichen Standardmodell" in: WISU 1999, S. 600 ff. und 740 ff.

Grotherr, Siegfried „Die Hauptaufgaben der Betriebswirtschaftlichen Steuerlehre" in: SteuerStud 1995, S. 101 ff.

Haberstock, Lothar; Breithecker, Volker „Einführung in die Betriebswirtschaftliche Steuerlehre", 13. neu bearbeitete Auflage, Hamburg 2005

Hundsdoerfer, Jochen „Die Ertragsteuern in der Investitionsrechnung in: WISU 1999, S. 189 ff. und 313 ff.

Kaminski, Bert; Strunk, Günther „Einfluss von Steuern auf Unternehmensentscheidungen im Bereich Marketing" in: SteuerStud 2003, S. 601 ff.

Kruschwitz, Lutz „Die Steuer spielt bei der Investitionsentscheidung eine wichtige Rolle" in: FAZ, Nr. 84, v. 9.4.2001

Kußmaul, Heinz; Leiderer, Bernd „Investitionsrechnung unter Berücksichtigung von Steuern und Inflation" in: BBK, Fach 29, S. 925 ff.

Littkemann, Jörn; Müller, Dirk „Der Einfluss steuerlicher Argumente auf Unternehmensentscheidungen" in: SteuerStud 1998, S. 212 ff.

Sasse, Alexander „Die Berücksichtigung von Ertragsteuern im Kapitalwertkalkül" in: BBK, Fach 29, S. 1065 ff.

Schirmer, Hans-J. „Der Einfluss von Steuerrechtsänderungen auf die Kapitalwertkurve einer Investition" in: SteuerStud 2007, S. 275 ff.

Thönnes, Marco „Notwendigkeit der Berücksichtigung von Steuern in wirtschaftlichen Entscheidungen" in: SteuerStud 2006, S. 414 ff.

Wotschofsky, Stefan „Ertragsteuern in der Investitionsrechnung" in: SteuerStud 2002, S. 550 ff.

Stichwortverzeichnis

3-Objekt-Grenze	27
Abfärbetheorie	19
Abgabenordnung	113 ff.
Ablaufhemmung	129
Allgemeines Steuerrecht	5
Altersentlastungsbetrag	28 f.
Anrechnungsverfahren	52
Arbeitnehmer-Pauschbetrags	25
Aufzeichnungspflichten	89
Ausbildungsfreibetrag	33
Ausschüttungsbelastung	53
Außenprüfung	116
Außergewöhnliche Belastungen	33
Aussetzung der Vollziehung	123
Bedarfsbewertung	111
Beiträge	2
Besonderes Steuerrecht	5
Bestandskraft	120
Besteuerungsverfahren	113 ff.
Bestimmungslandprinzip	90
Betriebsaufgabe	22
Betriebsausgabe	17
Betriebseinnahme	17
Betriebsveräußerung	22
Betriebsvermögen	14 ff.
- gewillkürtes	15
- notwendiges	15
Betriebsvermögensvergleich	14
Beweismittel	115 f.
Bewertungsgegenstand	109
Bewertungsgesetz	109
Bewertungsmaßstäbe	109
Bundesergänzungszuweisung	4
Dauerschulden	62 f.
Divisor-Methode	66
Durchnittssteuersatz	35
Einfuhr	80
Einheitsbewertung	110
Einkommensteuer	11 ff.
Einkommensteuertarif	36
Einkünfte	12
- außerordentliche Einkünfte	37
- Gesamtbetrag der Einkünfte	28
- Summe der Einkünfte	28
Einnahmen	18
Einnahme-Überschuss-Rechnung	16 ff.
Einspruch	121
Einzelveranlagung	39
Empfängersitzprinzip	80
Entgelt	82
Erhebungsverfahren	114
Ermittlungsverfahren	113
Ertragshoheit	2 f.
Ertragswertverfahren	110
Export	81
Festsetzungsverfahren	114, 120
Finanzamt	9
Finanzausgleich	4 f.
Finanzplan	138
Finanzverwaltung	7
Folgebescheid	68
Gebietskörperschaften	1
Gebühren	2 f.
Gemeinsamer Markt	90
Gemeinschaftssteuern	2
Gemischte Tätigkeit	23
Gesetzgebungshoheit	3
Getrennte Veranlagung	40
Gewerbebetrieb	19, 60
Gewerbeertrag	61
Gewerbesteuer	59
Gewinneinkunftsarten	12
Gewinnfeststellung	130
Gleichmäßigkeit der Besteuerung	7
Grenzsteuersatz	35
Grundfreibetrag	35
Grundlagenbescheid	68
Grundtarif	35
Haftung	130
Haupteinkunftsarten	14
Haushaltsfreibetrag	13, 41
Haushaltshilfe	34
Hausrat	106
Hebesatz	65
Hinzurechnungen	62 f.
Inland	78

Innergemeinschaftliche Lieferung	92	Solidaritätszuschlag	40
Innergemeinschaftlicher Erwerb	91	Sollbesteuerung	87
Ist-Besteuerung	88	Sonderausgaben	30 ff.
Jahresrohmiete	111	Sonderbetriebsausgaben	20
Kalkulationszins	137	Sondervergütungen	20
Kapitalertragsteuer	26	Sonstige Einkünfte	27
Kapitalvermögen	25 f.	Sonstige Leistung	79
Kapitalwert	136 f.	Sparer-Freibetrag	26
Katalogberufe	23	Spekulationsgeschäfte	27
Kausalabgaben	2	Spenden	32
Kinderfreibetrag	34	Splittingtarif	37
Kindergeld	34	Steuerbefreiungen	12, 48, 52, 61, 81 f.
Kirchensteuer	31, 40	Steuerbescheid	120 f.
Kleinbetragsrechnung	83	- Änderung	124
Kleinunternehmer	88	Steuergegenstand	60
Kommunaler Finanzausgleich	5	Steuerhinterziehung	127, 131
Körperschaftsteuer	47 ff.	Steuerhoheit	3
Körperschaftsteueränderung	53	Steuerklassen	24
Kürzungen	63 f.	Steuerliche Leistungsfähigkeit	33
Land- und Forstwirtschaft	19	Steuermessbescheid	67 f.
Lieferung	77 f.	Steuermessbetrag	61, 65
Lohnsteuerabzug	24	Steuermesszahl	65
Masseneinsprüche	123	Steuern	1
Mehrwert	75	- Besitzsteuern	2
Mittelbehörde	8	- direkte	1
Mitunternehmerschaft	19	- Ertragsteuern	1
Nacherbschaft	105	- indirekte	1
Nebeneinkunftsarten	14	- Substanzsteuern	1
Nettokalkulationszinssatz	137	- Verkehrsteuern	2, 75
Nichteheliche Lebensgemeinschaft	107	Steuerpflicht	
Nichtselbständige Arbeit	24 f.	- beschränkte Steuerpflicht	11 f., 47 f.
Oberbehörden	8	- unbeschränkte Steuerpflicht	11 f., 47
Oberfinanzdirektion	8	Steuerrichtlinien	6
Offenbare Unrichtigkeit	124	Stuttgarter Verfahren	112
Ort der Leistung	78 f.	Tarifliche KSt	55
Partialmodell	139	Territorialprinzip	11
Privateinlagen	14, 16	Testament	105
Privatentnahmen	14, 16	Überschusseinkunftsarten	12, 18 ff.
Privatvermögen	14 f.	Übriges Gemeinschaftsgebiet	78
Progressionszone	35	Umsatzsteuer	75 ff.
Proportionalzone	35	- Identifikationsnummer	93
Quellensteuer	24	- Voranmeldung	87
Realsplitting	27	Unterhaltsaufwendungen	33
Rechnung	83	Unternehmen	77
Rendite	143	Unternehmer	77
Riester-Rente	31	Veranlagung	39, 57
Sachwertverfahren	110 f.	Verdeckte Einlage	49
Scheingeschäft	119	Verdeckte Gewinnausschüttung	49
Selbständige Arbeit	23	Verjährung	127

Verlustabzug	29 f., 64	Vorsteuerabzug	83 ff.
Verlustausgleich	29	Welteinkommensprinzip	11
Vermächtnis	104	Werbungskosten	18
Vermietung und Verpachtung	26 f.	Wesentliche Beteiligung	23
Vermögensanlage	142	Wiedereinsetzung	123
Vermögensarten	110	Wirtschaftliche Betrachtungsweise	119
Vermögensaufstellung	112	Zerlegung	66 f.
Verwaltungshoheit	3	Zu versteuerndes Einkommen	12, 48
Vollstreckungsverfahren	114	Zufluss- und Abflussprinzip	18
Vorauszahlungen	40, 55 f., 68	Zugewinnausgleich	104
Vorbehalt der Nachprüfung	126	Zugewinngemeinschaft	104
Vorerbschaft	105	Zusammenfassende Meldung	93
Vorläufige Steuerfestsetzung	126	Zusammenveranlagung	39
Vorsorgeaufwendungen	31		

The manufacturer's authorised representative in the EU is Springer Nature Customer Service Centre GmbH, Europaplatz 3, 69115 Heidelberg, Germany. If you have any concerns regarding our products, please contact ProductSafety@springernature.com

Printed and bound by CPI Group (UK) Ltd, Croydon, CR0 4YY
25/03/2026
02078197-0020